Encuesta de la OCDE sobre los determinantes de la confianza en las instituciones públicas de América Latina y el Caribe Resultados 2025

OCDE
MEJORES POLÍTICAS PARA UNA VIDA MEJOR

Por favor, cite esta publicación de la siguiente manera:
OECD (2025), *Encuesta de la OCDE sobre los determinantes de la confianza en las instituciones públicas de América Latina y el Caribe Resultados 2025*, OECD Publishing, Paris, https://doi.org/10.1787/b4dea13c-es.

ISBN 978-92-64-40151-8 (impresa)
ISBN 978-92-64-46238-0 (PDF)
ISBN 978-92-64-90913-7 (HTML)

Publicado originalmente por la OCDE con el título: OECD (2025), *OECD Survey on Drivers of Trust in Public Institutions in Latin America and the Caribbean 2025 Results*, OECD Publishing, Paris, https://doi.org/10.1787/ea3385cf-en.

Imágenes: Portada © SALMONNEGRO-STOCK/Shutterstock.com.

Las erratas de las publicaciones se encuentran en línea en: https://www.oecd.org/en/publications/support/corrigenda.html.

Prólogo

Este informe presenta los principales hallazgos de la primera Encuesta de la OCDE sobre los Determinantes de la Confianza en las Instituciones Públicas en América Latina y el Caribe (ALC), el primer ejercicio regional en el marco del Proyecto Global de la Encuesta sobre Confianza de la OCDE. El reporte presenta los niveles de confianza en distintas instituciones públicas y analiza cómo las experiencias y expectativas de las personas respecto a sus gobiernos influyen en la confianza. Estas expectativas abarcan desde las interacciones cotidianas con las instituciones públicas hasta la toma de decisiones gubernamentales sobre cuestiones de política complejas. La encuesta fue implementada en diez países en 2023 y 2025.

Las preguntas de la Encuesta de la OCDE se basan en el Marco Analítico de la OCDE sobre los Determinantes de la Confianza en las Instituciones Públicas, desarrollado durante la última década por el Comité de Gobernanza Pública de la OCDE.

Los países que participan en la Encuesta sobre Confianza tienen como objetivo comprender mejor las expectativas de las personas respecto a sus gobiernos democráticos e identificar modos a partir de los cuales ofrecer mejores resultados optimizando la gobernanza pública. A lo largo de todo este trabajo, el Secretariado de la OCDE se ha beneficiado del sólido compromiso del Comité de Gobernanza Pública en el formato del Proyecto Global de la Encuesta sobre la Confianza y, anteriormente, del Grupo Asesor para la Encuesta sobre Confianza de la OCDE en ALC.

Agradecimientos

Encuesta de la OCDE sobre los Determinantes de la Confianza en las Instituciones públicas de América Latina y el Caribe - Resultados 2025 es resultado del trabajo del Directorado de Gobernanza Pública de la OCDE, bajo el liderazgo de Elsa Pilichowski, directora. El reporte fue coordinado por Mariana Prats, bajo la dirección de Valerie Frey, jefa interina de la División de Indicadores de Gobernanza y Desempeño. La publicación fue redactada por Mariana Prats, Emma Phillips y Simeon Lauterbach. Sarah Kups aportó comentarios sustantivos y contribuyó a la redacción de algunas secciones. Simeon Lauterbach preparó los datos y realizó el análisis estadístico, y Tenzin Dekyi brindó amplio apoyo en el análisis y lideró la visualización de los datos. Sarah Babay preparó el informe para su publicación y difusión, y Jocelene Bonneau proporcionó apoyo administrativo.

Gillian Dorner y otros colegas del Directorado de Gobernanza Pública ofrecieron valiosos aportes y comentarios, incluidos Charles Baubion, Laura Córdoba Reyes, Felipe González Zapata y Craig Matasick.

La traducción al español fue cuidadosamente revisada y editada por Mariana Prats. Asimismo, Santiago González y Paulina López Ramos brindaron su generoso apoyo.

El trabajo se benefició enormemente de los aportes del Grupo Asesor de la Encuesta sobre Confianza en América Latina y el Caribe (2023-2024) y de los delegados nacionales, tanto a nivel técnico como senior, del Proyecto Global de la Encuesta de Confianza (2024-2025). El Grupo Asesor, compuesto por funcionarios públicos, representantes de oficinas nacionales de estadística, organizaciones asociadas y académicos, también proporcionó orientación y comentarios constructivos sobre el contenido, el diseño y la traducción del cuestionario a los idiomas locales, así como sobre la metodología de la encuesta.

Este trabajo fue posible gracias al generoso apoyo financiero y la colaboración de la CAF (Cooperación Andina de Fomento- Banco de Desarrollo de América Latina), el BID (Banco Interamericano de Desarrollo), y la GIZ (*Deutsche Gesellschaft für Internationale Zusammenarbeit*).

Tabla de contenidos

GRÁFICOS

TABLAS

RECUADROS

Resumen ejecutivo

Ante un contexto marcado por condiciones desafiantes, los gobiernos de América Latina y el Caribe siguen comprometidos a lograr y ofrecer mejores resultados para sus ciudadanos. La confianza de la ciudadanía en el gobierno constituye tanto un resultado medible *como* un insumo para estos esfuerzos: niveles suficientes de confianza reflejan la percepción ciudadana sobre cuándo (y cómo) los gobiernos están desempeñándose adecuadamente, y pueden facilitar el apoyo a políticas necesarias. En este entorno que evoluciona de manera constante y veloz, a los responsables de la formulación de políticas les interesa cada vez más comprender cómo los gobiernos pueden crear una agenda de políticas públicas orientada a fortalecer la confianza y mejorar la gobernanza en sentido amplio.

Este informe presenta los principales hallazgos de la Encuesta sobre Confianza de la OCDE en América Latina y el Caribe (ALC). Ilustra los niveles de confianza en diferentes instituciones públicas, así como los principales determinantes de la confianza ciudadana. Implementada en diez países de ALC en 2023 y 2025, esta Encuesta es el primer ejercicio regional bajo los auspicios del Proyecto de Encuesta Global sobre Confianza de la OCDE.

A pesar de las diversas trayectorias políticas y económicas de los países a nivel individual, la Encuesta sobre Confianza revela que las dinámicas de la confianza en ALC reflejan en gran medida las observadas en los países de la OCDE. Sin embargo, los niveles promedio de confianza en los gobiernos tienden a ser más bajos que en los países de la OCDE, y las percepciones sobre cómo estos gobiernos se desempeñan en relación a procesos de decisión sobre cuestiones políticas complejas tienden a ser de mayor relevancia para la confianza en ALC. Estas percepciones se constituyen en un contexto regional marcado por preocupaciones generalizadas sobre la violencia: en promedio, el 60% de los encuestados en ALC identifica la delincuencia o la violencia como uno de los tres problemas más importantes a los que se enfrenta su país, porcentaje que duplica el promedio de la OCDE. Si bien los resultados de cada país reflejan su contexto nacional específico, los hallazgos de este informe ilustran tendencias regionales compartidas y ofrecen una base para la acción de política pública orientada a fortalecer la gobernanza democrática y la confianza ciudadana en la región.

Principales hallazgos

Un poco más de un tercio (35%) de las personas encuestadas en ALC expresan un nivel alto o moderadamente alto de confianza en el gobierno nacional, mientras que cerca de una de cada dos (48%) manifiestan baja o falta de confianza. La confianza en los gobiernos nacionales es menor en ALC que en los países de la OCDE, donde en promedio, el 39% reporta confianza alta o moderadamente alta en el gobierno nacional. Tanto en los países de ALC como en los de la OCDE, las instituciones policiales y de seguridad son las que detentan los niveles de confianza más altos, mientras que las legislaturas y los partidos políticos son las menos confiadas. A su vez, los gobiernos locales inspiran más confianza que los gobiernos nacionales en ALC (37%) y la OCDE (45%). En contraste con los resultados y tendencia de la OCDE, un porcentaje menor de encuestados en ALC reporta confianza alta o moderadamente alta en la administración pública (32%) comparado a los niveles de confianza promedio en el gobierno nacional.

En línea con los resultados observados en la OCDE, las percepciones sobre la voz política y la afinidad partidaria están más estrechamente relacionadas con las brechas de confianza que cualquier otra característica socioeconómica y demográfica: el 66% de las personas encuestadas en ALC que creen que "gente como ellos" tiene voz e influencia en las decisiones de gobierno confían en el gobierno nacional, comparado a un 21% entre quienes sienten que no tienen voz. Las percepciones de inseguridad financiera y física también se asocian a bajos niveles de confianza. Las diferencias en los niveles de confianza entre jóvenes y adultos mayores, y entre hombres y mujeres, son notablemente menores en ALC que en la OCDE.

El informe también explora cómo las percepciones sobre las interacciones cotidianas con las instituciones y aquellas relativas a cómo los gobiernos gestionan cuestiones de política complejas se relacionan con, y potencialmente influyen en, la confianza ciudadana.

Si bien algunas interacciones cotidianas son valoradas positivamente, como los contactos con los servicios administrativos (55%), otras generan mayor escepticismo en ALC. Entre ellas se encuentran la satisfacción con los sistemas educativo (50 %) y sanitario (40 %). Asimismo, muchas personas dudan de la igualdad de trato y la integridad de los empleados públicos: solo el 36% considera que sus solicitudes de beneficios públicos serían tratadas de manera justa, y apenas el 31% confía en que los funcionarios públicos rechacen sobornos. Las percepciones sobre la capacidad de respuesta de los gobiernos son ligeramente mejores: el 43 % cree probable que los servicios mejoren tras reclamos por parte de los ciudadanos.

Consistentes con los hallazgos observados en los países de la OCDE, las percepciones positivas sobre las interacciones cotidianas con las instituciones públicas están estrechamente asociadas con mayores niveles de confianza en la administración pública y en los gobiernos locales. La satisfacción con los servicios administrativos es el principal determinante de la confianza en la administración pública nacional, y el segundo más importante en el caso de la confianza en los gobiernos locales — tras las percepciones de que las personas pueden expresar sus opiniones sobre decisiones que afectan a sus comunidades. Asimismo, una mayor satisfacción con los servicios administrativos también se asocia a niveles más altos de confianza en el gobierno nacional.

Al considerar la capacidad de los gobiernos para gestionar cuestiones de política complejas, los latinoamericanos se muestran más optimistas que sus pares de la OCDE respecto a la capacidad de sus gobiernos para afrontar desafíos tales como equilibrar intereses intergeneracionales (46%). Sin embargo, son más escépticos respecto a la preparación de las instituciones ante emergencias, así como en relación a otros aspectos de los procesos de toma de decisiones, como ser el uso de evidencia y la capacidad de respuesta a los insumos ciudadanos. Los datos de la Encuesta de Confianza muestran que las percepciones sobre la toma de decisiones en cuestiones de política complejas moldean la confianza en el gobierno nacional y la administración pública. Las personas que creen que el gobierno equilibra adecuadamente los intereses de generaciones actuales y futuras, toma decisiones basadas en la mejor evidencia disponible y rinde cuentas ante el poder legislativo son más proclives a confiar en ambas instituciones.

La información que las personas reciben, ya sea del gobierno u otras fuentes, también influye en la confianza. Los latinoamericanos confían más en los medios de comunicación (42%) que en sus gobiernos, en contraste a los resultados promedio de la OCDE. La comunicación sobre asuntos cotidianos, como ser la disponibilidad de información pública sobre servicios administrativos, se percibe de manera más favorable que la comunicación sobre cuestiones más complejas, como los impactos de grandes reformas.

¿Cómo pueden los gobiernos mejorar su desempeño y fortalecer la confianza?

Al mejorar la prestación de servicios cotidianos y los procesos de toma de decisión sobre políticas complejas, los gobiernos de ALC pueden construir una base sólida y resiliente de confianza pública. Esto implica:

- Fortalecer **las interacciones cotidianas con las instituciones públicas.** La Encuesta sobre Confianza revela que en ALC existe un margen de mejora más amplio que en los países de la OCDE para aumentar los niveles de satisfacción con los servicios y generar confianza, especialmente en la administración pública y los gobiernos locales, pero también en los gobiernos nacionales. Demostrar avances en lo que hace a la igualdad, la capacidad de respuesta y rapidez en la prestación de servicios, así como adaptarlos a diversas necesidades, probablemente mejore las percepciones positivas y la confianza. Fortalecer la fiabilidad de las personas en el uso legítimo de sus datos personales por parte de las instituciones públicas también podría generar mayores niveles de confianza en la administración pública y los gobiernos locales.
- **Centrarse en la preparación ante emergencias y mejorar la capacidad para afrontar desafíos complejos**. Los gobiernos que promueven políticas basadas en evidencia y que priorizan la equidad entre generaciones, grupos y regiones pueden fomentar una mayor confianza pública, en particular en el caso de la confianza en el gobierno nacional y la administración pública. Del mismo modo, la percepción de una adecuada preparación ante emergencias a gran escala se asocia con una mayor confianza en estas instituciones, así como en los gobiernos locales.
- **Demostrar una rendición de cuentas efectiva y una gobernanza abierta y receptiva.** Reforzar la confianza en la independencia de los poderes públicos, especialmente en la capacidad del poder legislativo para supervisar al ejecutivo, puede contribuir a fortalecer la confianza tanto en el gobierno nacional como en la administración pública. Las iniciativas que contribuyan a que las personas sientan que su voz tiene capacidad de influenciar en política podrían aumentar la confianza en el legislativo y la administración pública, mientras que tendrían un impacto algo más moderado en la confianza en el gobierno nacional. Del mismo modo, ampliar las oportunidades de participación a nivel local puede reforzar la confianza en los gobiernos locales.
- **Fortalecer la integridad pública en todos los niveles de gobierno.** Para ello, es necesario demostrar avances en el desarrollo e implementación de marcos estratégicos de integridad, junto con políticas sólidas sobre cabildeo y conflictos de intereses. Mejorar las percepciones sobre la influencia indebida en la formulación de políticas, así como fortalecer las instituciones anticorrupción, también contribuiría a aumentar la confianza.
- **Promover un entorno de medios saludable y una comunicación clara con el público** para garantizar que las personas tengan la información que necesitan para acceder a los servicios y comprender las decisiones y los efectos de las políticas. Mejorar la transparencia sobre el uso de evidencia en la toma de decisiones y sobre los impactos de las reformas puede fortalecer la confianza en el gobierno nacional.

Panorama general

Los gobiernos de América Latina y el Caribe se encuentran en una coyuntura crítica. Al igual que el resto de los países del mundo, deben transitar transformaciones ambientales, digitales y demográficas en un contexto global cada vez más incierto, marcado por tensiones geopolíticas crecientes, el aumento de los costos comerciales, un crecimiento económico débil –tanto actual como proyectado– y creciente inestabilidad (OECD, 2024[1]; OECD, 2025[2]). Al mismo tiempo, los países de ALC continúan enfrentando desafíos estructurales persistentes, como ser los altos niveles de desigualdad e informalidad, y la necesidad de fortalecer la gobernanza pública, entre otros aspectos para salvaguardar la integridad pública (OECD, 2024[3]; OECD et al., 2024[4]).

En este entorno complejo, mantener y fortalecer la confianza en las instituciones es particularmente desafiante. En los gobiernos democráticos, los funcionarios públicos y los responsables de las políticas dependen de la confianza interpersonal e institucional para abordar cuestiones prácticas y preocupaciones cotidianas en materia de gobernanza, así como para tomar decisiones de política complejas que respondan a los desafíos nacionales y globales. La confianza fomenta la participación política, reduce los costos de transacción –en la gobernanza, la sociedad y la economía- y facilita la implementación de las políticas públicas. Asimismo, promueve el apoyo a reformas difíciles, lo que permite obtener mejores resultados en materia de políticas (Putnam, 1993[5]; Rothstein, 2011[6]; Algan and Cahuc, 2013[7]; Brezzi et al., 2021[8]; Fukuyama, 1995[9]). Por el contrario, bajos niveles de confianza pueden obstaculizar la prestación eficaz de servicios públicos, generar pérdidas de bienestar y conducir a los países por una senda de menor y más lento crecimiento económico en el largo plazo (Acemoglu and Robinson, 2012[10]). La falta de confianza también puede erosionar la cohesión social y fracturar las sociedades (Keefer and Scartascini, 2022[11]).

En las democracias, la confianza es un indicador clave sobre cómo las personas se relacionan con las instituciones públicas y perciben su desempeño. Sin embargo, altos niveles de confianza en las instituciones públicas no constituyen necesariamente el objetivo último de la gobernanza pública. De hecho, las democracias son únicas en permitir, e incluso fomentar, que la gente exprese su falta de confianza o escepticismo hacia sus gobiernos. Más que en base a una confianza ciega, las democracias prosperan gracias a la participación informada y crítica. Esta apertura al escrutinio y al disenso es uno de los elementos que sustentan la resiliencia democrática. Al promover un discurso libre y abierto, las democracias están mejor preparadas para evolucionar, responder a las crecientes expectativas ciudadanas y avanzar hacia una mayor confiabilidad a lo largo del tiempo (OECD, 2024[1]).

Si bien los retos son significativos, el momento actual también ofrece oportunidades. Cuarenta años después de la última ola de redemocratización, la democracia está firmemente arraigada en la región. Según los últimos datos del *Latinobarómetro*, el apoyo ciudadano a la democracia ha aumentado desde 2018, año en el que presentó las puntuaciones más bajas (Latinobarometro, 2024[12]). Además, las sucesivas olas de reformas institucionales en las últimas décadas han ampliado el acceso a derechos y fortalecido los procesos electorales, con más de 220 elecciones nacionales y locales «libres y justas» celebradas desde la década de 1980 (Welp, 2022[13]). Por su parte, la digitalización brinda nuevas oportunidades para fortalecer la confianza.

Este informe presenta los hallazgos de la Encuesta de la OCDE sobre los Determinantes de la Confianza en las Instituciones Públicas de América Latina y el Caribe (Encuesta sobre Confianza de la OCDE en

ALC), la primera iniciativa regional llevada a cabo en el marco del Proyecto[1] de Encuesta Global de Confianza. Implementado en diez países de América Latina y el Caribe, el ejercicio ofrece el análisis y banco de datos más completos realizados hasta la fecha sobre la compleja relación entre la confianza pública y la gobernanza democrática en la región. La encuesta pregunta a los latinoamericanos sobre sus experiencias y expectativas respecto a sus gobiernos en ámbitos clave, como la fiabilidad, la capacidad de respuesta, la capacidad para afrontar desafíos complejos y globales, la integridad, equidad y apertura (Recuadro 1). El cuestionario implementado en los países de ALC que no son miembros de la OCDE está en gran medida alineado con aquel implementado en la Encuesta sobre Confianza de la OCDE de 2023, lo que permite realizar análisis comparativos y establecer referencias de comparación internacionales. A su vez, para que la herramienta de medición refleje las especificidades regionales se introdujeron nuevas preguntas, lo que mejoró la pertinencia de la encuesta para comprender los principales determinantes de la confianza pública en ALC.

Recuadro 1. La Encuesta de la OCDE sobre los Determinantes de la Confianza en las Instituciones Públicas de América Latina y el Caribe

La Encuesta sobre Confianza de la OCDE representa la primera encuesta internacional a la población dedicada única y exhaustivamente a medir la confianza institucional y sus determinantes. Desde 2022, tras la Declaración de Luxemburgo sobre Fortalecer la Confianza y Reforzar la Democracia, la encuesta se lleva a cabo cada dos años. A lo largo del tiempo, el número de países participantes se ha incrementado, pasando de 22 países miembros de la OCDE en la encuesta inaugural de 2021 a 30 en 2023, y 33 en 2025. La creación del Proyecto de Encuesta Global sobre Confianza en 2024 permitió que los países que no son miembros de la OCDE también pudiesen participar en la encuesta. Seis países de ALC y tres de Europa que no son miembros de la OCDE han aprovechado esta oportunidad y participado del ejercicio en 2025.

La primera Encuesta sobre Confianza de la OCDE en ALC incluye a diez países de la región que decidieron participar de manera voluntaria. La recolección de datos se llevó a cabo en dos periodos de tiempo: entre octubre y noviembre de 2023, en los países de ALC miembros de la OCDE (Chile, Colombia, Costa Rica y México), y en mayo de 2025 en Brasil, Ecuador, Guatemala, Paraguay, Perú y República Dominicana. En nueve de estos diez países, las compañías encuestadoras (TGM e Ipsos) recolectaron los datos a través de una encuesta realizada en línea. En México, el instituto nacional de estadísticas (INEGI) realizó entrevistas en persona. El tamaño de las muestras fue de aproximadamente 2 000 encuestados por país y en general los datos son representativos de la población adulta (mayores de 18 años) a nivel nacional, basados en cuotas por edad, género, región de residencia, nivel educativo e ingresos. En México, la muestra comprende a la población adulta urbana. Para los niveles de ingreso se aplicaron cuotas flexibles (*soft quotas*). Para el análisis, los niveles educativos se agruparon en dos categorías: (1) bajo/medio y (2) alto, dado que el grupo demográfico de «bajo nivel educativo» suele estar subrepresentado en los paneles de encuestas de la gran parte de los países. En el anexo B puede encontrarse información adicional sobre la recolección de datos.

El cuestionario de la Encuesta sobre Confianza se basa en la estructura del *Marco Analítico de* la *OCDE sobre los Determinantes de la Confianza en las Instituciones Públicas*, que define la confianza como «la creencia de una persona de que otra persona o institución actuarán de manera coherente con sus expectativas de comportamiento positivo». El marco analítico agrupa los diversos factores que influyen en la confianza pública en tres categorías principales (véase el anexo 1A). En primer lugar, cinco principales determinantes en materia de gobernanza pública evalúan el grado en que las personas esperan que las instituciones sean fiables y receptivas a la hora de formular e implementar políticas y servicios, al tiempo que mantienen los valores de equidad, integridad y apertura. Las instituciones que alinean su comportamiento con estas expectativas pueden promover una sensación de seguridad, dignidad y respeto mutuo. Los gobiernos pueden influir de manera más directa en estas percepciones y por tanto aprovecharlas para fortalecer la confianza. En segundo lugar, la confianza en las instituciones públicas está influenciada por las percepciones respecto a la capacidad de los gobiernos para responder a desafíos complejos y globales. Por último, diversos factores culturales y socioeconómicos, así como preferencias políticas también impactan en la confianza.

El cuestionario incluye preguntas sobre los niveles de confianza en diferentes instituciones públicas y los medios de comunicación, así como preguntas de carácter situacional sobre los determinantes de la confianza en materia de gobernanza pública, y módulos sobre la satisfacción con los servicios públicos, la participación política, desafíos globales e intergeneracionales y características sociodemográficas de los encuestados. Para el ejercicio regional, se incluyeron algunas preguntas adicionales, como ser aquellas relativas a percepciones de movilidad social, de seguridad física y delincuencia, independencia judicial, o la experiencia de situaciones adversas (véase el anexo B). Las preguntas relativas a los niveles de confianza y sus determinantes tienen una escala de respuesta de 0 a 10 e incluyen la opción de responder «no sé».

Los ajustes al cuestionario de la encuesta, así como la supervisión de su implementación y análisis se han llevado a cabo bajo la guía de funcionarios públicos de los países participantes en la encuesta, junto a representantes de las oficinas nacionales de estadística y de organizaciones internacionales que apoyaron el desarrollo del ejercicio (incluidos el BID, la CAF y la GIZ).

Fuente: https://legalinstruments.oecd.org/en/instruments/OECD-LEGAL-0484

Además de presentar los resultados de la encuesta bianualmente, la OCDE ha empezado a hacer un seguimiento sobre cómo los gobiernos están utilizando estos hallazgos para fundamentar y apoyar sus políticas públicas. Esta iniciativa se construye en base a las ediciones anteriores de la Encuesta sobre Confianza de la OCDE en 2021 y 2023, así como en seguimiento a los estudios en profundidad sobre los determinantes de la confianza pública que se han realizado en varios países. Considerando que construir y fortalecer la confianza en las instituciones públicas es un desafío común a nivel mundial, el objetivo principal del Proyecto Global de Encuesta sobre Confianza es seguir apoyando y orientar el diálogo global sobre la confianza y la democracia, en base a evidencia pertinente. Para ello, el proyecto comparte buenas prácticas entre países miembros y no miembros de la OCDE y promueve la colaboración internacional en iniciativas para fortalecer la confianza (Recuadro 2). A lo largo de este informe, en los capítulos correspondientes, también se destacarán iniciativas relevantes que están implementando líderes en ALC en áreas clave de política pública. Estas iniciativas pueden servir como referencias útiles para los otros países de la región, en particular cuando existen similitudes no solo en relación a los desafíos que se enfrentan, sino también en los marcos institucionales, otros indicadores socioeconómicos o aspectos culturales.

Recuadro 2. Algunas iniciativas nacionales que se basan en datos y resultados de la Encuesta sobre Confianza de la OCDE

Los gobiernos están utilizando cada vez más los resultados de la Encuesta sobre Confianza de la OCDE para orientar sus políticas públicas. Si bien estos ejemplos presentan diferentes iniciativas basadas en datos para mejorar la confianza, no incluyen evaluaciones sobre los efectos de dichas intervenciones.

En **Chile**, la Agenda de Modernización del Estado 2022-2026 liderada por el Ministerio de Hacienda utilizó el Marco Analítico de la OCDE sobre los Determinantes de Confianza como inspiración para su desarrollo. El objetivo principal de la agenda es recuperar la confianza y legitimidad de las instituciones gubernamentales. Incluye 30 iniciativas específicas para fortalecer las competencias del gobierno y promover sus valores, relacionadas con el empleo público, mejorar la prestación de servicios públicos centrados en las personas, fortalecer las capacidades de los gobiernos locales y regionales, o adaptar el Estado a la era digital.

Luego de haber realizado el estudio en profundidad sobre los determinantes de confianza, el gobierno de **Nueva Zelanda** sigue monitoreando los determinantes de la confianza en diferentes grupos de población. Su encuesta nacional Kiwis Count también mide la confianza de la población en una amplia gama de servicios públicos. Asimismo, **Colombia** ha utilizado los datos de la Encuesta de Confianza como insumos para monitorear los indicadores de su Estrategia Nacional de Desarrollo. En otros países, como **México y Suecia**, los niveles de confianza en el sistema judicial y otras tantas mediciones de la Encuesta de Confianza de 2021 fueron informadas a diferentes instituciones, como ser el Gabinete Federal de Seguridad Pública y la Comisión Nacional de Tribunales Superiores de Justicia de México, y el parlamento nacional de Suecia.

En **Brasil**, el gobierno utilizó los datos recopilados en ocasión del estudio en profundidad sobre confianza, para elaborar su Plan de Integridad y Lucha contra la Corrupción 2025–2027. El plan establece la estrategia plurianual del gobierno federal para combatir la corrupción y promover la integridad tanto en el sector público como en el privado. Incluye varias acciones alineadas con los principios de integridad recomendados por la OCDE, orientadas a fortalecer la confianza en las instituciones, como por ejemplo "fortalecer la capacidad institucional de los órganos y entidades del Poder Ejecutivo Federal para monitorear la calidad del uso de los recursos públicos y de las políticas públicas" (Objetivo 1.4).

Noruega formó un grupo y comité de secretarios de Estado incluyendo participantes de todos los ministerios para mejorar la coordinación en torno a la confianza en las administraciones. En línea similar, **Finlandia** creó un grupo de trabajo intergubernamental para implementar las recomendaciones de la Encuesta sobre Confianza de la OCDE e identificar áreas de trabajo futuro. Más allá de la coordinación intergubernamental, en **Portugal**, se ha estado desarrollando un marco institucional que permita a los responsables de la toma de decisiones y el sistema científico fortalecer la confianza.

Teniendo en cuenta los resultados del estudio en profundidad realizado en el país, **Finlandia** institucionalizó diálogos nacionales siguiendo el modelo de los «Diálogos del confinamiento» celebrados durante la pandemia del COVID-19. Del mismo modo, **Letonia** organizó varias formaciones para «facilitadores del diálogo público» y, en agosto de 2023, la Cancillería del Estado puso en marcha una serie de debates nacionales con la ciudadanía sobre la cuestión de la confianza, siguiendo el modelo finlandés. **Irlanda** aprovechó los resultados de la encuesta para adaptar sus iniciativas a las necesidades y preocupaciones específicas de los distintos grupos de población. Los menores niveles de confianza entre los jóvenes llevaron al gobierno a establecer asambleas juveniles para informar las políticas gubernamentales sobre cuestiones como la inteligencia artificial o el medio ambiente. El gobierno irlandés también se enfocó en los jóvenes en su consulta pública para mejorar el desarrollo de los servicios públicos digitales, en colaboración con organizaciones voluntarias.

Fuente: (OECD, 2025[14]; OECD, 2024[1])

El presente informe está organizado en cinco capítulos que ilustran las principales tendencias, desafíos y determinantes de la confianza en las instituciones públicas de América Latina y el Caribe. A su vez, ofrece algunas reflexiones sobre la brecha entre las expectativas democráticas de los latinoamericanos y sus percepciones sobre cómo funcionan las instituciones y los procesos políticos. El primer capítulo presenta el contexto y las preocupaciones actuales de los latinoamericanos y brinda una visión general de los niveles de confianza en las instituciones públicas. Asimismo, destaca las áreas de gobernanza pública en las que mejores percepciones podrían generar mayores beneficios para la confianza en los gobiernos nacionales y locales, y en la administración pública nacional de los países de ALC. En el capítulo 2 se presentan los niveles de confianza de los distintos grupos de población. En los capítulos 3 y 4, respectivamente, se analizan las percepciones que tienen las personas respecto a sus interacciones cotidianas con las instituciones públicas, así como en relación a la toma de decisiones gubernamentales sobre cuestiones políticas complejas. Estos capítulos también presentan, a modo comparativo, resultados y experiencias de los países de la OCDE, identificando desafíos regionales específicos y oportunidades de mejora. El último capítulo aporta evidencia sobre cómo el entorno de información y comunicación en América Latina y el Caribe puede afectar las percepciones y la confianza en las instituciones públicas. De este modo, también sienta las bases para una reflexión integral de toda la sociedad sobre cómo fortalecer la confianza y reforzar la gobernanza democrática.

Bibliografía

Acemoglu, D. and J. Robinson (2012), *Why Nations Fail: The Origins of Power, Prosperity and Poverty*, Crown, New York. [10]

Algan, Y. and P. Cahuc (2013), "Trust, growth and well-being: New evidence and policy implications", No. 7464, IZA Discussion Paper. [7]

Brezzi, M. et al. (2021), "An updated OECD framework on drivers of trust in public institutions to meet current and future challenges", *OECD Working Papers on Public Governance*, No. 48, OECD, Paris. [8]

Fukuyama, F. (1995), *Trust : the social virtues and the creation of prosperity.*, Free Press, New York. [9]

Keefer, P. and C. Scartascini (eds.) (2022), *Trust: The Key to Social Cohesion and Growth in Latin America and the Caribbean*, Inter-American Development Bank, https://doi.org/10.18235/0003792. [11]

Latinobarometro (2024), *Informe 2024. LA DEMOCRACIA RESILIENTE*, Latinobarometro, Santiago de Chile. [12]

OECD (2025), *Building Trust in Action: Learning from Countries' Experiences. Background document for the Working Lunch on the same theme at the OECD Global Forum on Building Trust and Reinforcing Democracy*, OECD. [14]

OECD (2025), *OECD Economic Outlook, Volume 2025 Issue 1: Tackling Uncertainty, Reviving Growth*, OECD Publishing, Paris, https://doi.org/10.1787/83363382-en. [2]

OECD (2024), *Government at a Glance: Latin America and the Caribbean 2024*, OECD Publishing, Paris, https://doi.org/10.1787/4abdba16-en. [3]

OECD (2024), *OECD Survey on Drivers of Trust in Public Institutions – 2024 Results: Building Trust in a Complex Policy Environment*, OECD Publishing, Paris, https://doi.org/10.1787/9a20554b-en. [1]

OECD et al. (2024), *Latin American Economic Outlook 2024: Financing Sustainable Development*, OECD Publishing, Paris, https://doi.org/10.1787/c437947f-en. [4]

Putnam, R. (1993), *Making Democracy Work: Civic Traditions in Modern Italy*, Princeton University Pres, Princeton, New Jersey. [5]

Rothstein, B. (2011), *The Quality of Government CORRUPTION, SOCIAL TRUST, AND INEQUALITY IN INTERNATIONAL PERSPECTIVE*, University of Chicago Press, Chicago. [6]

Welp, Y. (2022), *The will of the people. Populism and Citizen Participation in Latin America*, de Gruyter, Berlin. [13]

World Meteorological Organisation (2025), *State of the Climate in Latin America and the Caribbean 2024. No. 1367*, WMO, Geneva. [15]

Nota

[1] El Proyecto de Encuesta Global sobre Confianza, aprobado por el Comité de Gobernanza Pública y el Consejo de la OCDE en octubre de 2024, permite la participación de países democráticos que no son miembros de la OCDE en el desarrollo e implementación de la Encuesta sobre Confianza de la OCDE. La creación del proyecto refleja el hecho de que los países democráticos miembros y no miembros de la OCDE se enfrentan a desafíos comunes y tienen mucho que aprender unos de otros en términos de intervenciones y políticas para fortalecer la confianza.

1 Las principales tendencias y los determinantes de la confianza en América Latina y el Caribe

La confianza es un indicador importante de cómo las personas perciben a las instituciones públicas. Este capítulo examina los elementos contextuales y preocupaciones que influyen en las expectativas de la ciudadanía con respecto a las instituciones públicas, así como presenta los niveles de confianza en las instituciones de América Latina y el Caribe. Asimismo, anticipa los hallazgos presentados en los capítulos siguientes, que analizan las percepciones ciudadanas respecto a sus interacciones cotidianas con las instituciones públicas (Capítulo 3) y sobre la toma de decisiones gubernamentales sobre cuestiones políticas complejas (Capítulo 4). Por último, en este capítulo también se destacan las áreas de acción clave que están más estrechamente asociadas a fortalecer la confianza pública. Estos hallazgos tienen como objetivo apoyar a los responsables de la formulación de políticas en reformas de políticas y procesos proclives a fortalecer la confianza en los gobiernos nacionales y locales y en la administración pública de los países de ALC.

Principales hallazgos

- **En general, alrededor de un tercio (35%) de las personas encuestadas en América Latina y el Caribe (ALC) expresa un nivel alto o moderadamente alto de confianza en el gobierno nacional**, mientras que casi la mitad (48%) manifiesta baja o falta de confianza. Los gobiernos locales inspiran niveles de confianza ligeramente superiores (37%), mientras que las administraciones públicas (32%) y las legislaturas (27%) nacionales muestran, en promedio, niveles de confianza más bajos.
- **Mientras que algunas interacciones cotidianas con las instituciones públicas son percibidas de manera positiva por gran parte de la ciudadanía, otras son vistas con mayor escepticismo**. La mayoría de las personas usuarias está satisfecha con los servicios administrativos (55%) y cree que la información sobre los mismos es fácilmente accesible (57%). Los niveles de satisfacción con los sistemas educativos (50%) y de salud (40%) son más bajos. Ademas el 36% de los encuestados cree que sus solicitudes a beneficios públicos serían tratadas con equidad, y apenas el 31% cree que los empleados públicos rechazarían un soborno. **En comparación con los países de la OCDE, los latinoamericanos consideran que las instituciones son ligeramente más receptivas a las nuevas ideas y sus reclamos.**
- **Las percepciones positivas respecto a las interacciones cotidianas con las instituciones públicas están fuertemente asociadas a niveles más altos de confianza en la administración pública y el gobierno local**. La satisfacción con los servicios administrativos, un elemento central de las interacciones cotidianas, es el principal determinante de confianza en la administración pública nacional y también se asocia a mayores niveles de confianza en el gobierno nacional. Dado que menos de la mitad de los latinoamericanos están satisfechos con servicios esenciales, como la salud y la educación, existe un amplio margen de mejora. En cuanto a la confianza en el gobierno local, la satisfacción con los servicios administrativos es el segundo determinante más significativo, después de la percepción de que las personas pueden expresar sus opiniones sobre decisiones que afectan a sus comunidades. Evaluaciones positivas respecto al uso legítimo de los datos personales por parte de las instituciones públicas, al tratamiento justo de solicitudes a beneficios públicos y a mejoras de los servicios en respuesta a reclamos de la ciudadanía también son significativas para la confianza en la administración pública y los gobiernos locales.
- **La confianza en los organismos públicos es dispar en lo que respecta a la toma de decisiones gubernamentales sobre cuestiones complejas.** Una estrecha mayoría confía en que los gobiernos puedan afrontar problemas de política de largo plazo, como reducir las emisiones de gases de efecto invernadero (52%) y cooperar de manera efectiva con otros actores nacionales (51%). Sin embargo, un porcentaje menor de encuestados cree que las decisiones son abiertas, sensibles a los insumos ciudadanos y a la evidencia, así como son tomadas sin interferencias de intereses especiales. La proporción de personas que cree que los políticos y el gobierno resisten a los intereses particulares es ligeramente mayor en ALC que en los países de la OCDE, pero sigue siendo una clara minoría.
- **Las percepciones respecto a la toma de decisiones sobre cuestiones políticas complejas desempeñan un papel decisivo en la configuración de la confianza en el gobierno nacional y la administración pública**. Las personas que creen que el gobierno equilibra los intereses intergeneracionales de manera adecuada, toma decisiones basadas en la mejor evidencia disponible y rinde cuentas ante el legislativo son más proclives a expresar una confianza alta o moderadamente alta en el gobierno nacional y la administración pública. La percepción de que el gobierno está preparado para proteger las vidas de las personas en caso

de emergencias a gran escala también está relacionada con una mayor probabilidad de confiar en estas dos instituciones, así como en el gobierno local.

- **Las percepciones de voz política y sobre la rendición de cuentas son débiles.** Sólo el 25% siente que personas como ellos tienen voz en las decisiones gubernamentales y apenas el 36% cree que los gobiernos nacionales rinden cuentas ante los poderes legislativos. Aquellos que creen que personas como ellos tienen voz en el gobierno son moderadamente más propensos a confiar en el gobierno nacional, y esta asociación es ligeramente más fuerte en cuanto a la confianza en la administración pública nacional.
- **Los niveles y determinantes de la confianza son similares en ALC y la OCDE**, con algunas diferencias notables. Los niveles de confianza en el gobierno nacional y las instituciones públicas son comparativamente más bajos, destacando el promedio de confianza en la administración pública nacional que es particularmente más bajo en ALC. Los determinantes de la confianza en las diferentes instituciones son similares entre los países. Sin embargo, las percepciones relativamente positivas sobre la toma de decisiones complejas suelen tener más impacto en la confianza en las administraciones públicas nacionales de ALC que en los países de la OCDE, mientras que la satisfacción con los servicios administrativos es un factor más decisivo —y a su vez la percepción de la voz política un factor menos decisivo— para predecir la confianza en el gobierno nacional en ALC. Las distintas preocupaciones en materia de políticas públicas probablemente también influyen en las expectativas y evaluaciones de la ciudadanía sobre la gobernanza pública. En los países de ALC, los principales temas de preocupación son la seguridad, la corrupción y el desempleo, mientras que en los países de la OCDE (excluyendo aquellos de ALC) predominan la inflación, la desigualdad y los servicios esenciales.

¿Cómo pueden las instituciones públicas mejorar y promover la confianza?

Varias iniciativas de política pública similares tienen el potencial de fortalecer la confianza en diferentes instituciones públicas, aunque el análisis econométrico revela diferentes magnitudes y significancia de estas asociaciones:

- **A nivel nacional,** la confianza en el gobierno podría mejorar significativamente a través de iniciativas que refuercen la creencia de que los gobiernos equilibran los intereses de las diferentes generaciones de manera equitativa y basan sus decisiones en evidencia fiable. La rendición de cuentas entre instituciones (horizontal) también es crucial, y la percepción de control del ejecutivo por parte del legislativo está asociada a mayores niveles de confianza en el gobierno nacional. Otras áreas que podrían contribuir a fortalecer la confianza incluyen una mejor incorporación de los insumos del público y partes interesadas a la formulación de políticas, demostrar una mayor competencia en la gestión de emergencias a gran escala, mejorar la comunicación en torno a las reformas y regular las nuevas tecnologías en beneficio del interés público.
- **En lo que hace a la administración pública,** se podría fortalecer la confianza mejorando los niveles de satisfacción con los servicios administrativos. Esto implicaría garantizar equidad en la prestación de servicios, así como que los mismos den respuesta y puedan adaptarse a las diversas necesidades de la ciudadanía. Al mismo tiempo, iniciativas que promuevan la equidad entre generaciones, equilibren los intereses de diferentes grupos de la sociedad y estén basadas en evidencia fiable también tendrían un impacto positivo en la confianza. Otras medidas para fortalecer la confianza en la administración pública incluyen mejorar las percepciones ciudadanas respecto a su voz en la formulación de políticas y garantizar que los organismos públicos utilicen los datos personales de forma legítima, que las solicitudes a

beneficios públicos sean tratadas de manera justa y que las instituciones estén preparadas para proteger vidas en situaciones de emergencia.

- Brindar a la comunidad oportunidades significativas de participación en decisiones locales conllevaría los beneficios más relevantes en materia de confianza **en el gobierno local**. A la vez, estas mayores oportunidades deberían acompañarse de esfuerzos para mejorar los niveles de satisfacción con los servicios administrativos y demostrar la capacidad de gestión ante emergencias y para equilibrar los intereses de diferentes grupos sociales. La confianza en los gobiernos locales podría fortalecerse aún más a través de mejoras en los servicios seguidas a los reclamos ciudadanos, de un trato justo a las personas y a las solicitudes de beneficios públicos, y garantizando a los ciudadanos que sus datos solo se utilizarán con fines legítimos.

1.1. El contexto importa: Las preocupaciones de los latinoamericanos

Las personas forman sus expectativas, percepciones y confianza en las instituciones públicas a través de una compleja interacción de factores (Brezzi et al., 2021[1]). El trabajo de la OCDE sobre los determinantes de la confianza en las instituciones públicas se enfoca en cómo se relacionan los niveles de confianza pública con las percepciones ciudadanas sobre las competencias y valores de las instituciones en sus interacciones cotidianas así como al tomar decisiones de política complejas (véanse los capítulos 3 a 5 del presente informe). Sin embargo, las características sociodemográficas de las personas, y otros factores estructurales, como ser la economía, también influyen en la conformación de sus expectativas y percepciones (véase el Capítulo 2). Del mismo modo, los shocks externos también pueden alterar la forma en que las personas evalúan las instituciones públicas en un momento dado.

Esta sección presenta los resultados de la Encuesta de Confianza de la OCDE en torno a las principales preocupaciones de los latinoamericanos. Los datos de la Encuesta sobre Confianza de la OCDE en América Latina y el Caribe (ALC) se recopilaron en 2023 (en el caso de los países de ALC miembros de la OCDE) y en 2025 (para el resto de los países de ALC participantes). Durante este período, la región aún seguía recuperándose de las consecuencias económicas y sociales de la pandemia del COVID-19. Otros desafíos estructurales, como ser aquellos relacionados con la delincuencia y las altas tasas de empleo informal probablemente también han influido y moldeado las percepciones de las instituciones públicas.

La delincuencia y la seguridad física son una prioridad para la mayoría de los ciudadanos de ALC. En promedio, el 60% de los encuestados identifica la delincuencia o la violencia como uno de los tres problemas más importantes a los que se enfrenta su país, comparado a un promedio del 30% en la OCDE (o el 25% si este promedio excluye a los países de América Latina miembros de la OCDE)[1] (Gráfico 1.1).[2] A nivel nacional, los porcentajes de aquellos que reportan la delincuencia o la violencia entre los principales problemas nacionales oscilan entre el 45% en Paraguay y el 75% en Perú. Asimismo, casi nueve de cada diez encuestados afirman estar siempre (42%), a menudo (27%) u ocasionalmente (20 %) preocupados por convertirse en víctimas de un crimen violento, y el 14% afirma que alguien de su hogar ha sido víctima de un hecho delictivo en el último año.

Estas preocupaciones reportadas coinciden con un período de expansión de la delincuencia en la región. Las tasas de homicidios siguen aumentando, convirtiendo a ALC en la región con las tasas más altas del mundo (UNODC, 2023[2]), con uno de cada dos homicidios conectados a redes delictivas, frente a uno de cada cuatro a nivel global (Messari, 2024[3]). El crimen organizado se ha expandido a nuevas áreas económicas, como la minería ilegal y el tráfico ilícito de migrantes, y el ámbito más tradicional vinculado a la producción de drogas también ha experimentado un incremento reciente (Winter, 2025[4]).

Gráfico 1.1. La mayoría de la gente en la región considera que la delincuencia es una amenaza importante para su país

Porcentaje de la población que considera que las diferentes cuestiones políticas enumeradas se encuentran entre las tres más importantes a las que se enfrenta su país, 2023 o 2025

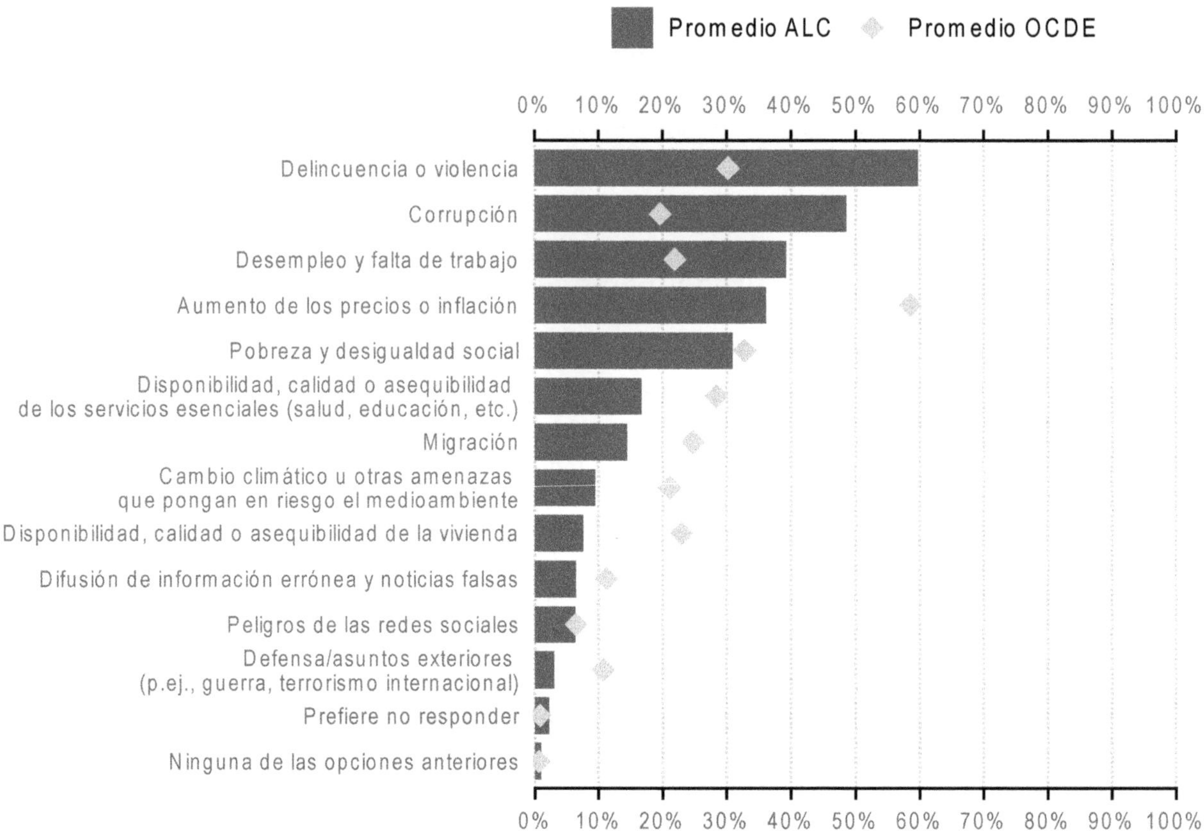

Nota: El gráfico presenta los promedios no ponderados para ALC y la OCDE de la proporción de personas que eligen la opción de respuesta respectiva a la pregunta «¿Cuáles cree que son los tres problemas más importantes a los que se enfrenta [PAÍS]?». La inmigración no es una opción de respuesta en México y Noruega. "OCDE" presenta el promedio no ponderado para 30 países de la OCDE, incluidos los cuatro países de ALC en 2023. «ALC» representa el promedio no ponderado de los diez países de ALC, obtenido en 2023 en el caso de los países de ALC miembros de la OCDE, y en 2025 en el caso de los países de ALC que no son miembros de la OCDE.
Fuente: Encuesta sobre Confianza de la OCDE 2023 y Encuesta sobre Confianza de la OCDE en ALC 2025.

StatLink https://stat.link/vk8426

La corrupción es la segunda preocupación más apremiante para los latinoamericanos, aún cuando otras mediciones han mostrado avances a lo largo del tiempo (Latinobarometro, 2024[5]).[3] Uno de cada diez encuestados (11%) reporta que a alguien de su hogar se le ha solicitado un soborno en los últimos 12 meses, y casi la mitad (49%) identifica la corrupción como uno de los tres principales desafíos que enfrenta su país. A pesar de las importantes diferencias entre países, que van del 32% identificando al tema como desafío en Chile al 64% en Perú, la cuestión es más predominante en los países de ALC que en el promedio de la OCDE (con un 20% o 16% preocupado, si se excluyen los cuatro países de ALC miembros de la OCDE).

Las cuestiones económicas son una preocupación compartida tanto en ALC como en el resto del mundo, alentadas por un contexto global de incertidumbre, con niveles de inflación superiores a las metas establecidas por los bancos centrales, espacios fiscales reducidos y un aumento creciente de las barreras comerciales (OECD, 2025[6]). En promedio, el 39%, 36% y 31% de los encuestados de la región señalan al desempleo, la inflación y la pobreza y desigualdad social, respectivamente, entre los tres principales problemas a los que se enfrenta su país. El desempleo se cita con mayor frecuencia, y la inflación con menor frecuencia, respecto a los promedios de la OCDE. Y estas diferencias en las percepciones sobre los principales desafíos nacionales están a la vez influenciadas por las experiencias y preocupaciones individuales. Un mayor porcentaje de la población de ALC (82%, comparado al 71% en los países de la OCDE) manifiesta estar preocupado sobre la situación financiera de su hogar y su bienestar económico general, y más de cuatro de cada diez encuestados en ALC indican que alguien de su hogar ha perdido su trabajo durante el último año (Gráfico 1.2).

Dado el contexto regional desde principios de la década del 2020, las preocupaciones populares sobre la economía no llaman la atención. La pandemia del COVID-19 implicó fuertes caídas del PIB en ALC y agravó la situación de uno de cada tres latinoamericanos que ya vivían bajo la línea de pobreza (OECD et al., 2023[7]; OECD, 2020[8]). Pese a algunos indicios de mejora económica, como ser el descenso gradual de las tasas de inflación, el crecimiento económico actual y proyectado en la región sigue siendo anémico (OECD et al., 2024[9]) (OECD, 2025[10]). Asimismo, los niveles de pobreza y desigualdad económica también siguen siendo elevados: una de cada cuatro personas vive bajo la línea de pobreza, y una de cada diez vive en situación de pobreza extrema, mientras que los niveles de desigualdad en los ingresos de la región se encuentran entre los más altos del mundo (OECD et al., 2024[9]).

Gráfico 1.2. Los hogares de la región son frecuentemente afectados por la pérdida de empleos

Porcentaje de la población que declara que su hogar ha sido afectado por alguno de los siguientes problemas, 2025

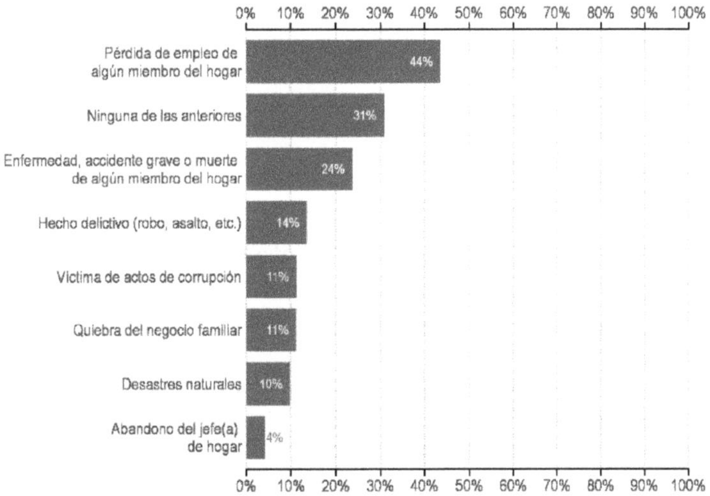

Nota: El gráfico presenta el promedio de respuestas no ponderado en ALC a la pregunta "¿En los últimos 12 meses, su hogar se ha visto afectado por alguno de los siguientes problemas? (Puede seleccionar más de una opción)". Los porcentajes presentan el promedio no ponderado de seis países de ALC (Brasil, Ecuador, Guatemala, Paraguay, Perú y República Dominicana) en 2025.
Fuente: Encuesta sobre Confianza de la OCDE en ALC 2025.

StatLink https://stat.link/in7hmo

1.2. Un desafío global apremiante: Los niveles de confianza en el gobierno son generalmente bajos

Los gobiernos de todo el mundo se enfrentan a tiempos difíciles. A pesar de seguir diferentes trayectorias, deben afrontar transiciones críticas en un contexto de creciente incertidumbre y amplios déficits de confianza en las instituciones públicas.

Los países de América Latina y el Caribe no son una excepción a esta tendencia mundial. A la vez, los déficits de confianza en la región no solo se limitan a las instituciones públicas, sino que también se extienden a la confianza interpersonal (véase el Recuadro 1.1). Empero, el alcance de estos déficits de confianza difiere de una institución a otra y de un país a otro. Las diferencias en los niveles de confianza entre los distintos países pueden estar relacionadas con características culturales, socioeconómicas e institucionales, por lo cual deben interpretarse con cautela. Por su parte, las diferencias en los niveles de confianza en las diferentes instituciones dentro de cada país destacan a nivel regional un déficit de confianza en la administración pública, más pronunciado que para los niveles de confianza en los gobiernos nacionales.

La Encuesta sobre Confianza de la OCDE en ALC encuentra que, en promedio, cerca de uno de cada tres encuestados (35%) expresa un nivel alto o moderadamente alto de confianza en su gobierno nacional, por debajo del promedio de la OCDE (39%). Casi la mitad (48%) de los latinoamericanos expresan una baja o falta de confianza en el gobierno, comparado al 44% en los países de la OCDE. El 16% de los encuestados, en promedio, expresa un nivel de confianza neutral hacia su gobierno, tanto en los países de ALC como de la OCDE (Gráfico 1.3.). Sin embargo, existen diferencias notables entre los países. Mientras que el 54% de los encuestados en México y el 50% en Ecuador reportan confianza alta o moderadamente alta en el gobierno nacional, los porcentajes son del 27% en Paraguay y Guatemala y del 20% en Perú. Entre otras cosas, el momento de implementación de la encuesta podría explicar estas diferencias.[4]

Gráfico 1.3. Alrededor de un tercio expresa un nivel alto o moderadamente alto de confianza en sus gobiernos nacionales en los países de ALC

Porcentaje de la población que reporta diferentes niveles de confianza en su gobierno nacional, 2023 o 2025

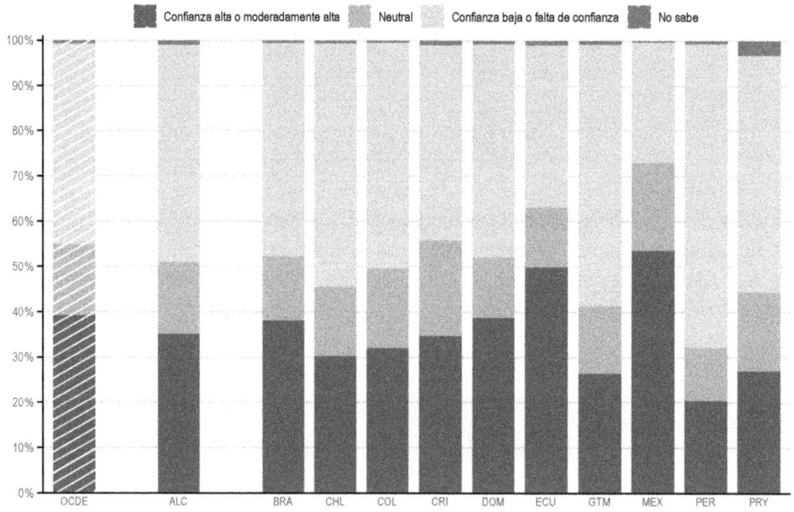

Nota: Este gráfico presenta la distribución de las respuestas dentro de los países a la pregunta «En una escala de 0 a 10, donde 0 es en absoluto y 10 es completamente, ¿en qué medida confía en el gobierno nacional?» Las respuestas entre 0-4 corresponden a «confianza baja o falta de confianza», 5 a «neutral» y aquellas entre 6-10 a «confianza alta o moderadamente alta». «OCDE» presenta el promedio no ponderado de 30 países de la OCDE, incluidos los cuatro países de ALC, en 2023. «ALC» representa el promedio no ponderado de los diez países de ALC, obtenido en 2023 en el caso de los países de ALC de la OCDE, y en 2025 en los países de ALC que no son miembros de la OCDE.
Fuente: Encuesta sobre Confianza de la OCDE 2023, Encuesta sobre Confianza de la OCDE en ALC 2025.

StatLink https://stat.link/34b0dk

Recuadro 1.1 Los niveles bajos de confianza interpersonal se corresponden con menor confianza en las instituciones públicas

Existe una asociación recíproca entre la confianza interpersonal e institucional (Gráfico 1.4). Las personas que expresan una mayor confianza en los demás suelen ser más propensas a confiar en las instituciones (Zmerli and Newton, 2008[11]; Bäck and Kestilä, 2009[12]). A su vez, en sociedades en las que se percibe que las instituciones públicas actúan de manera eficaz y justa, la confianza interpersonal también tiende a ser más fuerte.

Gráfico 1.4. La confianza interpersonal se asocia positivamente con la confianza institucional

Proporción de encuestados que reportan confianza alta o moderadamente alta en el gobierno nacional y en la mayoría de las personas

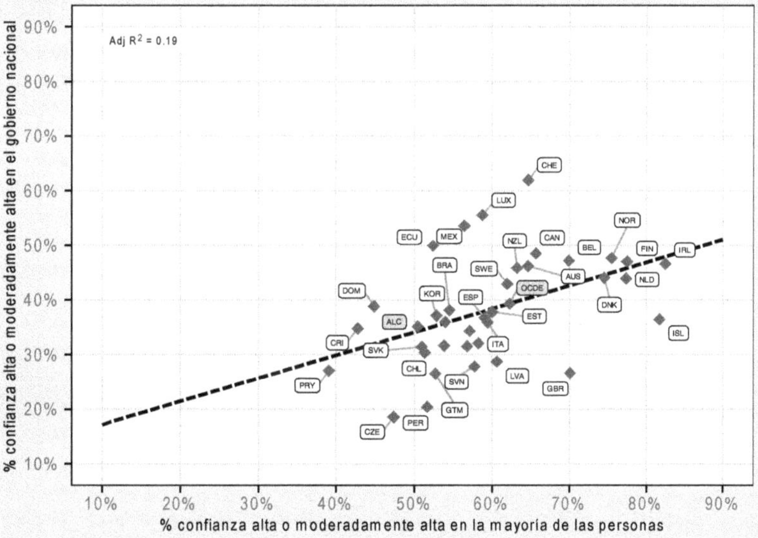

Nota: Este gráfico de dispersión presenta la proporción de respuestas altas o moderadamente altas a la pregunta «En una escala de 0 a 10, donde 0 no es en absoluto y 10 es completamente, cuánto confía en el gobierno nacional», igual a los valores de las respuestas 6-10 en la escala de respuesta, en el eje y. El eje x presenta la proporción de encuestados que respondieron de 6 a 10 a la pregunta «En una escala de 0 a 10, donde 0 no es en absoluto y 10 es completamente, ¿en cuánto confías en la mayoría de las personas?». «OCDE» presenta el promedio no ponderado de 30 países de la OCDE, incluidos los cuatro países de ALC y la OCDE en 2023. «ALC» representa el promedio no ponderado de los diez países de ALC, obtenido en 2023 en el caso de los países de ALC de la OCDE, y en 2025 en el caso de los países de ALC no pertenecientes a la OCDE.
Fuente: Encuesta sobre Confianza de la OCDE 2023, Encuesta sobre Confianza de la OCDE en ALC 2025.

StatLink https://stat.link/c9ljb3

En ALC, la confianza interpersonal ha sido históricamente baja, con fluctuaciones limitadas durante las últimas tres décadas (Latinobarómetro Corporation, 2023[13]). Los resultados de la Encuesta sobre Confianza de la OCDE en ALC son consistentes con estos datos y muestran que solo la mitad de los latinoamericanos confían en la mayoría de las personas, con muy pocas variaciones entre países, y por debajo del promedio de los países de la OCDE (62 %).[5]

Probablemente, varios factores contribuyen a esta desconfianza persistente. Por ejemplo, altos niveles de desigualdad de ingresos y patrimonio, así como percepciones de oportunidades de movilidad social limitadas están asociados de manera negativa con la confianza en las sociedades en su conjunto y no solo entre las personas socioeconómicamente desfavorecidas (Uslaner, 2002[14]; Scartascini and Valle Luna, 2020[15]; Keefer and Scartascini, 2022[16]; Granados and Sánchez, 2025[17]). Del mismo modo, las tasas de violencia altas y persistentes también pueden erosionar la voluntad de las personas de confiar en los otros (Corbacho, Philipp and Ruiz-Vega, 2015[18]).

1.2.1. La gente en ALC confía menos en la administración pública que en el gobierno nacional

En general, los latinoamericanos tienden a reportar una mayor confianza en los gobiernos locales y nacionales, en comparación con la administración pública nacional. Las excepciones a esta tendencia son Brasil y México (Gráfico 1.5.).

En promedio, casi cuatro de cada diez personas (37%) de ALC afirman tener una confianza alta o moderadamente alta en el gobierno local, porcentaje ligeramente por encima del 35% que confía en el gobierno nacional. La confianza en los gobiernos locales está por debajo del promedio de la OCDE (45%). Curiosamente, estos niveles de confianza no suelen variar tanto entre países como varían los niveles de confianza en el gobierno nacional: oscilan entre el 29% en Perú y el 48% en México. La mayor variación a nivel nacional puede reflejar la naturaleza frecuentemente más compleja y divisiva de la política nacional en comparación con la política local, donde la escala más amplia implica una mayor diversidad de intereses (Norris, 2011[19]).

Gráfico 1.5. La confianza en la administración pública es inferior a la confianza en el gobierno local o nacional

Porcentaje de encuestados que expresan una confianza alta o moderadamente alta en el gobierno nacional, la administración pública, el gobierno local y las legislaturas, 2023 y 2025

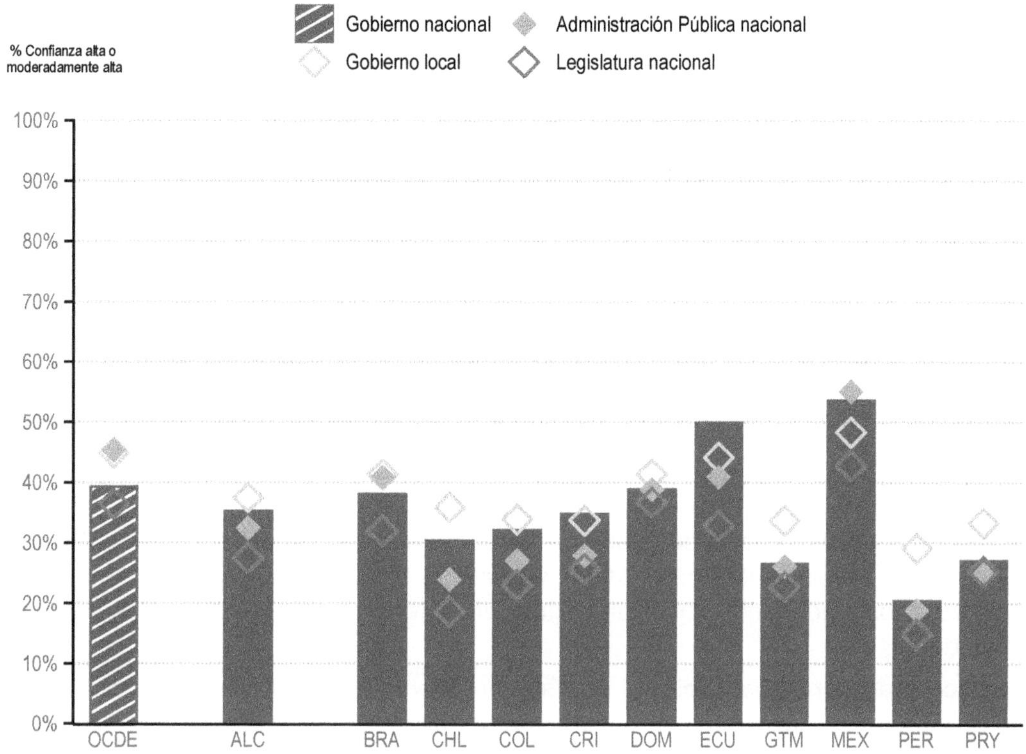

Nota: El gráfico presenta la distribución de las respuestas dentro de los países a la pregunta «En una escala de 0 a 10, donde 0 es en absoluto y 10 es completamente, ¿en qué medida confía en [insértese el nombre de la institución]?» El porcentaje de confianza alta o moderadamente alta corresponde a quienes seleccionan una respuesta de 6 a 10 en la escala de respuesta 0-10. «OCDE» presenta el promedio no ponderado de 30 países de la OCDE, incluidos los cuatro países miembros de ALC, en 2023. «ALC» representa el promedio no ponderado de los diez países de ALC, obtenido en 2023 en el caso de los países de ALC de la OCDE, y en 2025 en los países de ALC que no son miembros de la OCDE.
Fuente: Encuesta sobre Confianza de la OCDE 2023, Encuesta sobre Confianza de la OCDE en ALC 2025.

StatLink https://stat.link/c3v5y4

Mientras que los ciudadanos de los países de la OCDE suelen depositar más confianza en la administración pública nacional (45%) que en los gobiernos nacionales (39%), los latinoamericanos, a la inversa, muestran una mayor confianza en el gobierno nacional (35%) que en la administración pública (32%). Estas diferencias pueden explicarse, en parte, no solo por el funcionamiento y el desempeño de las administraciones públicas, sino también por diversas expectativas respecto a las mismas. Además, en muchos países de ALC, algunos nombramientos de la función pública se consideran politizados, lo que puede socavar la percepción ciudadana sobre el profesionalismo, imparcialidad y competencia de los funcionarios públicos (S. Grindle, 2012[20]). Por el contrario, muchos países de la OCDE dependen en gran medida de sistemas de nombramiento basados en el mérito, respaldados por una sólida supervisión institucional, que ayuda a fomentar una mayor confianza (Recuadro 1.2).

Recuadro 1.2 Las administraciones públicas nacionales disfrutan de niveles de confianza relativamente sólidos en los países de la OCDE

Según la Encuesta sobre Confianza de la OCDE de 2023, las administraciones públicas nacionales se encuentran entre las instituciones públicas más fiables de los países de la OCDE. En promedio, el 45% de los encuestados afirman confiar en la administración pública nacional, situando a esta entre las tres instituciones más confiadas, por detrás de los tribunales y el sistema judicial (54%) y la policía (63%). Los altos niveles de confianza pública en la administración pública nacional a menudo se explican por varias de sus características:

1. **Reclutamiento meritocrático:** los funcionarios públicos suelen ser seleccionados y contratados mediante procesos transparentes y competitivos, parte de concursos públicos. Esto ayuda a garantizar la competencia, el profesionalismo y limita la influencia de criterios políticos en la contratación. Asimismo, garantiza que las administraciones públicas nacionales tengan un alto rendimiento y, al mismo tiempo, satisfagan las necesidades de la población.
2. **Sistemas imparciales y basados en normas:** las decisiones administrativas se rigen por estrictas regulaciones y procedimientos establecidos, en lugar de responder a la discrecionalidad personal. Esto fomenta la percepción de equidad y neutralidad entre las personas.
3. **Transparencia y rendición de cuentas sobre el desempeño:** Muchos gobiernos de la OCDE hacen un seguimiento del desempeño de las administraciones públicas utilizando indicadores mensurables, herramientas públicas de evaluación comparativa y plataformas digitales que permiten a los ciudadanos hacer un seguimiento de la prestación de los servicios y de sus resultados.
4. **Prestación de servicios fiable:** el acceso consistente a servicios públicos de calidad, como atención médica, educación e infraestructura, fortalece la confianza a través de interacciones positivas cotidianas con las instituciones gubernamentales.
5. **Compromiso con los intereses de la sociedad a largo plazo:** los servicios civiles nacionales sirven a los intereses a largo plazo de la sociedad, anticipándose a los retos, prestando asesoramiento honesto a los gobiernos y garantizando la continuidad más allá de los ciclos electorales.
6. **Tradiciones institucionales estables:** con el tiempo, muchos países de la OCDE han desarrollado sólidas culturas burocráticas arraigadas en la integridad, el profesionalismo y la continuidad, que refuerzan la confianza en la administración pública nacional de unas generaciones a otras.

Fuente: (Andersen, 2021[21]; OECD, 2024[22]; OECD, 2022[23]; OECD, 2025[24])

1.2.2. Las fuerzas armadas, las policías, la sociedad civil y los medios de comunicación generan más confianza que el poder judicial, la administración pública y las instituciones políticas

La confianza de la ciudadanía varía notoriamente dependiendo de las distintas instituciones. Los resultados de la Encuesta de Confianza de la OCDE en ALC muestran que las instituciones de seguridad y orden generan los mayores niveles de confianza pública, mientras que otras instituciones, especialmente las de carácter político, suelen generar menos confianza. Estos hallazgos son similares a los resultados de los países de la OCDE, aunque con promedios más bajos en ALC (OECD, 2024[22]).

Las fuerzas armadas son la institución de ALC con niveles más altos de confianza, y la mayoría de los encuestados en los seis países encuestados en 2025 expresaron una confianza alta o moderadamente alta en las mismas. En promedio, el 55% de los encuestados reporta confiar en las fuerzas armadas, incluso por encima de la proporción de quienes confían en la mayoría de las personas (50%). En el mismo sentido, aunque con un porcentaje menor y más variaciones entre los países, el 44% reporta niveles altos o moderadamente altos de confianza en las policías (Gráfico 1.6.).

Gráfico 1.6. Las fuerzas armadas son la institución en la que más se confía en ALC

Porcentaje de la población que expresa confianza alta o moderadamente alta en las diferentes instituciones públicas y los medios de comunicación, 2023 y 2025

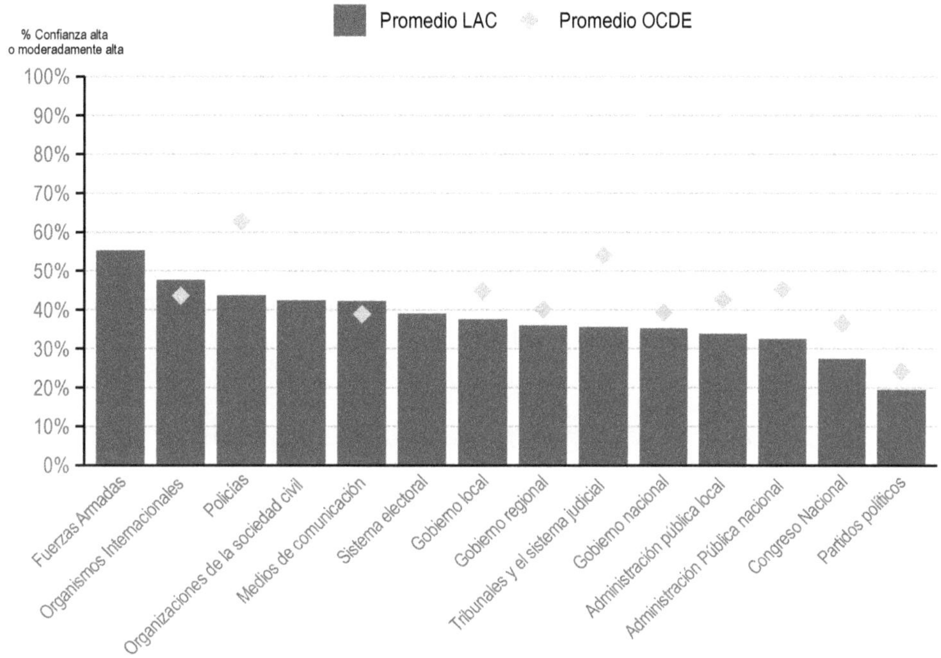

Nota: El gráfico presenta los promedios de respuesta no ponderados a la pregunta "En una escala de 0 a 10, donde 0 es en absoluto y 10 es completamente, ¿en qué medida confía [inserte nombre de la institución]?" para los países de ALC y la OCDE. Los porcentajes de confianza alta o moderadamente alta corresponden a quienes seleccionan una respuesta de 6 a 10 en la escala de respuesta 0-10. «OCDE» presenta el promedio no ponderado de 30 países de la OCDE, incluidos los cuatro países de ALC, en 2023. «ALC» representa el promedio no ponderado de los diez países de ALC, obtenido en 2023 en el caso de los países de ALC de la OCDE, y en 2025 en los países de ALC que no son miembros de la OCDE. La pregunta sobre las fuerzas armadas no se incluyó en la Encuesta sobre Confianza de la OCDE de 2023, pero está incluida en el cuestionario de 2025. Por lo tanto, el promedio de las fuerzas armadas se calculó utilizando datos de Brasil, Ecuador, Perú, República Dominicana, Guatemala y Paraguay. Las preguntas sobre el sistema electoral y las organizaciones de la sociedad civil tampoco están incluidas en la Encuesta de Confianza de la OCDE de 2023, excepto en Chile. Por lo tanto, el promedio de estas preguntas se calculó utilizando datos de Brasil, Chile, Ecuador, Guatemala, Paraguay, Perú y República Dominicana.
Fuente: Encuesta sobre Confianza de la OCDE 2023, Encuesta sobre Confianza de la OCDE en ALC 2025

StatLink https://stat.link/y1jpzf

Por otro lado, la gente confía menos en las instituciones de carácter político. En promedio, el 27% de los latinoamericanos expresan una confianza alta o moderadamente alta en las legislaturas nacionales, y el 19% en los partidos políticos, siendo las instituciones en las que menos se confía. Estos porcentajes se sitúan por debajo de los promedios de la OCDE, que son del 37% y del 24%, respectivamente. Las variaciones entre países son significativas: mientras que el 43% confía en el poder legislativo en México, solo el 15% lo hace en Perú y el 19% en Chile. Sin embargo, en general, hay varios países de la región en los que la confianza en el poder legislativo es comparativamente alta (como México o la República Dominicana). Asimismo, la proporción de personas que confían en los partidos políticos oscila entre el 33% en México y el 13% en Costa Rica.

La administración pública nacional, sobre la cual se ha discutido en la sección anterior, genera mucha menos confianza que las fuerzas armadas, las policías e incluso el gobierno nacional, pero más confianza que las legislaturas y los partidos políticos. Por su parte, la administración pública regional y/o local goza ligeramente de mayores niveles de confianza, con el 34% de los encuestados expresando una confianza alta o moderadamente alta, comparada al 32% en la administración pública nacional. Sin embargo, esta diferencia parece estar impulsada por un reducido número de países, ya que tanto en ALC como en los países de la OCDE, muchas personas manifiestan niveles similares de confianza en ambas instituciones.

Otra institución de la región que se enfrenta a importantes déficits de confianza son los tribunales y el sistema judicial. Estos déficits son más evidentes cuando se comparan con los niveles de confianza promedio de la OCDE que cuando se comparan con los niveles de confianza en otras instituciones. En los países de la OCDE, los tribunales y el sistema judicial se encuentran entre las instituciones con mayores niveles de confianza, ya que uno de cada dos encuestados (54%) expresa confianza en los mismos. En cambio, en los países de ALC, solo el 36% expresa una confianza alta o moderadamente alta en los tribunales y el sistema judicial.

La proporción de quienes reportan niveles altos o moderadamente altos de confianza en el sistema electoral –definido como el conjunto de reglas y métodos mediante los cuales los votos se convierten en escaños- no es mucho mayor. En promedio,[6] el 39% de los encuestados expresan confianza en el sistema electoral, oscilando entre el 28% en Paraguay y el 48% en Brasil.

1.3. ¿Qué determina la confianza en las instituciones públicas de América Latina y el Caribe?

La confianza ciudadana en las instituciones públicas está determinada por una serie de factores interrelacionados (véase el Anexo.1A). Algunos de estos factores están por fuera del ámbito de competencia de los gobiernos, al menos en el corto y mediano plazo. Otros están vinculados con las percepciones ciudadanas sobre las competencias y los valores de las instituciones públicas —los aquí llamados «determinantes de confianza en materia de gobernanza pública»— tanto en sus interacciones cotidianas como respecto a la toma de decisiones sobre cuestiones políticas complejas. Estas percepciones pueden ser más fácilmente influenciadas por acciones en los diferentes niveles de gobierno.

Si bien los gobiernos deben mejorar continuamente sus interacciones con la ciudadanía, ya sea brindando servicios públicos de calidad, proporcionando información de manera proactiva o combatiendo la corrupción, hallazgos de la Encuesta de Confianza de la OCDE en ALC sugieren que hoy en día los determinantes más significativos de la confianza en la región están relacionados con la forma en que los gobiernos abordan los desafíos complejos de gobernanza. Las percepciones sobre la toma de decisiones en cuestiones de política complejas, como ser respecto al equilibrio entre los intereses de las generaciones actuales y futuras o al uso de la mejor evidencia disponible para diseñar políticas, desempeñan un papel decisivo en la configuración de la confianza en el gobierno nacional, así como en la administración pública.

Una proporción considerable de la población en la región ve con buenos ojos varios aspectos vinculados a la toma de decisiones complejas, como ser la capacidad de los gobiernos para cooperar con diversas partes interesadas, lo que pone de relieve fortalezas que los gobiernos pueden aprovechar para promover confianza. Otras dimensiones relativas a la toma de decisiones complejas, como la capacidad de los ciudadanos para influir en las acciones del gobierno, se perciben con mayor escepticismo.

En paralelo, percepciones positivas sobre las interacciones cotidianas con las instituciones públicas están fuertemente asociadas con mayores niveles de confianza en la administración pública y los gobiernos locales. La satisfacción con los servicios administrativos es el mayor determinante de la confianza en la administración pública nacional. A su vez, en lo que hace a la confianza en el gobierno local, la satisfacción con los servicios es el segundo determinante más significativo, después de la percepción de que las personas pueden expresar sus opiniones en decisiones que afectan a sus comunidades.

Una mayor satisfacción con los servicios administrativos también se asocia a mayores niveles de confianza en las legislaturas y el gobierno nacional, aunque en menor medida que en la administración pública y los gobiernos locales. Este aspecto central de las interacciones cotidianas con las instituciones públicas es evaluado positivamente por la mayoría de los usuarios en América Latina y el Caribe. Sin embargo, existe un amplio margen de mejora en varios aspectos relacionados con las interacciones cotidianas que podrían contribuir a fortalecer la confianza.

1.3.1. Los gobiernos de América Latina y el Caribe deberían seguir invirtiendo en mejorar las experiencias cotidianas de las personas con las instituciones públicas (Capítulo 3)

Los resultados de la Encuesta de Confianza de la OCDE en ALC muestran que, aunque la mayoría percibe positivamente algunas interacciones cotidianas con las instituciones públicas —como ser los niveles de satisfacción con los servicios administrativos (55%) o la disponibilidad de información sobre los servicios administrativos (57%)—, otras relaciones del día a día se perciben con mayor escepticismo y no responden a las expectativas de la población.

Por ejemplo, menos de la mitad de los usuarios de los servicios públicos de la región expresan estar satisfechos con el sistema de salud de su país (40%), y el 50 % está satisfecho con el sistema educativo. Además, una mayor proporción de personas cree que es poco probable (41%) más que probable (38%) que los organismos públicos utilicen sus datos personales solo para fines legítimos; solo el 36% cree que sus solicitudes a beneficios públicos serían tratadas de manera justa; y apenas el 31% cree que los funcionarios públicos rechazarían un soborno. Estas percepciones sobre la fiabilidad, la equidad y la integridad de las instituciones en las interacciones cotidianas son significativamente inferiores a los promedios observados en los países de la OCDE, donde las personas generalmente evalúan el desempeño de los gobiernos en estas áreas de manera más positiva (Gráfico 1.7).

Al mismo tiempo, las percepciones sobre la capacidad de respuesta de los gobiernos, como la probabilidad de que los servicios mejoren como consecuencia de reclamos, son ligeramente más positivas en la región que en los países de la OCDE. En promedio, una proporción algo mayor de encuestados en ALC cree que los servicios pueden mejorar tras sus reclamos (43%) o que están abiertos a ideas innovadoras (41%), comparada con sus pares de la OCDE (39%).

Gráfico 1.7. Las interacciones cotidianas con las instituciones públicas requieren mejoras urgentes para fortalecer la confianza

Proporción de la población que está satisfecha con los servicios públicos o considera probable que se produzca una acción positiva en la situación respectiva, OCDE y ALC, 2023 o 2025

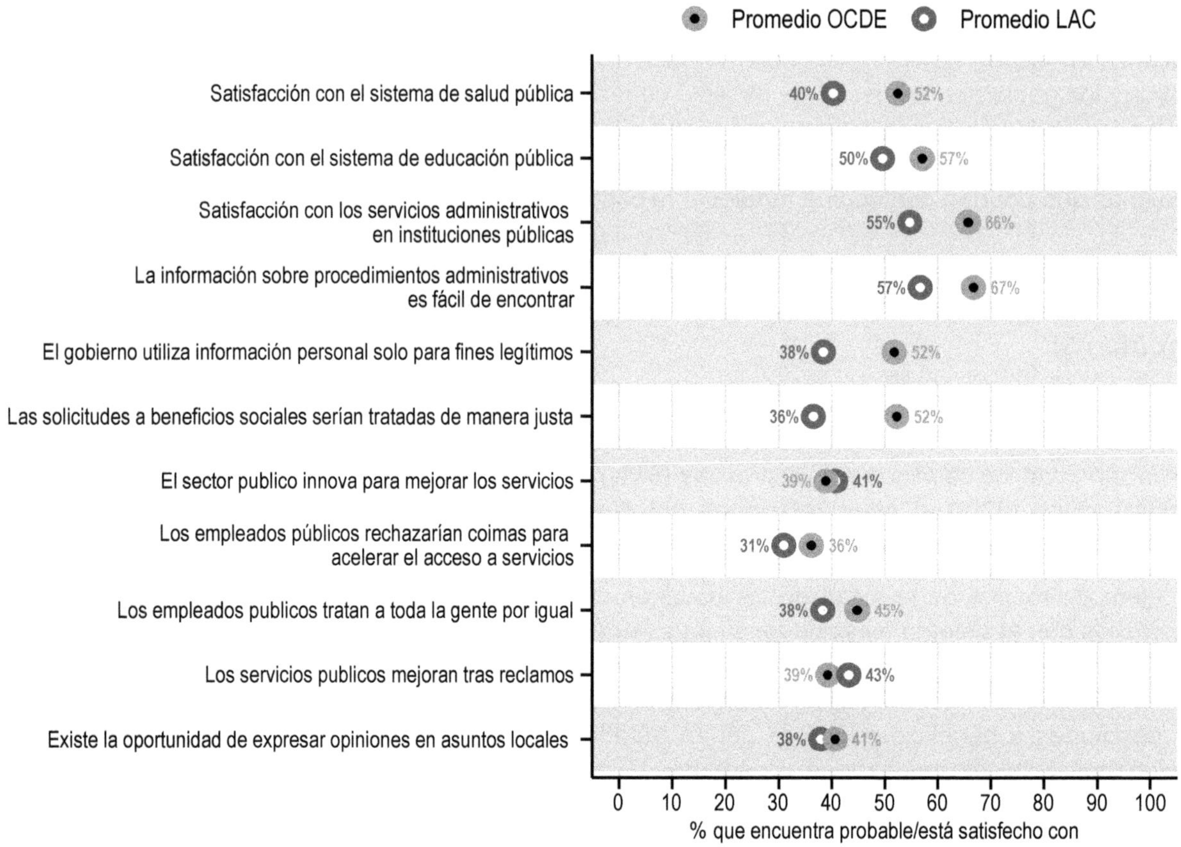

Nota: El gráfico presenta los promedios no ponderados de la OCDE y ALC de los porcentajes de encuestados que eligen una respuesta entre 6-10 en la escala 0-10 para las preguntas enumeradas. La satisfacción con los servicios públicos se limita a aquellos que reportaron ser usuarios recientes. «OCDE» presenta el promedio no ponderado de 30 países de la OCDE, incluidos los cuatro países de ALC, en 2023. «ALC» representa el promedio no ponderado de los diez países de ALC, obtenido en 2023 en el caso de los países de ALC de la OCDE, y en 2025 en los países de ALC que no son miembros de la OCDE.
Fuente: Encuesta sobre Confianza de la OCDE 2023, Encuesta sobre Confianza de la OCDE en ALC 2025.

StatLink https://stat.link/rbvgz1

1.3.2. ¿Cómo pueden los gobiernos fortalecer la confianza mejorando las interacciones cotidianas con el público?

¿Qué acciones específicas de los gobiernos en torno a sus interacciones cotidianas con la ciudadanía podrían generar mayores ganancias en materia de confianza pública? Gráfico 1.8 muestra las principales áreas de acción respecto a interacciones cotidianas que están más estrechamente asociadas a la confianza pública. Estos aspectos de gobernanza pública se identifican como determinantes de la confianza en función de su significancia estadística y práctica,7 así como tienen en cuenta el grado en que las personas tienen percepciones positivas o negativas de ellos.8 El análisis considera los diez países en conjunto y, por lo tanto, no captura las variaciones significativas entre países, lo que requeriría investigación adicional a nivel nacional. En el anexo A se explica la metodología de análisis y los capítulos

3 y 4 ofrecen detalles sobre los resultados de distintas medidas de percepción ciudadana sobre sus interacciones cotidianas con las instituciones públicas y la toma de decisiones gubernamentales en temas de política complejos.

Al comparar la relación entre las interacciones cotidianas y la confianza en las diferentes instituciones (Gráfico 1.8), el impacto potencial de mejorar estas percepciones es más pronunciado para la confianza en los gobiernos locales y en la administración pública que para la confianza en los gobiernos nacionales, tanto en los países de ALC como en los de la OCDE (OECD, 2024[22]).

Los determinantes de la confianza en la administración pública y en el gobierno local son en gran medida idénticos, con excepción de un aspecto importante: la posibilidad de expresar opiniones sobre decisiones que afectan a la comunidad local. La satisfacción de las personas con los servicios administrativos se asocia a mayores niveles de confianza en ambas instituciones, al igual que las percepciones sobre un trato justo en las solicitudes de beneficios públicos, el uso legítimo de los datos personales y la capacidad de respuesta ante reclamos sobre la calidad de los servicios (Gráfico 1.8). Estos aspectos en materia de gobernanza también se asocian a mayores niveles de confianza en los gobiernos locales y la administración pública en los países de la OCDE. Para el caso de los gobiernos locales de ALC, el determinante más influyente en la confianza es si la gente cree que puede expresar su opinión en decisiones políticas que afectan a su comunidad.

La confianza en el gobierno nacional también está relacionada con la satisfacción con los servicios administrativos, siendo esta relación, en promedio, más fuerte en los países de ALC que en los de la OCDE. Asimismo, la expectativa de que las solicitudes de beneficios públicos sean tratadas de manera justa también se asocia con una mayor probabilidad de confianza alta o moderadamente alta en el gobierno nacional (Gráfico 1.8).

Gráfico 1.8. Principales áreas de acción para lograr un mayor impacto en la confianza en las instituciones de ALC

Los determinantes en materia de gobernanza pública vinculados a interacciones cotidianas que tienen una relación estadísticamente significativa con la confianza en las instituciones respectivas, ponderados en función de su efecto marginal promedio y su margen de mejora relativo, 2023 y 2025

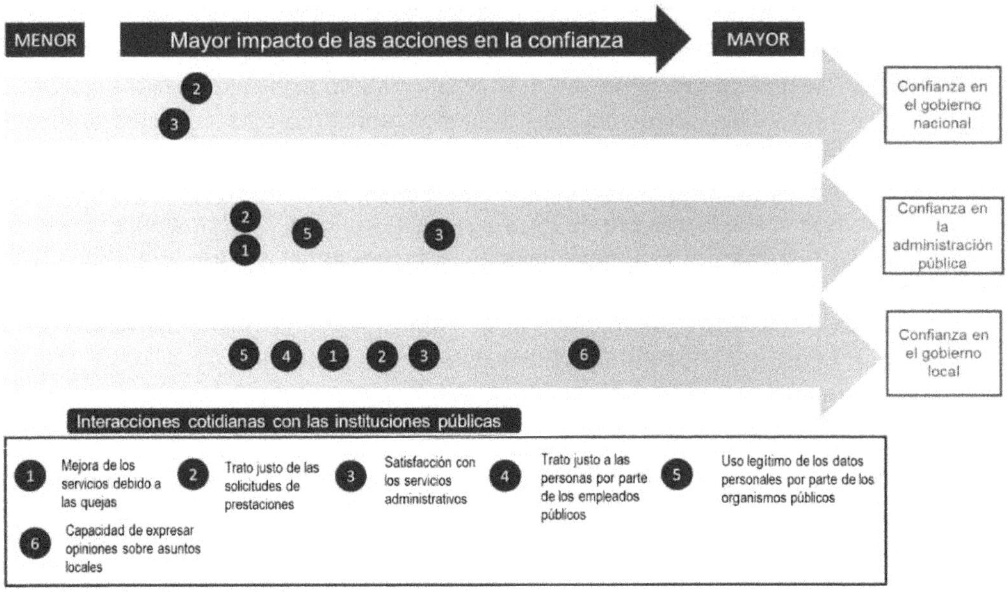

Cómo leer: El gráfico muestra la información combinada de los determinantes de confianza estadísticamente significativos en las respectivas instituciones (según el análisis de regresión) y la diferencia entre el porcentaje promedio con percepciones positivas sobre el determinante, considerando un umbral del 80% (establecido como límite óptimo). Los determinantes que están más positivamente asociados con la confianza en la institución correspondiente y para los cuales solo una baja proporción de personas en ALC tienen una percepción positiva pueden tener un mayor impacto en la confianza, ya que existe un amplio margen de mejora y dicha mejora probablemente se asociaría con niveles más altos de confianza. Por el contrario, aquellos determinantes débilmente asociados con la confianza, y sobre los cuales las percepciones ya son bastante favorables en los países de ALC, tienen un menor potencial para contribuir a mejoras significativas en la confianza. No obstante, todos los determinantes incluidos en esta figura son estadísticamente significativos, por lo que las mejoras en las áreas correspondientes pueden contribuir al fortalecimiento de la confianza. Cuando los resultados no son significativos, estos elementos se excluyen del gráfico.
Nota: El gráfico muestra las asociaciones estadísticamente significativas de la confianza en el gobierno nacional, la administración pública y el gobierno local, obtenidos mediante regresiones logísticas de la confianza en las instituciones respectivas sobre los determinantes en materia de gobernanza pública. Los análisis controlan por características individuales, incluyendo si las personas votaron o habrían votado por alguno de los partidos en el gobierno, los niveles reportados de confianza interpersonal y los efectos fijos por país. Todas las variables representadas son estadísticamente significativas al nivel del 5%, y su efecto marginal es superior a 1,5 puntos porcentuales. Para más detalles sobre el análisis econométrico, incluidos los efectos marginales promedio asociados a cada variable, véase el Anexo A.
Fuente: Encuesta sobre Confianza de la OCDE 2023, Encuesta sobre Confianza de la OCDE en ALC 2025.

1.3.3. Aunque los latinoamericanos son relativamente positivos sobre la capacidad de sus gobiernos para enfrentar desafíos políticos complejos, los gobiernos deberían tratar de mejorar las percepciones sobre el uso de evidencia en el diseño de políticas y equilibrar los intereses intergeneracionales (Capítulos 4 y 5)

La confianza en el gobierno puede reforzarse gradualmente a través de cada interacción que las personas tengan con las instituciones públicas. Sin embargo, más allá de sus interacciones cotidianas con las instituciones, las personas también evalúan a los gobiernos según su capacidad para abordar de manera fiable desafíos sociales complejos y de largo plazo. Al respecto, los ciudadanos de América Latina y el

Caribe expresan un optimismo relativo, lo que es un hallazgo alentador, ya que las percepciones positivas en este aspecto son fundamentales para fortalecer la confianza en el gobierno nacional.

En promedio, el 52 % de los encuestados confía en que sus gobiernos lograrán reducir las emisiones de gases de efecto invernadero durante la próxima década, y el 46 % cree que sus gobiernos equilibrarán adecuadamente los intereses de las generaciones actuales y futuras (Gráfico 1.9). Estos porcentajes superan los promedios de los países de la OCDE, del 42 % y el 37 %, respectivamente. Las percepciones positivas sobre la equidad intergeneracional en la toma de decisiones son un factor clave para fortalecer la confianza en los gobiernos nacionales de la región.

Gráfico 1.9. En general, las personas confían en la capacidad de sus gobiernos para afrontar desafíos intergeneracionales y complejos, pero son más escépticas sobre su preparación para proteger vidas en el corto plazo

Proporción de la población que confía o considera probable que se produzca una acción positiva en la situación respectiva, OCDE y ALC, 2023 o 2025

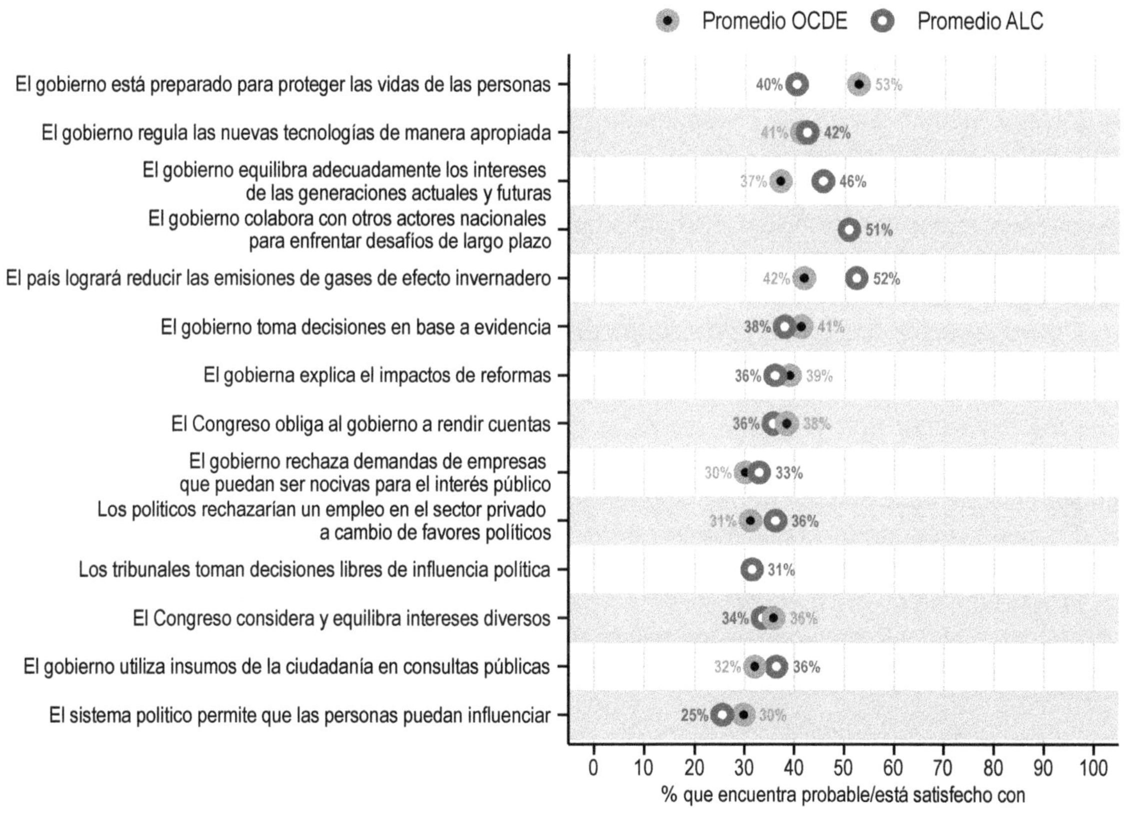

Nota: El gráfico presenta los promedios no ponderados de la OCDE y ALC de los porcentajes de encuestados que eligen una respuesta entre 6-10 en la escala 0-10 para las preguntas enumeradas. «OCDE» presenta el promedio no ponderado de 30 países de la OCDE, incluidos los cuatro países de ALC, en 2023. «ALC» representa el promedio no ponderado de los diez países de ALC, obtenido en 2023 en el caso de los países de ALC de la OCDE, y en 2025 en los países de ALC que no son miembros de la OCDE. Los datos relativos a las percepciones sobre la cooperación del gobierno con otros actores interesados incluyen a Brasil, Chile, Ecuador, Guatemala, Paraguay, Perú y República Dominicana; y sobre la independencia de los tribunales frente a influencias políticas incluyen a Brasil, Ecuador, Guatemala, Paraguay, Perú y República Dominicana.
Fuente: Encuesta sobre Confianza de la OCDE 2023, Encuesta sobre Confianza de la OCDE en ALC 2025.

StatLink https://stat.link/zp6eqc

Sin embargo, la proporción de latinoamericanos que creen que las decisiones son abiertas y sensibles a los insumos públicos y la evidencia, así como tomadas libres de interferencias de intereses especiales, es menor. En promedio, y en línea con las percepciones en los países de la OCDE (41%), solo el 38% de los encuestados de ALC confía en que sus gobiernos basarán sus decisiones en la mejor evidencia, investigación y datos disponibles. En particular, este aspecto de gobernanza pública es el segundo predictor de la confianza en los gobiernos nacionales de ALC y de la OCDE. Asimismo, es el determinante que tiene la segunda asociación más significativa con la confianza en la administración pública nacional en la región, mientras que esta asociación es más atenuada en los países de la OCDE.

Más allá de invertir en mejorar el diseño de políticas basadas en evidencia, los gobiernos también deber ser abiertos y transparentes respecto a cómo sus decisiones pueden afectar la vida de las personas. En promedio, solo el 36% de los latinoamericanos (y el 39% de los encuestados de la OCDE) creen que serán informados de manera clara sobre cómo les impactarían reformas relevantes.

Del mismo modo, aunque pocos encuestados sienten que sus voces son escuchadas, muchos creen que ciertos intereses están sobrerrepresentados en las políticas públicas. Los resultados de la Encuesta de Confianza de la OCDE en ALC muestran que solo uno de cada cuatro latinoamericanos (25%) cree que el sistema político de su país permite que personas como ellos tengan voz en las decisiones de gobierno, y apenas el 36% considera probable que el gobierno adopte opiniones expresadas en una consulta pública. Por el contrario, solo un tercio (36% en ALC y 31% en los países de la OCDE) cree que los políticos rechazarían un trabajo bien remunerado a cambio de un favor político. Y solo el 33 % confía en que su gobierno podría resistir las presiones de grandes corporaciones para que se adopten políticas potencialmente perjudiciales para el público, un porcentaje ligeramente superior al promedio de la OCDE (30%). Estas preocupaciones sobre la voz política y la integridad también son determinantes significativos y están correlacionadas con los niveles de confianza en las principales instituciones públicas bajo análisis en América Latina y el Caribe, como en los países de la OCDE.

1.3.4. ¿Cómo pueden los gobiernos mejorar la confianza en la toma de decisiones sobre cuestiones políticas complejas?

Tanto en los países de ALC como en los de la OCDE, las percepciones positivas sobre la toma de decisiones sobre cuestiones políticas complejas tienen un papel crucial en la configuración de la confianza en el gobierno nacional. En ALC, también son decisivas para influenciar la confianza en la administración pública. En parte, esto podría relacionarse al hecho de que a nivel individual la correlación entre la confianza en las dos instituciones es mayor en la región (0,73) que en la observada en la OCDE (0,64). A su vez, la relación entre las percepciones de voz política y la confianza en el gobierno nacional es aproximadamente el doble de fuerte en los países de la OCDE que en los de ALC (OECD, 2024[22]).

Gráfico 1.10. Principales áreas de acción para lograr un mayor impacto en la confianza en las instituciones de ALC

Los determinantes en materia de gobernanza pública vinculados a la toma de decisiones sobre cuestiones políticas complejas que tienen una relación estadísticamente significativa con la confianza en las instituciones respectivas, ponderados en función de su efecto marginal promedio y su margen de mejora relativo, 2023 y 2025

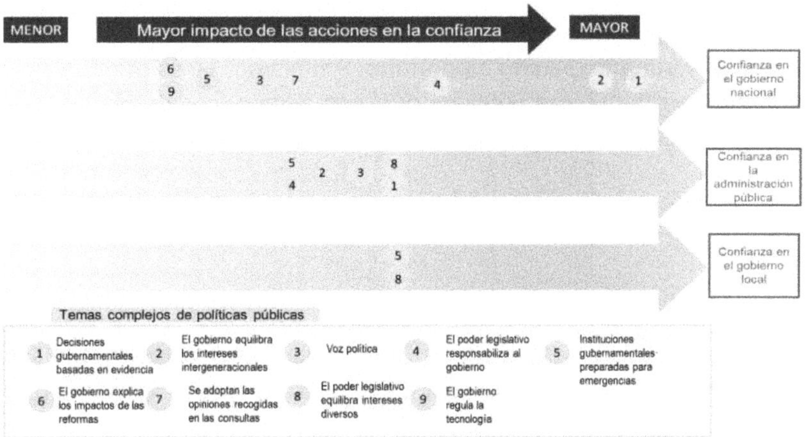

Cómo leer: El gráfico muestra la información combinada de los determinantes de confianza estadísticamente significativos en las respectivas instituciones (según el análisis de regresión) y la diferencia entre el porcentaje promedio con percepciones positivas sobre el determinante, considerando un umbral del 80% (establecido como límite óptimo). Los determinantes que están más positivamente asociados con la confianza en la institución correspondiente y para los cuales solo una baja proporción de personas en ALC tiene una percepción positiva pueden tener un mayor impacto en la confianza, ya que existe un amplio margen de mejora y dicha mejora probablemente se asociaría con niveles más altos de confianza. Por el contrario, aquellos determinantes débilmente asociados con la confianza, y sobre los cuales las percepciones ya son bastante favorables en los países de ALC, tienen un menor potencial para contribuir a mejoras significativas en la confianza. No obstante, todos los determinantes incluidos en esta figura son estadísticamente significativos, por lo que las mejoras en las áreas correspondientes pueden contribuir al fortalecimiento de la confianza. Cuando los resultados no son significativos, estos elementos se excluyen del gráfico.

Nota: El gráfico muestra las asociaciones estadísticamente significativas de la confianza en el gobierno nacional, la administración pública y el gobierno local, obtenidos mediante regresiones logísticas de la confianza en las instituciones respectivas sobre los determinantes en materia de gobernanza pública. Los análisis controlan por características individuales, incluyendo si las personas votaron o habrían votado por alguno de los partidos en el gobierno, los niveles reportados de confianza interpersonal y los efectos fijos por país. Todas las variables representadas son estadísticamente significativas al nivel del 5%, y su efecto marginal es superior a 1,5 puntos porcentuales. Para más detalles sobre el análisis econométrico, incluidos los efectos marginales promedio asociados a cada variable, véase el Anexo A.

Fuente: Encuesta sobre Confianza de la OCDE 2023, Encuesta sobre Confianza de la OCDE en ALC 2025.

Las percepciones sobre la capacidad de los gobiernos para considerar y equilibrar intereses intergeneracionales, garantizar una toma de decisiones competente y basada en evidencia, y rendir cuentas ante la ciudadanía y otras instituciones tienen un mayor impacto en la confianza en el gobierno nacional que otras percepciones relativas a interacciones cotidianas. Hoy en día, los aumentos potenciales más significativos de la confianza en el gobierno nacional podrían resultar de iniciativas que refuercen la creencia de que las decisiones se toman de manera justa para todas las generaciones, se basan en evidencia confiable y que las instituciones se hacen responsables de sus acciones (Gráfico 1.10). Otros determinantes de la confianza con un impacto más moderado incluyen percepciones positivas sobre la voz política y la capacidad de respuesta a insumos provistos en consultas públicas, la preparación para emergencias y la comunicación clara por parte del gobierno sobre los impactos de las reformas, así como la regulación de nuevas tecnologías para que las empresas y las personas puedan usarlas de manera responsable.

Percepciones positivas sobre la toma de decisiones basada en evidencia y la preparación ante emergencias también influyen en la confianza en la administración pública y los gobiernos locales, aunque en menor medida que en el gobierno nacional. Además, una evaluación positiva respecto a la capacidad de las legislaturas de equilibrar intereses de los diferentes grupos o regiones también está positivamente relacionada con la confianza en estas dos instituciones. Finalmente, la confianza en la administración pública está positivamente influenciada por la creencia de las personas en que tienen voz en lo que hace el gobierno, que los servicios se mejoran seguido de reclamos, que el gobierno equilibra las necesidades de las generaciones actuales y futuras, y que la legislatura hace rendir cuentas al gobierno.

Los hallazgos sugieren que en miras a fortalecer la confianza en los gobiernos de ALC, las personas esperan que en la práctica se promuevan y hagan visibles principios democráticos fundamentales, como ser la rendición de cuentas y la participación ciudadana. Asimismo, otras prioridades estratégicas, como resistir la influencia indebida y adaptar las políticas públicas a las necesidades de las diversas regiones y grupos sociales, también podrían generar ganancias en la confianza pública, especialmente en los gobiernos locales.

Bibliografía

Andersen, D. (2021), "The Limits of Meritocracy in Stabilizing Democracy and the Twin Importance of Bureaucratic Impartiality and Effectiveness", *Social Science History*, Vol. 45/3, pp. 535-559, https://doi.org/10.1017/ssh.2021.15. [21]

Bäck, M. and E. Kestilä (2009), "Social Capital and Political Trust in Finland: An Individual-level Assessment", *Scandinavian Political Studies*, Vol. 32/2, https://doi.org/10.1111/j.1467-9477.2008.00218.x. [12]

Brezzi, M. et al. (2021), "An updated OECD framework on drivers of trust in public institutions to meet current and future challenges", *OECD Working Papers on Public Governance*, No. 48, OECD Publishing, Paris, https://doi.org/10.1787/b6c5478c-en. [1]

Corbacho, A., J. Philipp and M. Ruiz-Vega (2015), "Crime and Erosion of Trust: Evidence for Latin America", *World Development*, Vol. 70, pp. 400-415, https://doi.org/10.1016/j.worlddev.2014.04.013. [18]

Granados, C. and F. Sánchez (2025), "Eppur si Muove. Social Mobility, Inequality, and Political Trust in Latin America", *Social Justice Research*, Vol. 38/2, pp. 167-190, https://doi.org/10.1007/s11211-025-00452-6. [17]

Jütten, M. (2024), "Political turmoil in Peru", http://www.europarl.europa.eu/thinktank (accessed on 22 July 2025). [26]

Keefer, P. and C. Scartascini (eds.) (2022), *Trust: The Key to Social Cohesion and Growth in Latin America and the Caribbean*, Inter-American Development Bank, https://doi.org/10.18235/0003792. [16]

Latinobarometro (2024), *Informe 2024. LA DEMOCRACIA RESILIENTE*, Latinobarometro, Santiago de Chile. [5]

Latinobarómetro Corporation (2023), *Latinobarómetro Study 1996 to 2023 Waves*, https://www.latinobarometro.org/latinobarometro-2023. [13]

Messari, N. (2024), *Violence and Politics in Latin America: A Long and Tragic History. PB - 36/24*, Policy Center for the New South. [3]

Norris, P. (2011), "Democratic Deficit: Critical Citizens Revisited", *Cambridge University Press.* [19]

OECD (2025), *Drivers of Trust in Public Institutions in Australia*, Building Trust in Public Institutions, OECD Publishing, Paris, https://doi.org/10.1787/28a876c2-en. [24]

OECD (2025), *OECD Economic Outlook, Volume 2025 Issue 1: Tackling Uncertainty, Reviving Growth*, OECD Publishing, Paris, https://doi.org/10.1787/83363382-en. [6]

OECD (2025), *Perspectivas Económicas de la OCDE. Foco en América Latina.*, OECD, Paris, https://www.oecd.org/content/dam/oecd/es/topics/policy-sub-issues/economic-snapshot-pages/Perspectivas-economicas-OCDE-Junio-2025-ESP-PRT-Final-opt.pdf. [10]

OECD (2024), *OECD Survey on Drivers of Trust in Public Institutions – 2024 Results: Building Trust in a Complex Policy Environment*, OECD Publishing, Paris, https://doi.org/10.1787/9a20554b-en. [22]

OECD (2022), *Building Trust to Reinforce Democracy: Main Findings from the 2021 OECD Survey on Drivers of Trust in Public Institutions*, Building Trust in Public Institutions, OECD Publishing, Paris, https://doi.org/10.1787/b407f99c-en. [23]

OECD (2020), "COVID-19 in Latin America and the Caribbean: Regional socio-economic implications and policy priorities", *OECD Policy Responses to Coronavirus (COVID-19)*, OECD Publishing, Paris, https://doi.org/10.1787/93a64fde-en. [8]

OECD (2017), *OECD Guidelines on Measuring Trust*, OECD Publishing, Paris, https://doi.org/10.1787/9789264278219-en. [25]

OECD et al. (2024), *Latin American Economic Outlook 2024: Financing Sustainable Development*, OECD Publishing, Paris, https://doi.org/10.1787/c437947f-en. [9]

OECD et al. (2023), *Latin American Economic Outlook 2023: Investing in Sustainable Development*, OECD Publishing, Paris, https://doi.org/10.1787/8c93ff6e-en. [7]

S. Grindle, M. (2012), *Jobs for the Boys: Patronage and the State in Comparative Perspective*, Harvard University Press. [20]

Scartascini, C. and J. Valle Luna (2020), "WHOM DO WE TRUST? The Role of Inequality and Perceptions", in Busso, M. and J. Messina (eds.), *THE INEQUALITY CRISIS. Latin America and the Caribbean at the Crossroads.*, Inter-American Development Bank, Washington DC. [15]

UNODC (2023), *Global Study on Homicide*, UNODC, Vienna. [2]

Uslaner, E. (2002), *The Moral Foundations of Trust*, Cambridge University Press, Cambridge. [14]

Winter, B. (2025), *Navigating Trump and three other trends shaping Latin America in 2025. Vol 19, Issue 1..* [4]

Zmerli, S. and K. Newton (2008), "Social Trust and Attitudes Toward Democracy", *Public Opinion Quarterly*, Vol. 72/4, pp. 706-724, https://doi.org/10.1093/poq/nfn054. [11]

Annex 1.A. El marco analítico de la OCDE sobre los determinantes de la confianza en las instituciones públicas

La confianza de las personas en las instituciones públicas está influida por múltiples factores interrelacionados. El *Marco Analítico de la OCDE sobre los Determinantes de la Confianza en las Instituciones Públicas* identifica tres tipos de factores que afectan a los niveles de confianza. En primer lugar, cinco principales determinantes de confianza en materia de gobernanza pública evalúan el grado en que las personas esperan que las instituciones sean fiables y receptivas a la hora de formular e implementar políticas y servicios, al tiempo que respetan los valores de equidad, integridad y apertura. Las instituciones que alinean su comportamiento con estas expectativas pueden fortalecer el sentido de seguridad y dignidad de las personas. Los gobiernos pueden influir más directamente en estas percepciones del desempeño y los valores de las instituciones públicas, y por tanto aprovecharlos para fortalecer la confianza. En segundo lugar, la confianza en las instituciones públicas depende de las percepciones respecto a la capacidad de los gobiernos para afrontar desafíos complejos, incluidos los de alcance global. Las personas necesitan tener la certeza de que las instituciones públicas pueden gestionar los servicios de manera oportuna y eficaz, y enfrentar los problemas de política pública de forma responsable, manteniendo la rendición de cuentas, protegiendo el interés público y garantizando la participación ciudadana. Por último, diversos factores culturales y socioeconómicos tanto a nivel individual como de grupo, así como las preferencias políticas, influyen en la confianza.

Fortalecer la confianza en las instituciones públicas requiere un enfoque integral: en primer lugar, debe centrarse en la evaluación que las personas hacen del desempeño en aspectos de gobernanza pública, la cual puede verse influenciada tanto por la forma en que las instituciones actúan como por la manera en que comunican. Además, este enfoque debe reconocer que las características demográficas y socioeconómicas de las personas, así como su sentido de agencia política, afectan sus experiencias y percepciones sobre las instituciones públicas, y por tanto, sus niveles de confianza en ellas.

Anexo Tabla 1.A.1. Marco analítico de la OCDE sobre los determinantes de la confianza en las instituciones públicas y preguntas de la encuesta

Marco de la OCDE sobre los determinantes de la confianza en las instituciones públicas		Considerado en las preguntas de la encuesta sobre percepciones/evaluación de:
Niveles de confianza en diferentes instituciones públicas		Confianza en el gobierno nacional, el gobierno regional, el gobierno local, la administración pública nacional, la administración pública local, las legislaturas, los partidos políticos, las policías, los tribunales y el sistema judicial, las organizaciones internacionales, las fuerzas armadas y el sistema electoral.
		Determinantes de Gobernanza Pública en la Confianza en las Instituciones Públicas
Competencias	*Confiabilidad*	• El Gobierno está preparado para proteger la vida de las personas en caso de emergencia • Los datos personales compartidos con oficinas públicas se utilizan solo para fines legítimos • El gobierno regula la IA de manera adecuada, ayudando a empresas y ciudadanos a utilizarla de manera responsable • Satisfacción general con los servicios administrativos y satisfacción con aspectos específicos
	Capacidad de respuesta	• Los servicios públicos mejoran tras reclamos • Las instituciones públicas adoptan ideas innovadoras para mejorar los servicios públicos

		• La política nacional se modifica en función de la retroalimentación del público. • El gobierno utiliza la mejor evidencia disponible para la toma de decisiones
	Apertura	• Facilidad y disponibilidad de información sobre servicios administrativos • Oportunidad para expresar opiniones ante el gobierno local • Oportunidades de participación y compromiso ciudadano. • El gobierno explica claramente el impacto de reformas
Valores	*Integridad*	• Susceptibilidad de los empleados públicos a recibir sobornos • Prácticas de «puertas giratorias» para funcionarios de alto nivel electos/as o nombradas/os políticamente • Independencia y rendición de cuentas entre los poderes del gobierno (Congreso, poder judicial, ejecutivo). • Influencia indebida en las políticas públicas
	Equidad	• Trato coherente de los funcionarios públicos hacia empresas y personas, independientemente de su origen e identidad. • Trato justo en los servicios y beneficios públicos • Representación de las necesidades de las distintas regiones y grupos de la sociedad en las legislaturas
Percepción de la acción del gobierno frente a desafíos intergeneracionales y globales		• Priorización del país de varios objetivos de políticas • El país logrará reducir los gases de efecto invernadero en los próximos 10 años • El gobierno nacional equilibra adecuadamente los intereses de las generaciones actuales y futuras • El gobierno coopera con diferentes actores nacionales para hacer frente a los desafíos globales
Determinantes de la confianza culturales, económicos y políticos		• Confianza en otros y en los medios de comunicación • Propio bienestar económico • Pertenencia a grupos discriminados • Estatus demográfico y socioeconómico • El sistema político permite que la gente tenga voz en lo que hace el gobierno • Capacidad propia para participar en política • Votación en elecciones nacionales o locales y participación en actividades políticas • Apoyo a los referendos nacionales • Consumo de noticias • Confiabilidad de las estadísticas gubernamentales

Notas

[1] A lo largo del informe, los promedios de ALC y la OCDE se obtienen, en primer lugar, calculando el promedio ponderado de cada país, y posteriormente obteniendo el promedio entre países, a partir de los promedios individuales de cada país, sin ponderar por su tamaño de población. Por ejemplo, si en la mitad de los países de ALC una variable determinada tiene un promedio ponderado del 25% y en la otra mitad, el promedio ponderado es del 75%, el promedio de ALC sería del 50%, independientemente del tamaño de la población de los países en cada grupo. En la mayoría de los casos, el promedio general de la OCDE tanto incluyendo como excluyendo los cuatro países de ALC miembros de la OCDE es muy similar, con una desviación de solo 1 o 2 puntos porcentuales.

[2] Es posible acceder a los resultados desagregados por país utilizando los *StatsLinks* provistos para cada figura de este informe.

[3] En 2024, el 37% de los latinoamericanos afirmó que en los últimos dos años se habían logrado «muchos» o «algunos» avances en la reducción de la corrupción en las instituciones estatales. Este es el nivel más alto registrado desde que el indicador se midió por primera vez en 2004, cuando se situaba en apenas el 23%.

[4] El hecho de que los datos se recopilaran únicamente para la población adulta urbana de México y el momento en el que se recopilaron los datos podrían explicar algunas de estas diferencias. México y Ecuador celebraron elecciones solo unos meses antes de la implementación de la encuesta, e investigaciones precedentes han revelado «efectos luna de miel» que aumentan temporalmente la confianza en los gobiernos recientemente electos (OECD, 2022[23]) (OECD, 2024[22]). Por otra parte, al momento de implementarse la encuesta Perú estaba experimentando altos niveles de violencia callejera y manifestaciones, así como un cambio completo del gobierno tras inestabilidad y el juicio político de 2022 (Jütten, 2024[26]). A su vez, la recolección de datos para los países de ALC miembros de la OCDE ocurrió en un periodo que concentró altos niveles de inflación (2022-2023).

[5] Las diferencias en los resultados de la Encuesta sobre Confianza de la OCDE y los del Latinobarómetro pueden estar relacionadas con la formulación de la pregunta sobre la confianza interpersonal. En el Latinobarómetro, la pregunta formulada a los encuestados/as es: "En términos generales, ¿diría usted que se puede confiar en la mayoría de las personas o que es mejor tener cuidado al tratar con ellas?", mientras que en la Encuesta de Confianza de la OCDE es: "Para comenzar, una pregunta general sobre la confianza. En una escala de 0 a 10, donde 0 es nada y 10 es completamente, en general, ¿cuánto confía en la mayoría de las personas?". La pregunta, tal como se incluye en la Encuesta de Confianza de la OCDE, permite una respuesta más matizada que una respuesta binaria. Además, la redacción de esta pregunta ha sido ampliamente discutida en las Directrices de la OCDE sobre la Medición de la Confianza (OECD, 2017[25]), incluyendo evidencia primaria generada por la Oficina Nacional de Estadísticas del Reino Unido. Su análisis concluye que las preguntas sobre confianza interpersonal que utilizan la redacción "No se puede ser demasiado cuidadoso con la gente", en comparación con una formulación más neutral que se centra únicamente en la confianza "en otras personas", pueden inducir un sesgo de pre-conceptos en los grupos relativamente vulnerables. Las respuestas resultantes podrían reflejar diferencias en el nivel de cautela más que en la confianza (ya que el uso de la palabra "cuidado" puede tener diferentes connotaciones y crear ruido en las respuestas, desviando el enfoque de la confianza).

[6] Este promedio incluye datos de los siete países donde están disponibles: Brasil, Chile, Ecuador, Guatemala, Paraguay, Perú y República Dominicana.

[7] Las variables incluidas en la figura son estadísticamente significativas al menos en un 5% (significancia estadística), y el efecto marginal promedio estimado supera los 1,5 puntos porcentuales (significancia práctica).

[8] El efecto marginal medio estimado se pondera mediante la diferencia entre la cuota media con una percepción positiva del determinante respectivo y un umbral del 80% (considerado como un límite óptimo).

2 Condiciones socioeconómicas, agencia política y confianza

Las características demográficas, socioeconómicas y las actitudes políticas de las personas pueden influir en sus percepciones sobre las instituciones públicas y su confianza en las mismas. Este capítulo presenta los diversos niveles de confianza en el gobierno entre los diferentes grupos de población. Los grupos de población están definidos en base a la edad, percepciones sobre la seguridad financiera o física, niveles de educación, género y actitudes políticas de los encuestados, como ser la afinidad partidaria y las percepciones sobre su voz política y su capacidad de participar en la política.

Principales hallazgos

- **Las percepciones de agencia política son clave para la confianza.** Las personas que sienten que tienen voz y pueden influenciar las decisiones del gobierno o que están confiadas en su capacidad de participar en la política son sustancialmente más propensas a expresar una confianza alta o moderadamente alta en el gobierno nacional. Solo el **25%** de los latinoamericanos cree que personas como ellos tienen voz y pueden influenciar en lo que hace el gobierno.
- **La afinidad partidaria influye en la confianza.** Los niveles de confianza en el gobierno nacional son 23 puntos porcentuales más elevados entre quienes declararon haber votado (o que hubiesen votado) por el partido o candidato en el gobierno. Esta brecha de afinidad partidaria se extiende a otras instituciones de carácter más administrativo, como la administración pública o el sistema electoral.
- **La confianza en las instituciones públicas es menor entre quienes están preocupados por sus finanzas, seguridad física o se sienten discriminados**. Existe una diferencia de 15 puntos porcentuales en los niveles de confianza de las personas que se sienten económicamente inseguras respecto a aquellas que se sienten seguras, siendo estas últimas más proclives a confiar en el gobierno. El temor a la delincuencia y la inseguridad física están asociados a una brecha de confianza de nueve puntos, y quienes se identifican como parte de un grupo discriminado están también menos inclinados a confiar en el gobierno (con una diferencia de siete puntos porcentuales respecto a aquellos que no se sienten discriminados).
- **Las características demográficas se asocian con brechas de confianza más estrechas.** En promedio, las mujeres son menos proclives que los hombres a confiar en el gobierno nacional (existiendo una diferencia de tres puntos porcentuales), y los jóvenes (de 18 a 29 años) confían en sus gobiernos cuatro puntos porcentuales por debajo del promedio entre los adultos mayores (50+).
- **Las tendencias en cuanto a las brechas de confianza son en gran medida consistentes en ALC y la OCDE**. Las percepciones de voz política y la afinidad partidaria son los elementos que tienen mayor influencia en la confianza a nivel individual y son más relevantes que cualquier otro rasgo socioeconómico o demográfico. **Sin embargo, las brechas de confianza asociadas a características demográficas son menores** en ALC que en el resto de la OCDE, en promedio.

¿Cómo pueden las instituciones públicas mejorar y fortalecer la confianza?

- **Promover políticas que fortalezcan las percepciones de agencia política** para aumentar la confianza en las instituciones públicas, por ejemplo, alentando la participación en la política y mejorando la retroalimentación de esta participación en las políticas.
- **Intensificar los esfuerzos para promover percepciones de estabilidad y seguridad económica entre los distintos grupos de la población**. Políticas diseñadas con el objetivo de mitigar la vulnerabilidad económica y la discriminación podrían ayudar a cerrar las brechas de confianza. Estas incluyen reforzar las iniciativas de desarrollo económico, redoblar los esfuerzos para formalizar a los trabajadores y mejorar la capacidad de los sistemas de protección social (OECD, 2025[1]; OECD et al., 2024[2]).
- **Mejorar las estrategias para abordar la delincuencia y los problemas de seguridad**, lo que incluye iniciativas para implementar reformas de seguridad amplias y políticas que mejoren la transparencia y la rendición de cuentas de las instituciones de seguridad (Calderon and Hernandez-Figueroa, 2013[3]; Malone and Dammert, 2021[4]).

La confianza varía según las instituciones y los grupos de población. En las democracias representativas, gestionar los diversos intereses de una sociedad pluralista con una amplia gama de contextos socioeconómicos y actitudes políticas puede ser un desafío. A menudo, los gobiernos encuentran dificultades para interactuar con sus ciudadanos y equilibrar sus diversas necesidades, intereses y puntos de vista. Por ejemplo, las personas que pertenecen a los grupos poblacionales más vulnerables no solo suelen depender en mayor medida de las instituciones públicas, sino que también suelen participar menos en las actividades públicas y políticas. Analizar los niveles de confianza en las diferentes instituciones y grupos de población brinda reflexiones relevantes sobre qué tan eficazmente los gobiernos de América Latina y el Caribe están respondiendo a las diversas necesidades y expectativas de la ciudadanía (OECD, 2022[5]; OECD, 2024[6]).

En este capítulo se presentan los porcentajes de aquellos que reportan una confianza alta o moderadamente alta, principalmente en el gobierno nacional, entre los diferentes grupos de población. Estos grupos están definidos por características socioeconómicas y demográficas, la afiliación partidaria y las percepciones de agencia política. A lo largo del capítulo, se referirá a las diferencias en los niveles de confianza entre los distintos grupos de población como «brechas de confianza».

2.1. Los rasgos y actitudes personales moldean la confianza en el gobierno

2.1.1. Las percepciones sobre agencia política y la afinidad partidaria influyen más en la confianza que otras características socioeconómicas o demográficas de las personas

La comparación del tamaño de las «brechas de confianza» asociadas a las diferentes características de los grupos poblacionales revela que las percepciones sobre voz e influencia política, así como sobre la capacidad de participar en política están más estrechamente asociadas con los distintos niveles de confianza que cualquier otra característica socioeconómica o demográfica (Gráfico 2.1.). Este hallazgo confirma la relación positiva entre la confianza en el gobierno y las percepciones de agencia política, ya encontrada en los países (OECD, 2024[6]; OECD, 2022[5]). Asimismo, las brechas de confianza asociadas a características demográficas en la región son incluso más estrechas que aquellas promedio en la OCDE.

Gráfico 2.1. La afinidad partidaria y la agencia política desempeñan un papel más importante en la confianza en el gobierno que las condiciones socioeconómicas u otras características demográficas de las personas

Porcentaje de la población con una confianza alta o moderadamente alta en el gobierno nacional por características socioeconómicas y demográficas de los encuestados, afinidad partidaria y agencia política, 2023 y 2025

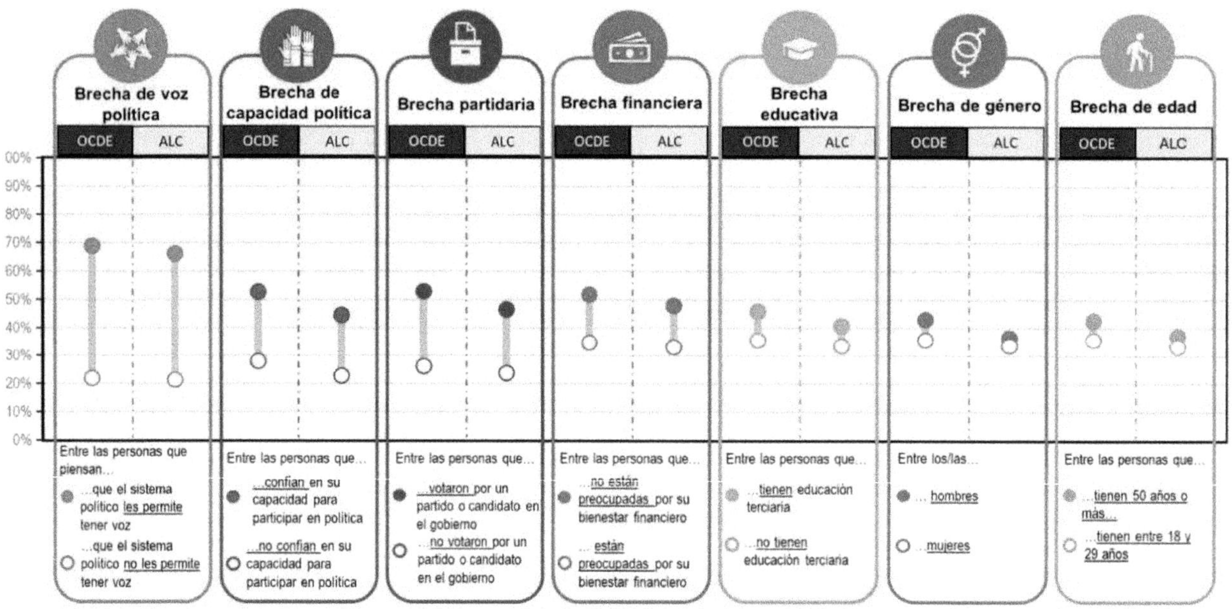

Nota: El gráfico muestra cómo varía la confianza en el gobierno nacional entre los distintos subgrupos de población. Destaca las diferencias entre las personas que creen tener voz en lo que hace el gobierno en comparación con las que no (brecha de agencia política); entre los que votaron por el partido o candidato en el gobierno y los que no (brecha de afinidad partidaria); y entre las personas que no están preocupadas por su bienestar financiero y los que sí lo están (brecha de preocupación financiera). También compara los niveles de confianza entre las personas con educación terciaria y las que no la tienen (brecha educativa), entre hombres y mujeres (brecha de género), y entre las personas mayores (50 años o más) y las más jóvenes encuestadas (18-29 años) (brecha etaria). La confianza en el gobierno se mide en una escala de 0 a 10, donde de 6 a 10 corresponde a expresar una confianza moderadamente alta a alta en el gobierno. El voto por el partido o candidato en el gobierno se mide según si la gente ha votado o hubiese votado por el partido o candidato en el gobierno. La preocupación por el bienestar financiero se mide en una escala de 0 a 4, donde de 3 a 4 corresponden a personas preocupadas por su bienestar financiero. «OCDE» presenta el promedio no ponderado de 30 países de la OCDE, incluidos los cuatro países de ALC, en 2023. «ALC» representa el promedio no ponderado de los diez países de ALC, obtenido en 2023 en el caso de los países de ALC de la OCDE, y en 2025 en países de ALC que no son miembros de la OCDE.
Fuente: Encuesta sobre Confianza de la OCDE 2023 y Encuesta sobre Confianza de la OCDE en ALC 2025.

StatLink https://stat.link/xqe4mp

La confianza en el gobierno está muy ligada al sentido de voz política de la ciudadanía (Gráfico 2.2.). Casi siete de cada diez encuestados (66%) expresan una confianza alta o moderadamente alta en el gobierno entre los latinoamericanos que creen que personas como ellos tienen voz y pueden influenciar en lo que hace el gobierno. Por el contrario, la proporción de encuestados que afirman confiar en su gobierno nacional cae drásticamente al 21% entre los que sienten que carecen de voz política. La brecha de agencia política es consistentemente amplia en todos los países encuestados, tanto en ALC como en la OCDE. Estos resultados destacan un importante desafío en cuanto a los esfuerzos proclives a generar confianza en las instituciones, en particular si se tiene en cuenta que solo una cuarta parte (25%) de los encuestados de ALC cree que tiene voz y puede influir en lo que hacen sus gobiernos.

Gráfico 2.2. Las personas que sienten que tienen voz en lo que hace el gobierno o se sienten confiadas para participar en política suelen expresar una mayor confianza en el gobierno nacional

Proporción de la población con una confianza alta o moderadamente alta en el gobierno nacional, clasificada por su percepción de voz e influencia en lo que hace el gobierno (azul) y confianza en su capacidad de participar en política (amarillo), 2023 y 2025

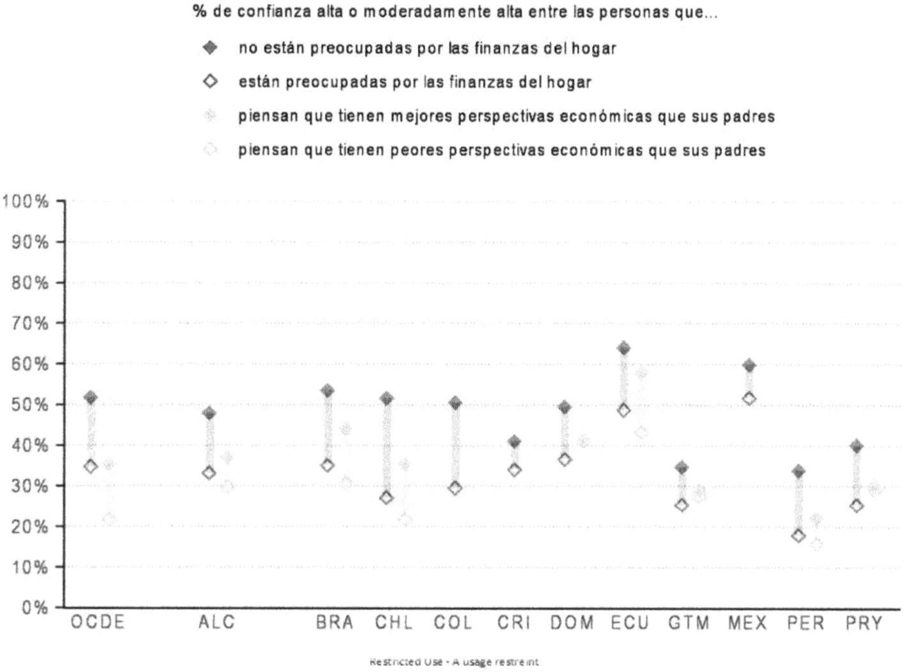

Nota: El gráfico presenta la distribución de las respuestas dentro de cada país a la pregunta «En una escala de 0 a 10, donde 0 es en absoluto y 10 es completamente, ¿en qué medida confía en el gobierno nacional?», según percepciones de los encuestados sobre voz política (azul) y confianza en su capacidad de participar en política (amarillo). Aquí se muestra la proporción de encuestados que tienen confianza «alta o moderadamente alta» basada en la agregación de respuestas de 6-10 en la escala de respuesta 0-10, agrupada por si la gente percibe que tiene voz política (azul): ¿Qué tanto diría que el sistema político en [PAIS] permite que personas como usted puedan influenciar lo que hace el gobierno?» y se siente capaz de participar en política (amarillo): ¿Qué tanto confía en su propia capacidad para participar en política?». «OCDE» y «ALC» presentan el promedio no ponderado entre países. «OCDE» presenta el promedio no ponderado de 30 países de la OCDE, incluidos los cuatro países de ALC, en 2023. «ALC» representa el promedio no ponderado de los diez países de ALC, obtenido en 2023 en el caso de los países de ALC de la OCDE, y en 2025 en países de ALC que no son miembros de la OCDE.
Fuente: Encuesta sobre Confianza de la OCDE 2023 y Encuesta sobre Confianza de la OCDE en ALC 2025.

StatLink https://stat.link/c63gby

Sentirse capaz de participar en política también está significativamente correlacionado con la confianza pública. El 45% de las personas que se sienten confiadas en su capacidad para participar en la política reportan confianza alta o moderadamente alta en su gobierno nacional (Figure 2.2), comparado a un 23% entre quienes no se creen capaces de participar en política. Esta diferencia varía considerablemente de un país a otro. En Perú, por ejemplo, es relativamente pequeña: el 27% de las personas confiadas en participar reportan confianza alta o moderadamente alta en su gobierno nacional, comparado al 12% entre quienes no se sienten tan confiados, lo que implica una diferencia de 15 puntos porcentuales. Otros países con brechas relativamente modestas son Costa Rica, Guatemala y Paraguay. Por el contrario, en Brasil la diferencia es de 35 puntos porcentuales.

La afinidad partidaria también desempeña un papel importante en la configuración de la confianza en los gobiernos alrededor del mundo.[1] De hecho, la afinidad partidaria y las preferencias políticas pueden influir en las percepciones de la población sobre el gobierno, independientemente de su desempeño (Hetherington and Rudolph, 2017[7]). En este sentido, no llama la atención que casi uno de cada dos latinoamericanos (47%) que indican que han (o hubiesen) votado por el partido o candidato en el gobierno manifiesten una confianza alta o moderadamente alta en el gobierno nacional, comparado a una cuarta parte (24%) de aquellos que votaron (o hubiesen votado) por la oposición (Gráfico 2.3.). Esto refleja una brecha de afinidad partidaria de 23 puntos porcentuales en promedio en los países de ALC, por debajo de la brecha observada en los países de la OCDE (27 puntos porcentuales).

Si bien es esperable la existencia de diferencias relacionadas con la afinidad partidaria en las percepciones del gobierno nacional u otras instituciones de carácter político, no es tan esperable encontrar estas brechas para instituciones apartidarias. Empero, hay brechas de afinidad partidaria para todas las instituciones públicas, pese a que las mismas son sustancialmente menores que la existente en lo que respecta a la confianza en el gobierno nacional.

Gráfico 2.3. Las personas que no votaron (o hubiesen votado) por el partido en el gobierno confían menos en las instituciones públicas

Porcentaje de encuestados que expresan una confianza alta o moderadamente alta en las instituciones públicas en función del voto por el partido o candidato en el gobierno, 2023 y 2025

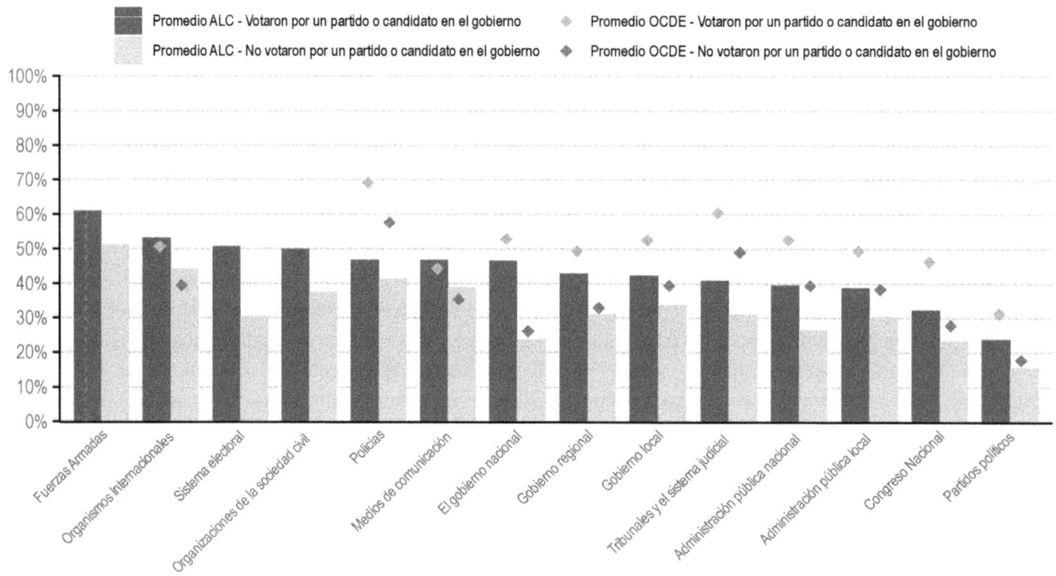

Nota: El gráfico presenta la distribución de respuestas a la pregunta «En una escala de 0 a 10, donde 0 es en absoluto y 10 es completamente, cuánto confía en el gobierno nacional» según la afinidad partidaria de los encuestados. Aquí se muestra la proporción de encuestados que tienen confianza «alta o moderadamente alta» basada en la agregación de respuestas de 6-10 en la escala de respuesta 0-10, agrupada por si la gente votó (o hubiese) votado por el gobierno en el gobierno: «¿El candidato por el que votó en las últimas elecciones presidenciales el [FECHA] gobierna actualmente?» o «¿El/la candidato/a por el que hubiese votado en las últimas elecciones presidenciales gobierna actualmente?». «OCDE» presenta el promedio no ponderado de 30 países de la OCDE, incluidos los cuatro países de ALC, en 2023. Nueva Zelanda está excluida del cálculo, ya que en el cuestionario implementado en el país no se incluyó la pregunta sobre el voto por el gobierno. «ALC» representa el promedio no ponderado de los diez países de ALC, obtenido en 2023 en el caso de los países de ALC de la OCDE, y en 2025 en países de ALC que no son miembros de la OCDE.
Fuente: Encuesta sobre Confianza de la OCDE 2023 y Encuesta sobre Confianza de la OCDE en ALC 2025

StatLink https://stat.link/crhxw8

El tamaño de las brechas de afinidad partidaria varía de una institución a otra (Gráfico 2.3). Las diferencias en los niveles de confianza en las policías (seis puntos porcentuales) y en las fuerzas armadas (diez puntos porcentuales) son relativamente moderadas. Sorprendentemente, la brecha promedio en los niveles de confianza en las legislaturas nacionales es de solo nueve puntos porcentuales entre quienes votaron (o hubiesen votado) por el gobierno y quienes no lo hicieron. Las brechas de confianza en la administración pública local (12 puntos porcentuales) y nacional (13 puntos porcentuales) son algo más pronunciadas.

La amplia brecha de afinidad partidaria en cuanto a la confianza en el sistema electoral es particularmente preocupante, dado que se presenta en un contexto de baja confianza en los sistemas electorales y puede sugerir que algunas personas cuyo partido o candidato preferido no ganó las elecciones podrían cuestionar la legitimidad de procedimientos democráticos. Entre los que votaron (o hubiesen votado) por el partido en el gobierno, poco más de la mitad (51%) reportan una confianza alta o moderadamente alta en el sistema electoral, comparado con solo el 30% entre quienes votaron a la oposición –una brecha de 20 puntos porcentuales.

2.1.2. La confianza en las instituciones públicas es más baja entre quienes se preocupan por las finanzas, la delincuencia y la discriminación

La vulnerabilidad socioeconómica también se asocia negativamente con la confianza en las instituciones públicas. Las personas que reportan inseguridad económica (Gráfico 2.4.), están preocupadas por la delincuencia (Gráfico 2.5.) o sienten que pertenecen a un grupo discriminado (Gráfico 2.6.) tienden a expresar menores niveles de confianza en el gobierno nacional que aquellas que no lo hacen.

Ocho de cada diez latinoamericanos (82%) expresan estar preocupados sobre su situación financiera, lo que tiene importantes repercusiones para la confianza pública. Gráfico 2.4. muestra que entre los encuestados que se sienten económicamente inseguros, solo el 33% confía en el gobierno, comparado con el 48% entre quienes no tienen tales preocupaciones. Esta diferencia se corresponde a una brecha de confianza de 15 puntos porcentuales, ligeramente inferior a la brecha de confianza promedio de la OCDE entre estos dos grupos (17 puntos porcentuales). Las diferencias varían según el país. En México, el 52% de las personas que manifiestan estar preocupadas por su[2] bienestar financiero y económico expresan una confianza alta o moderadamente alta en el gobierno, frente al 60% entre quienes no expresan tales preocupaciones —una brecha relativamente estrecha de ocho puntos porcentuales. En cambio, en Chile, los encuestados que reportan inseguridad económica confían en el gobierno, en promedio, 25 puntos porcentuales menos que los que se sienten más seguros.

Gráfico 2.4. Los sentimientos de inseguridad económica y percibir menos oportunidades económicas se corresponden a una menor confianza en el gobierno nacional

Porcentaje de la población que expresa una confianza alta o moderadamente alta en el gobierno nacional en función de sus preocupaciones financieras y perspectivas económicas, 2023 y 2025

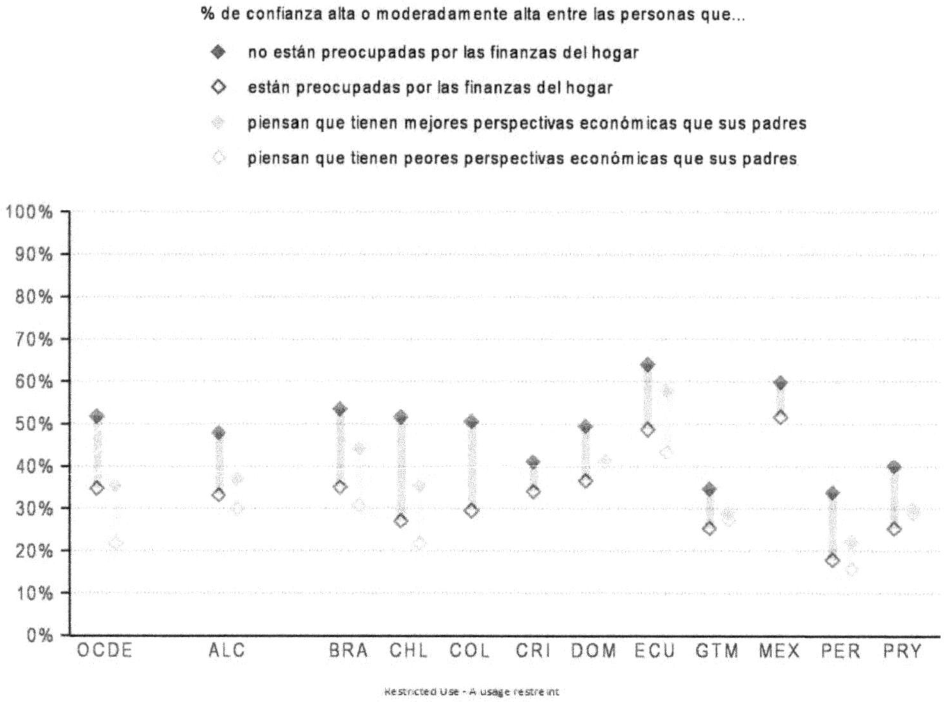

Nota: El gráfico presenta la distribución de respuestas a la pregunta «En una escala de 0 a 10, donde 0 es en absoluto y 10 es completamente, cuánto confía en el gobierno nacional». Aquí se muestra la proporción de encuestados que tienen confianza «alta o moderadamente alta» basada en la agregación de respuestas de 6-10 en la escala de respuesta 0-10, agrupada por si los encuestados mencionaron 3 (moderadamente preocupado) y 4 (muy preocupado) a la pregunta «Pensando en los próximos uno o dos años, ¿qué tanto le preocupan las finanzas y el bienestar económico general de su hogar?», o por si los encuestados mencionaron 1 (Creo que me irá mucho mejor que a mis padres) o 2 (Creo que me irá algo mejor que a mis padres) en una escala de respuesta de 1 a 5 a la pregunta «Piense en su situación económica actual y en sus expectativas a futuro, ¿cree que le irá mejor, peor, o más o menos igual que a sus padres?». «OCDE» presenta el promedio no ponderado de 30 países de la OCDE, incluidos los cuatro países de ALC, en 2023. «ALC» representa el promedio no ponderado de los diez países de ALC, obtenido en 2023 en el caso de los países de ALC de la OCDE, y en 2025 en países de ALC que no son miembros de la OCDE.
Fuente: Encuesta sobre Confianza de la OCDE 2023 y Encuesta sobre Confianza de la OCDE en ALC 2025

StatLink https://stat.link/w0rjov

Las percepciones sobre la seguridad económica están influenciadas por las percepciones en los hogares a lo largo del tiempo -incluidas las comparaciones entre generaciones-, así como incluso por la forma en que las personas evalúan su posición económica en relación con las demás (OECD, 2024[8]; OECD, 2022[5]). Una comparación clave es si las personas sienten que están mejor que sus padres. En los países de ALC, la confianza en el gobierno nacional es mayor entre quienes perciben una movilidad social ascendente: el 37% de los encuestados que creen estar mejor que sus padres reportan confianza alta o moderadamente alta en el gobierno, en comparación con solo el 25% entre quienes no esperan estar mejor.

Otras condiciones sociales también son importantes para la confianza pública. Las preocupaciones sobre la seguridad física están estrechamente relacionadas con niveles más bajos de confianza. Esto es especialmente relevante en ALC, donde casi nueve de cada diez personas (89%) afirman estar siempre, a menudo u ocasionalmente preocupadas por convertirse en víctimas de un crimen violento, y donde la mayoría identifica la delincuencia y violencia entre los problemas más importantes a los que se enfrenta su país (véase el Capítulo 1). En promedio, solo el 32% de los latinoamericanos preocupados por su seguridad física reporta confianza alta o moderadamente alta en el gobierno nacional, comparado al 41% entre quienes no están preocupados, lo que representa una brecha de nueve puntos porcentuales. Sin embargo, esta brecha en materia de inseguridad varía considerablemente de un país a otro. Es particularmente amplia en Chile (22 puntos porcentuales) y más estrecha en Guatemala (dos puntos porcentuales).[3]

Gráfico 2.5. Las personas preocupadas por convertirse en víctimas de delitos muestran una menor confianza en el gobierno

Porcentaje de la población que expresa una confianza alta o moderadamente alta en el gobierno nacional por motivos de seguridad física, 2023 y 2025

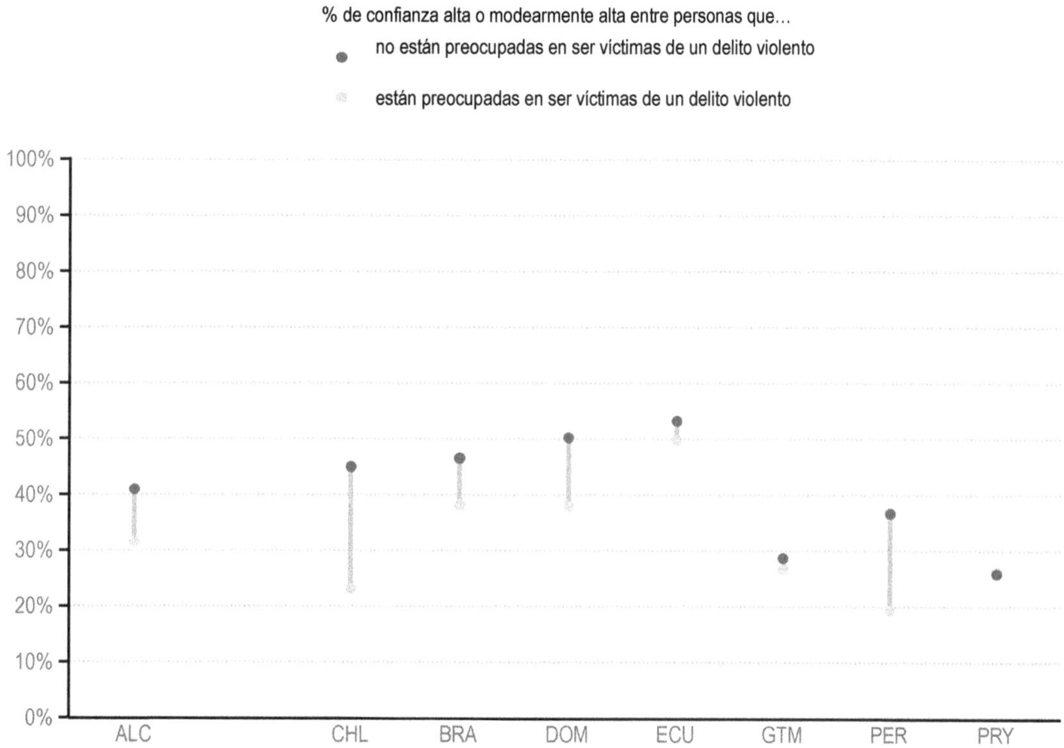

Nota: El gráfico presenta la distribución de respuestas a la pregunta «En una escala de 0 a 10, donde 0 es en absoluto y 10 es completamente, cuánto confía en el gobierno nacional». Aquí se muestra la proporción de encuestados que tienen confianza «alta o moderadamente alta» basada en la agregación de respuestas de 6-10 en la escala de respuesta 0-10, agrupada por si los encuestados mencionaron 1 (siempre), 2 (frecuentemente), y 3 (ocasionalmente) a la pregunta «¿Qué tan a menudo le preocupa ser víctima de un crimen violento en [PAIS]?». Esta pregunta se formuló en Chile durante la Encuesta sobre Confianza de la OCDE de 2023 y en todos los países de ALC que no son miembros de la OCDE durante la Encuesta sobre Confianza de la OCDE de 2025. «ALC» representa el promedio no ponderado de Chile, Brasil, Ecuador, Guatemala, Perú, la República Dominicana y Paraguay.
Fuente: Encuesta sobre Confianza de la OCDE 2023 y Encuesta sobre Confianza de la OCDE en ALC 2025

StatLink https://stat.link/gx1sm6

Las personas que se identifican como pertenecientes a un grupo discriminado[4] también reportan menor confianza en el gobierno. Quienes se identifican como miembros de un grupo discriminado (20% de los encuestados) reportan menores niveles de confianza en el gobierno nacional (31%) que quienes no lo hacen (38%). También existe una brecha de confianza entre estos dos grupos para la administración pública. Estos resultados no llaman poderosamente la atención, ya que las personas que sufren discriminación pueden sentirse marginadas de los procesos políticos y pueden percibir las instituciones estatales como menos receptivas o accesibles (OECD, 2025[9]; OECD, 2020[10]; Tyrberg, 2023[11]). Sin embargo, se observan variaciones considerables entre los países. En Brasil, Colombia, Guatemala y México, los niveles de confianza en el gobierno son relativamente similares entre quienes se sienten discriminados y quienes no (Gráfico 2.6).

Gráfico 2.6. La confianza en el gobierno nacional es menor entre los que se sienten discriminados

Proporción de personas encuestadas que expresan una confianza alta o moderadamente alta en el gobierno, por sentido de pertenencia a un grupo discriminado, 2023 y 2025

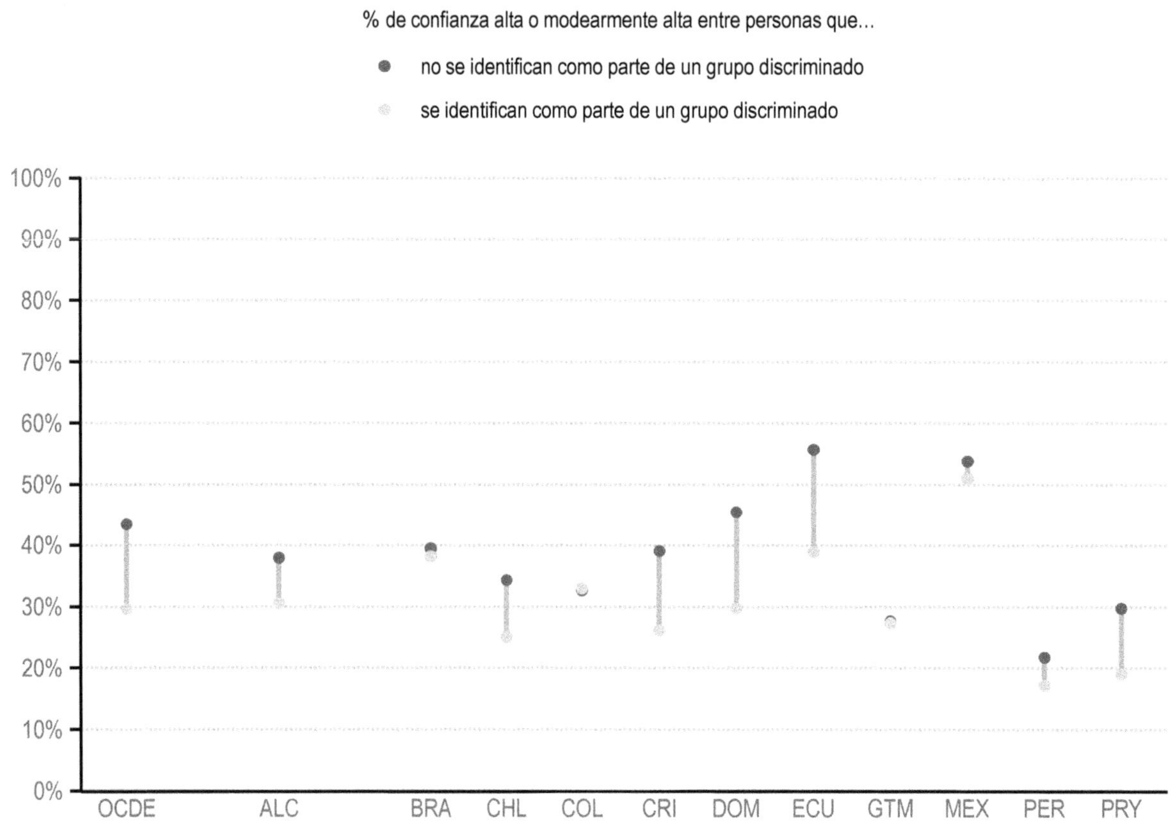

Nota: El gráfico presenta la distribución de respuestas a la pregunta «En una escala de 0 a 10, donde 0 es en absoluto y 10 es completamente, cuánto confía en el gobierno nacional» según percepciones de pertenecer a un grupo discriminado. Aquí se muestra la proporción de encuestados que tienen confianza «alta o moderadamente alta» basada en la agregación de respuestas de 6-10 en la escala de respuesta 0-10, agrupada por si los encuestados se describieron como parte de un grupo discriminado ante la pregunta «¿Se describiría como parte de un grupo discriminado en [PAIS]?». «OCDE» presenta el promedio no ponderado de 30 países de la OCDE, incluidos los cuatro países de ALC, en 2023. «ALC» representa el promedio no ponderado de los diez países de ALC, obtenido en 2023 en el caso de los países de ALC de la OCDE, y en 2025 en países de ALC que no son miembros de la OCDE.
Fuente: Encuesta sobre Confianza de la OCDE de 2023, Encuesta sobre Confianza de la OCDE de 2025 en ALC.

StatLink https://stat.link/j35k9e

2.1.3. Las mujeres y los jóvenes confían menos en el gobierno

El género y la edad también pueden influir en las expectativas y experiencias de las personas con las instituciones públicas, lo que repercute en la confianza (OECD, 2022[5]; OECD, 2024[6]), pero en ALC las diferencias de confianza asociadas a estas características demográficas son modestas. En promedio, las mujeres y los jóvenes declaran niveles más bajos de confianza en el gobierno que los hombres y los adultos mayores. Sin embargo, estas diferencias relacionadas con el género y la edad en son mucho menos significativas que las brechas de confianza asociadas a la agencia política, la afinidad partidaria o la inseguridad económica.

En los países de ALC, el 37% de los hombres confía en el gobierno nacional, frente al 34% de las mujeres (Gráfico 2.7). La brecha de confianza por género es más pronunciada en algunos países, como Colombia (37% de los hombres confían vs al 27% de las mujeres) y México (57% vs. 51%), mientras que en la República Dominicana no existe tal brecha de confianza entre hombres y mujeres. En Brasil y Ecuador, a diferencia de los promedios de ALC y de la OCDE, la proporción de mujeres con un nivel alto o moderadamente alto de confianza en el gobierno nacional es superior a la proporción de hombres. La brecha de género promedio de tres puntos porcentuales es menor que la encontrada entre los países de la OCDE (siete puntos porcentuales). Esta estrecha diferencia en la confianza también es válida para otras instituciones, como la administración pública o los gobiernos locales.

Gráfico 2.7. En la mayoría de los países los hombres confían más en el gobierno nacional

Porcentaje de la población con una confianza alta o moderadamente alta en el gobierno nacional por género, 2023 y 2025

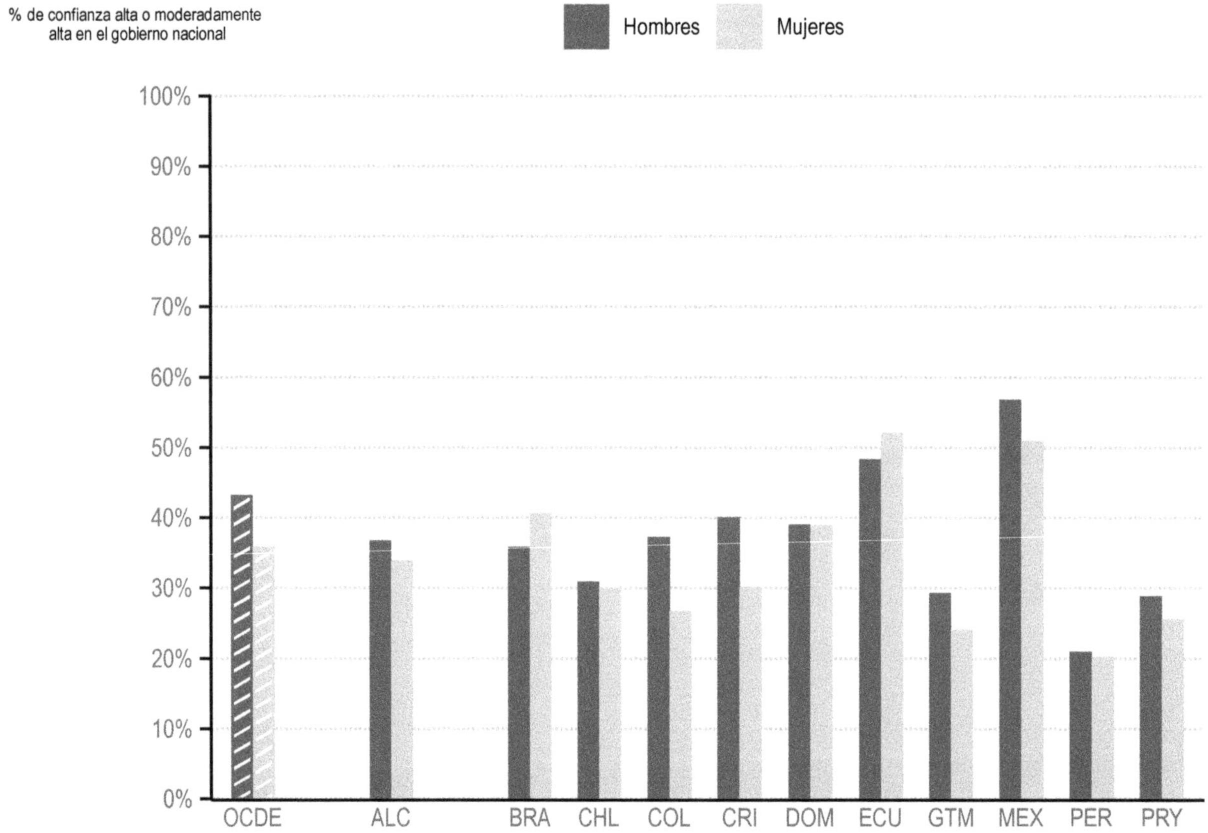

Nota: El gráfico presenta la distribución de respuestas a la pregunta «En una escala de 0 a 10, donde 0 es en absoluto y 10 es completamente, cuánto confía en el gobierno nacional» en función del género de los encuestados. Aquí se muestra la proporción de encuestados que tienen confianza «alta o moderadamente alta» basada en la agregación de respuestas de 6-10 en la escala de respuesta 0-10, agrupada por el género reportado. «OCDE» presenta el promedio no ponderado de 30 países de la OCDE, incluidos los cuatro países de ALC, en 2023. «ALC» representa el promedio no ponderado de los diez países de ALC, obtenido en 2023 en el caso de los países de ALC de la OCDE, y en 2025 en países de ALC que no son miembros de la OCDE.
Fuente: Encuesta sobre Confianza de la OCDE de 2023, Encuesta sobre Confianza de la OCDE de 2025 en ALC.

StatLink https://stat.link/rwkbi2

Las diferencias generacionales también pueden configurar la confianza en el gobierno. Las personas más jóvenes tienden a reportar una menor confianza que los grupos de mayor edad, pero a su vez son más optimistas sobre su futuro. En los países de ALC, el 37% de los adultos mayores (aquellos mayores a 50 años) expresan confianza alta o moderadamente alta en el gobierno nacional, comparado al 33% entre aquellos encuestados entre 18 y 29 años (Gráfico 2.8.). Esta brecha de confianza generacional de cuatro puntos porcentuales en ALC está por debajo de la brecha promedio de la OCDE de siete puntos porcentuales. Las mayores brechas respecto a la edad de los encuestados se encuentran en Perú y la República Dominicana, con 16 y 15 puntos porcentuales, respectivamente.

Los jóvenes de los países de ALC tienden a ser más optimistas sobre el futuro. Casi la mitad (47%) de los encuestados de entre 18 y 29 años confía en que el gobierno puede equilibrar adecuadamente los intereses de las generaciones actuales y futuras, comparado al 43% entre los mayores de 50 años. Por el contrario, en promedio estas percepciones se distribuyen de manera homogénea entre las generaciones en los países de la OCDE: el 38% de las personas mayores y el 37% de las más jóvenes confían en la capacidad del gobierno para equilibrar los intereses de las distintas generaciones.

Gráfico 2.8. La confianza en el gobierno y en su capacidad de equilibrar los intereses intergeneracionales varían significativamente entre las generaciones más jóvenes y mayores

Porcentaje de la población con una confianza alta o moderadamente alta en el gobierno y en que este equilibraría adecuadamente los intereses de las generaciones actuales y futuras por grupo de edad, 2023 y 2025

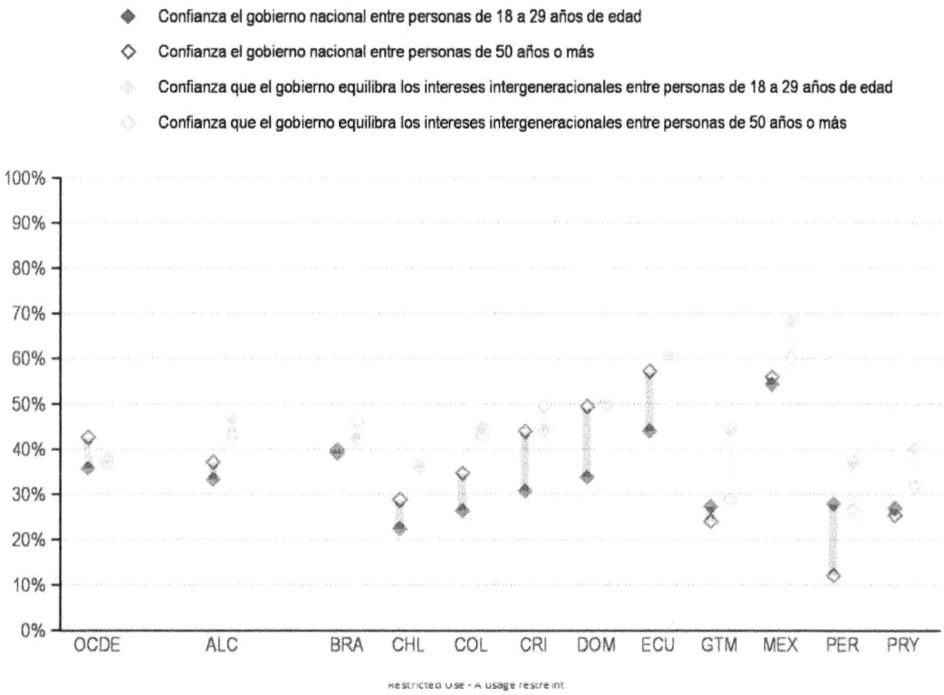

Nota: El gráfico presenta la distribución de respuestas a dos preguntas «En una escala de 0 a 10, donde 0 es en absoluto y 10 es completamente, cuánto confía en el gobierno nacional» y «En una escala de 0 a 10, ¿cuánto confía en que el gobierno equilibre adecuadamente los intereses de las generaciones actuales y futuras?». Aquí se muestran las proporciones de encuestados que tienen confianza «alta o moderadamente alta en el gobierno» y «confianza en que el gobierno equilibra adecuadamente los intereses intergeneracionales», basadas en la agregación de respuestas de 6-10 en la escala de respuesta 0-10. Los resultados se muestran por separado para dos grupos de edad: los encuestados de 18 a 29 años y los de 50 años o más. «OCDE» presenta el promedio no ponderado de 30 países de la OCDE, incluidos los cuatro países de ALC, en 2023. «ALC» representa el promedio no ponderado de los diez países de ALC, obtenido en 2023 en el caso de los países de ALC de la OCDE, y en 2025 en países de ALC que no son miembros de la OCDE.
Fuente: Encuesta sobre Confianza de la OCDE de 2023, Encuesta sobre Confianza de la OCDE de 2025 en ALC.

StatLink https://stat.link/csi50f

2.1.4. Haber atravesado experiencias adversas recientemente parece no tener un gran impacto en la confianza, aunque los resultados varían según el país

Además de las características socioeconómicas, la literatura también destaca que las experiencias adversas recientes, como la pérdida de empleo, enfermedades graves y la exposición a catástrofes naturales, pueden afectar a la confianza institucional (Bellows and Miguel, 2009[12]; Devine et al., 2021[13]). Sin embargo, los datos de la Encuesta de Confianza de la OCDE en ALC revelan que los niveles de confianza son similares entre quienes afirman haber experimentado en el último año al menos una de las siete[5] experiencias adversas enumeradas y quienes no. En promedio, el 33% de las personas cuyos hogares han sido afectados por alguna experiencia adversa expresan confianza alta o moderadamente alta en el gobierno nacional, comparado al 35% entre quienes no señalaron haber atravesado ninguna situación adversa. No obstante, se observan algunas variaciones entre los distintos países. En Paraguay, Perú, Guatemala y la República Dominicana, esta diferencia es bastante pequeña. Por el contrario, en Brasil y Ecuador, la proporción de personas que confían en el gobierno nacional es entre seis y ocho puntos porcentuales menor entre los encuestados de hogares que se han enfrentado a experiencias adversas comparados con quienes no.

Bibliografía

Bellows, J. and E. Miguel (2009), "War and local collective action in Sierra Leone", *Journal of Public Economics*, Vol. 93, pp. 1144-1157. [12]

Calderon, L. and M. Hernandez-Figueroa (2013), *Citizen Oversight Committees in Law Enforcement*, California State University Fullerton, https://cpp.fullerton.edu/pdf/cpp_policeoversight_report.pdf (accessed on 29 August 2025). [3]

Devine, D. et al. (2021), "Trust and the Coronavirus Pandemic: What are the Consequences of and for Trust? An Early Review of the Literature", *Political Studies Review*, Vol. 19/2, pp. 274-285, https://doi.org/10.1177/1478929920948684. [13]

Malone, M. and L. Dammert (2021), "The police and the public: policing practices and public trust in Latin America", *Policing and Society*, Vol. 31/4, pp. 418-433, https://doi.org/10.1080/10439463.2020.1744600. [4]

OECD (2025), *Combatting Discrimination in the European Union*, OECD Publishing, Paris, https://doi.org/10.1787/29c2c36a-en. [9]

OECD (2025), *Perspectivas Económicas de la OCDE. Foco en América Latina. https://www.oecd.org/content/dam/oecd/es/topics/policy-sub-issues/economic-snapshot-pages/Perspectivas-economicas-OCDE-Junio-2025-ESP-PRT-Final-opt.pdf*, OECD, Paris. [1]

OECD (2024), *G20 Policy Note on Financial Well-being.* [8]

OECD (2024), *OECD Survey on Drivers of Trust in Public Institutions – 2024 Results: Building Trust in a Complex Policy Environment*, OECD Publishing, Paris, https://doi.org/10.1787/9a20554b-en. [6]

OECD (2022), *Building Trust to Reinforce Democracy: Main Findings from the 2021 OECD Survey on Drivers of Trust in Public Institutions*, Building Trust in Public Institutions, OECD Publishing, Paris, https://doi.org/10.1787/b407f99c-en. [5]

OECD (2020), *Over the Rainbow? The Road to LGBTI Inclusion*, OECD Publishing, Paris, https://doi.org/10.1787/8d2fd1a8-en. [10]

OECD et al. (2024), *Latin American Economic Outlook 2024: Financing Sustainable Development*, OECD Publishing, Paris, https://doi.org/10.1787/c437947f-en. [2]

Tyrberg, M. (2023), "The impact of discrimination and support on immigrant trust and belonging", *European Political Science Review*, Vol. 16/1, pp. 18-34, https://doi.org/10.1017/s1755773923000139. [11]

Uslaner, E. (ed.) (2017), *Political Trust and Polarization*, Oxford University Press, https://doi.org/10.1093/oxfordhb/9780190274801.013.15. [7]

Notas

[1] La Encuesta sobre Confianza de la OCDE mide la afinidad partidaria preguntando a los encuestados si el partido o candidato por el que votaron o hubiesen votado en las elecciones nacionales está actualmente en el gobierno.

[2] Cabe señalar que la Encuesta sobre Confianza no mide las experiencias de seguridad económica (por ejemplo, a través de datos sobre ingresos), sino las *percepciones* de seguridad económica reportadas por los encuestados (véase la nota del Gráfico 2.1.). Para simplificar, este informerefiere a aquellos que expresan *sentir* inseguridad económica como económicamente inseguros.

[3] Se dispone de datos relativos a aquellos preocupados por convertirse en víctimas de delitos únicamente enBrasil, Chile, Ecuador, Guatemala, Paraguay, Perú y República Dominicana.

[4] Cabe señalar que la Encuesta sobre Confianza no mide las experiencias reales de discriminación (por ejemplo, datos administrativos), sino que mide percepciones de discriminación preguntando "¿Se describiría como parte de un grupo discriminado en [PAIS]?". Para simplificar, este informe se refiere a estos encuestados como aquellos «que se sienten discriminados» o «discriminados».

[5] Cabe señalar que la Encuesta sobre Confianza de la OCDE en América Latina y el Caribe mide la experiencia de situaciones adversas preguntando: «En los últimos 12 meses ¿su hogar se vio afectado por alguno de los siguientes problemas? 1. Pérdida de empleo de algún miembro del hogar; 2. Quiebra del negocio familiar; 3. Enfermedad, accidente grave o muerte de algún miembro del hogar; 4. Abandono del jefe(a) de hogar; 5. Hecho delictivo (robo, asalto, etc.); 6. Desastres naturales (sequía, tormenta, plaga, inundación, etc.); 7. Víctima de actos de corrupción».

3 La confianza y las percepciones sobre las interacciones cotidianas con las instituciones públicas

Este capítulo analiza cómo las personas perciben y evalúan sus interacciones cotidianas con las instituciones públicas. En primer lugar, se presentan los niveles de satisfacción con los servicios públicos, incluidos los de educación, salud y administrativos. Además, explora cómo la satisfacción con diversos aspectos de la calidad de los servicios está relacionada con la satisfacción general con los servicios públicos administrativos. El capítulo también ilumina respecto a cómo las personas perciben la equidad e integridad de la administración pública en sus interacciones cotidianas con la ciudadanía. Por último, también se analizan las percepciones de la población sobre la capacidad de respuesta de los gobiernos y los funcionarios a sus insumos.

Principales hallazgos

- **La satisfacción con los servicios públicos esenciales tiene margen de mejora.** Solo el 50% de los usuarios recientes de ALC están satisfechos con el sistema educativo, y el 40% con el sistema sanitario, porcentajes significativamente inferiores a los promedios de los países de la OCDE.
- **Los servicios públicos administrativos presentan mejores resultados.** Más de la mitad de los usuarios recientes de servicios administrativos expresa estar satisfecho con los mismos. Las personas satisfechas con estos servicios tienen más probabilidades de confiar en las instituciones públicas, incluso en el gobierno nacional, pero especialmente en el gobierno local y la administración pública.
- **Persisten preocupaciones sobre la equidad y la integridad en las interacciones cotidianas.** Solo el 36% cree que sus solicitudes de beneficios públicos serían tratadas de manera justa y apenas el 31% cree probable que los funcionarios rechacen sobornos. Las percepciones positivas sobre el trato justo de las solicitudes de beneficios públicos se asocian a una mayor confianza en las instituciones.
- **Las percepciones sobre la capacidad de respuesta en las interacciones cotidianas en ALC son relativamente positivas**. El 43% de los encuestados en ALC cree que los servicios mejorarían tras reclamos, lo que podría ser una base para fortalecer la confianza. Entre las personas que creen que los servicios mejoran en consecuencia de su retroalimentación, los niveles de confianza en el gobierno local y la administración pública también tienden a ser más altos.
- **La transformación digital está avanzando, pero la confianza en el uso que hace el gobierno de los datos personales es baja.** El 38% de los encuestados en la región confía en que sus datos personales se utilicen solo con fines legítimos, comparado al promedio de 52% en los países de la OCDE, y esto es importante para generar confianza.
- **La relación entre las percepciones sobre las interacciones cotidianas y la confianza es similar en ALC y la OCDE.** Estas percepciones son menos positivas en América Latina y el Caribe en comparación con los promedios de la OCDE (a excepción de aquellas vinculadas a la capacidad de respuesta). Esto afecta a la confianza en los gobiernos locales y la administración pública en particular. Sin embargo, la satisfacción con los servicios administrativos es un determinante de confianza en el gobierno nacional más significativo en la región que para la OCDE.

¿Cómo pueden las instituciones públicas mejorar y fortalecer la confianza?

- **Mejorar el acceso a y la satisfacción con los servicios públicos.** Abordar las brechas de la calidad y cobertura de los servicios públicos esenciales, como la salud y la educación, podría contribuir a una mayor satisfacción en estos ámbitos.
- **Optimizar la disponibilidad, velocidad y la claridad de la información sobre los servicios para aumentar los niveles de satisfacción con los servicios públicos administrativos.** Esta satisfacción está correlacionada con mayores niveles de confianza en todas las instituciones, y su asociación con la confianza en el gobierno local y la administración pública es particularmente significativa.
- **Abordar las preocupaciones de la gente en torno a la equidad y la integridad de los empleados públicos.** Para enfrentar estos problemas, los gobiernos podrían aumentar la representación y la diversidad dentro del sector público, a la vez que ofrecer una formación integral a los empleados públicos para evitar los sesgos y permitir que los usuarios puedan

fácilmente interponer recursos ante cualquier discriminación. Los gobiernos también pueden implementar marcos sólidos de integridad pública y comunicar estas iniciativas de manera transparente a través de acciones claramente expuestas, directrices visibles en línea y otros canales accesibles. Mejorar estas percepciones podría mejorar significativamente los niveles de confianza, particularmente en lo que respecta al tratamiento justo de las solicitudes de prestaciones o beneficios.

- **Seguir mejorando las percepciones sobre la capacidad de respuesta en las interacciones cotidianas con los ciudadanos.** Mejorar la forma en que los gobiernos responden a los reclamos podría favorecer los niveles de confianza, pues tiene efectos positivos en la confianza en el gobierno local y la administración pública. Para mejorar la capacidad de respuesta, los gobiernos de la región podrían hacer un seguimiento de los indicadores de desempeño de los servicios y aumentar los esfuerzos para generar mecanismos de retroalimentación eficaces que conecten directamente los insumos de los ciudadanos con los procesos de toma de decisiones, garantizando así mejoras visibles de los servicios basadas en las sugerencias públicas.
- **Priorizar marcos de gobernanza de datos sólidos y transparentes, así como los esfuerzos para reducir la brecha digital.** Las iniciativas de transformación digital de los gobiernos de ALC tienen por objeto mejorar la prestación de servicios y fomentar la innovación, pero siguen existiendo retos importantes. Para abordar estos déficits de confianza, los gobiernos podrían priorizar la puesta en marcha de marcos de gobernanza de datos sólidos y una mayor transparencia en la forma en que se recopila, almacena y utiliza la información personal. Para que la transformación digital tenga éxito, es necesario mantener accesibles los canales de servicio tradicionales, además de las opciones digitales, a fin de garantizar que las poblaciones vulnerables no se vean aún más marginadas.

Las interacciones diarias entre las personas y las instituciones públicas son fundamentales para la confianza en el gobierno. Cuando las personas interactúan con los servicios públicos, ya sean en materia de salud, educación o trámites administrativos, estos puntos de contacto moldean sus percepciones sobre la competencia y los valores institucionales. Es por ello que la calidad de estos intercambios puede fortalecer o socavar la relación entre las personas y sus gobiernos.

Este capítulo examina cómo la gente percibe sus interacciones cotidianas con las instituciones públicas en los diez países que abarca la Encuesta sobre Confianza de la OCDE en América Latina y el Caribe (ALC), y cómo estas percepciones influyen en la confianza institucional en la región. Los resultados revelan un desempeño dispar en las distintas áreas de servicios. Los niveles de satisfacción con los sistemas educativo, sanitario y con los servicios públicos administrativos en ALC son inferiores a los promedios de la OCDE, aunque los servicios administrativos son percibidos más positivamente. En las percepciones sobre la equidad e integridad pública surgen brechas preocupantes, mientras que, como aspecto positivo, los ciudadanos de los países de ALC tienden a ser más optimistas con respecto a la capacidad de respuesta de los gobiernos que sus pares en los países de la OCDE.

El capítulo destaca, asimismo, oportunidades significativas para fortalecer la confianza institucional a través de la mejora de las interacciones cotidianas entre la ciudadanía y las instituciones públicas. El análisis econométrico muestra que la satisfacción con los servicios públicos administrativos está fuertemente asociada con la confianza en todas las instituciones bajo análisis, incluido el gobierno nacional, pero con resultados particularmente significativos para el gobierno local y la administración pública. Aspectos específicos de estas interacciones, incluido el tratamiento justo de las solicitudes de beneficios públicos, surgen como importantes determinantes de la confianza. Del mismo modo, cuando las personas perciben que sus comentarios conducen a mejoras en los servicios y que sus datos personales se usan para fines legítimos, es significativamente más probable que confíen en las instituciones, en particular en el gobierno local y la administración pública. Estos resultados sugieren que las reformas específicas para mejorar la transparencia, la equidad y la capacidad de respuesta en las interacciones cotidianas de los gobiernos pueden servir como medios de acción eficaces para reconstruir la confianza institucional en toda la región.

3.1. Los niveles de satisfacción con la educación superan a los de salud, con notables diferencias a nivel socioeconómico

Los servicios públicos en América Latina no parecieran estar a la altura de las expectativas de la población. En la actualidad, un promedio del 50% de los usuarios recientes de servicios educativos y un 40% de los usuarios de servicios de salud están satisfechos con el funcionamiento de estos sistemas en sus países. Considerando estos resultados modestos, inferiores a los promedios de la OCDE, no sorprende que el 84% de los latinoamericanos (excluidos aquellos de los países ALC miembros de la OCDE) consideren fundamental mejorar la atención en salud y la educación, siendo las opciones más seleccionadas cuando se les pregunta sobre los temas a ser priorizados en su país.[1] Asimismo, las preocupaciones por los servicios esenciales son en el sexto problema más citado (por el 17% de los latinoamericanos) cuando se pregunta a los encuestados por los tres principales problemas que enfrenta su país, por debajo de cuestiones de seguridad o económicas (como la delincuencia, la pobreza, el desempleo o la inflación), pero sobre la inmigración, los problemas ambientales o la vivienda (véase el Gráfico 1.1 del capítulo 1). Estos hallazgos subrayan la importancia de mejorar de manera continua la prestación de servicios públicos en la región.

3.1.1. La mitad de los usuarios recientes en ALC expresa satisfacción con el sistema educativo de su país

Según datos de la Encuesta de Confianza de la OCDE en ALC, la mitad de aquellos matriculados o con alguien de su hogar matriculado en alguna institución educativa de la región en los últimos dos años están satisfechos con el sistema educativo (Gráfico 3.1). Este porcentaje es siete puntos porcentuales inferior al promedio de la OCDE (57 %). Los niveles de satisfacción varían de manera significativa entre los países de ALC, desde un mínimo del 33% en Perú hasta máximos del 64% en México y Costa Rica.

Gráfico 3.1. La mitad de los usuarios recientes están satisfechos con el sistema educativo de su país

Porcentaje de la población con experiencia reciente que declara tener diferentes niveles de satisfacción con el sistema educativo de su país, 2023 o 2025

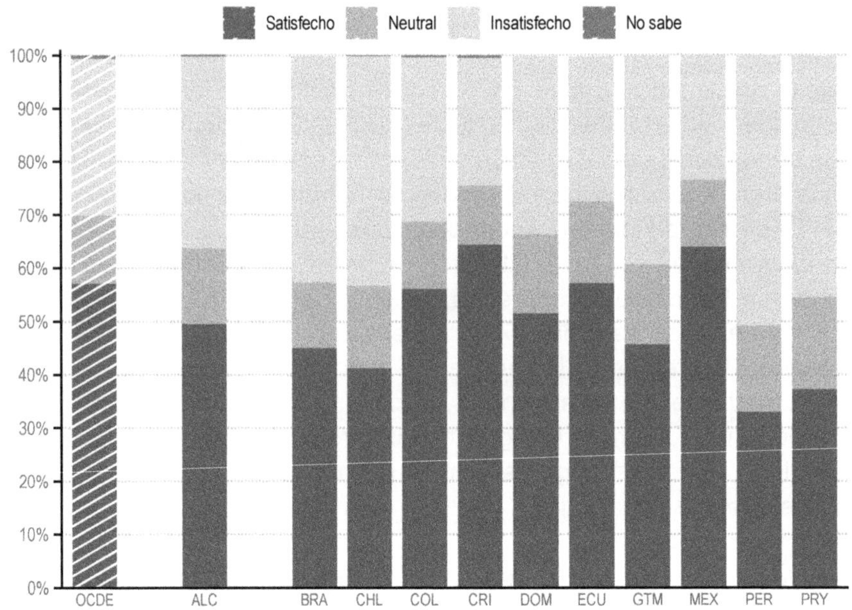

Nota: El gráfico presenta la distribución de las respuestas dentro de los países a la pregunta «En una escala de 0 a 10, ¿qué tan satisfecho/a está con el sistema de educación pública en [PAIS]?». Los encuestados con experiencia reciente son aquellos que responden afirmativamente a la pregunta «En los últimos 2 años, ¿usted o alguno de los miembros de su hogar se han inscrito en un establecimiento educacional público en [PAIS]?». La proporción «satisfecho» es la agregación de las respuestas de 6 a 10 en la escala; «neutral» es igual a una respuesta de 5; «insatisfecho» es la agregación de las respuestas de 0 a 4; y «no sé» es la otra opción de respuesta aparte. «OCDE» presenta el promedio no ponderado de 30 países de la OCDE, incluidos los cuatro países de ALC, en 2023. «ALC» representa el promedio no ponderado de los diez países de ALC, obtenido en 2023 en el caso de los países de ALC de la OCDE, y en 2025 en los países de ALC que no son miembros de la OCDE.
Fuente: Encuesta sobre Confianza de la OCDE 2023, Encuesta sobre Confianza de la OCDE en ALC 2025.

StatLink https://stat.link/mxq94y

Más allá de los datos de la Encuesta de Confianza de la OCDE, los datos[2] de la Encuesta Mundial de Gallup publicados en la edición latinoamericana de Panorama de las Administraciones Públicas en America Latina y el Caribe sugieren que la satisfacción con el sistema educativo en los países de ALC entre 2011 y 2022 fue en promedio bastante estable, pero no a nivel de los países individuales (OECD, 2024[1]). Brasil y Chile registraron importantes mejoras, con incrementos de nueve y siete puntos porcentuales a lo largo del decenio, lo que elevó sus tasas de satisfacción al 64% y 51%, respectivamente. Otros países con tendencias positivas más moderadas son Paraguay, República Dominicana y México. En cambio, Ecuador, Costa Rica y Colombia registraron un descenso de los niveles de satisfacción, siendo Ecuador el país que experimentó la mayor caída, del 75% al 64%. Es probable que tanto los diferentes momentos de implementación de las encuestas, así como diferencias en la redacción de las preguntas contribuyan a diferencias entre las tasas de satisfacción reportadas en la Encuesta Mundial de Gallup y la Encuesta de Confianza de la OCDE.

A pesar de que los países de ALC invierten de manera significativa en sus sistemas educativos, por ejemplo, en 2021 destinaron un 4.3% de su PIB a la educación —una cifra razonablemente cercana al porcentaje promedio asignado por los países de la OCDE (4.9% en 2023 (OECD, 2025[2]) (UNESCO,

2024[3]; OECD et al., 2024[4])—- los resultados educativos siguen siendo deficientes y desiguales en la región. El presupuesto general se distribuye entre una población estudiantil comparativamente mayor, lo que significa que entre 2000 y 2018, la inversión por estudiante en la región[3] promedió el 13.4% del PIB per cápita, en comparación con el 21.3% en promedio en los países de la OCDE. La heterogeneidad entre los países en este aspecto es amplia, ya que oscila entre el 7.2% del PIB per cápita en Guatemala y el 21.1% en Costa Rica (OECD et al., 2024[4]; World Bank, 2023[5]). Además, durante la pandemia del COVID-19, los niños y niñas de América Latina y el Caribe se enfrentaron a cierres (IADB, 2023[6]). En este contexto, según la evaluación de capacidades de los jóvenes de 15 años en el marco del Programa para la Evaluación Internacional de Alumnos (PISA) de la OCDE, la región se sitúa sistemáticamente en el extremo inferior del rendimiento mundial en matemáticas, lectura y ciencias. Los estudiantes de ALC obtuvieron un promedio de 378 puntos en matemáticas, 94 puntos por detrás del promedio[4] de la OCDE. Además, solo una minoría de los estudiantes de ALC (25%) alcanza un rendimiento básico en matemáticas (frente al 69% en los países de la OCDE), y los alumnos con mejores resultados son muy poco comunes, incluso en los países (Inter American Development Bank; World Bank, 2024[7]).

La comparación entre los resultados educativos y el gasto per cápita en estudiantes muestra que un mayor gasto suele asociarse con mejores resultados, pero que incluso con los mismos niveles de gasto, los resultados pueden diferir considerablemente (Gráfico 3.2). Históricamente, México, Chile, Colombia, Brasil y Costa Rica han realizado un mayor gasto por estudiante (como porcentaje del PIB per cápita) y la mayoría de ellos han obtenido puntuaciones PISA en matemáticas superiores al promedio de ALC9.[5] Por el contrario, Perú muestra una alta rentabilidad al lograr mejores resultados que los previstos dados sus niveles de gasto. Otros factores influyen de manera significativa en los resultados, como ser la calidad de la enseñanza, la eficacia de los planes de estudio, la distribución de los recursos entre las zonas rurales y urbanas, la formación del profesorado y las condiciones socioeconómicas tanto de los educadores como de los estudiantes. Por lo tanto, mejorar los resultados educativos en la región no solo exige un aumento de la financiación, sino también una asignación eficiente de recursos (OECD, 2024[1]; OECD et al., 2024[4]).

Gráfico 3.2. En promedio, los estudiantes de países con mayores gastos por estudiante obtienen mejores resultados en las evaluaciones de matemáticas

Gasto público en educación por alumno, 2000-2018 y puntuaciones en las pruebas PISA de matemáticas, 2022

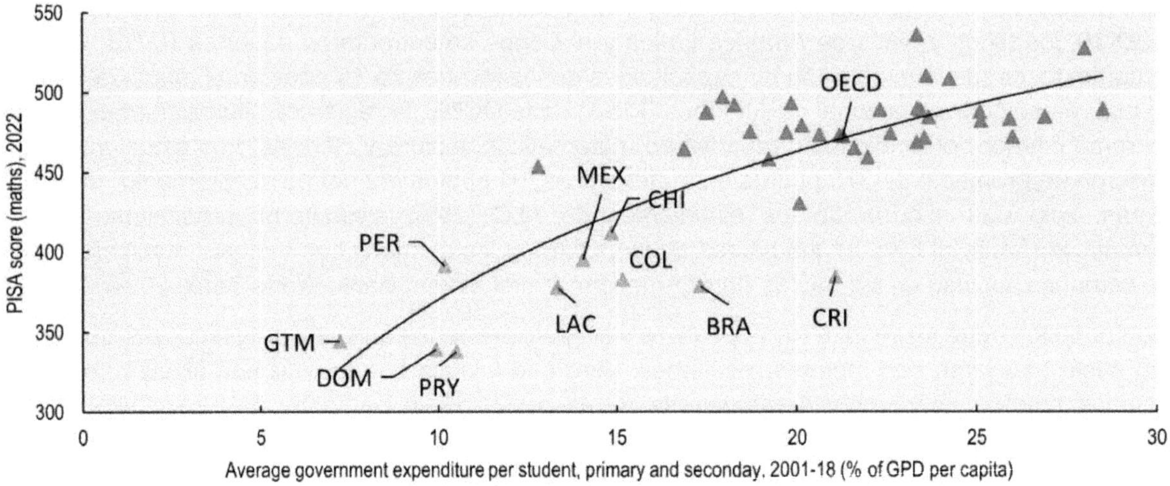

Nota: El gráfico muestra la correlación entre las dos dimensiones y no debe interpretarse como un efecto causal. Las puntuaciones de las pruebas PISA se corresponden con el rendimiento en matemática para cada región y país. El gasto público promedio en educación por estudiante es un promedio simple de los datos disponibles para cada país entre 2001 y 2018 para los niveles primario y secundario de educación. Los promedios totales para la OCDE y ALC se calculan utilizando promedios simples. «ALC» incluye a Brasil, Chile, Colombia, Costa Rica, Guatemala, México, Paraguay, Perú y República Dominicana. No se dispone de datos de Ecuador.
Fuente: adaptado de (OECD et al., 2024[4])

3.1.2. La satisfacción con el sistema de salud en ALC es considerablemente más baja que el promedio de la OCDE

En un contexto en el que el 24% de los encuestados en ALC reporta que sus hogares han sido recientemente afectados por una enfermedad grave, la satisfacción con el sistema de salud es significativamente inferior a la de otros servicios esenciales. Solo el 40% de los usuarios recientes está satisfecho con el sistema de salud de su país (Gráfico 3.3), comparado al promedio del 52 % en los países de la OCDE. Únicamente Costa Rica (56%) y México (53%) superan los niveles promedio de satisfacción de la OCDE. Tanto en Paraguay como en Perú, solo alrededor de una cuarta parte de los usuarios recientes de servicios de salud afirman estar satisfechos con los mismos.

Gráfico 3.3. Cuatro de cada diez usuarios encuestados en países de ALC están satisfechos con el sistema de salud de su país

Porcentaje de la población con experiencia reciente que declara tener diferentes niveles de satisfacción con el sistema sanitario en su país, 2023 o 2025

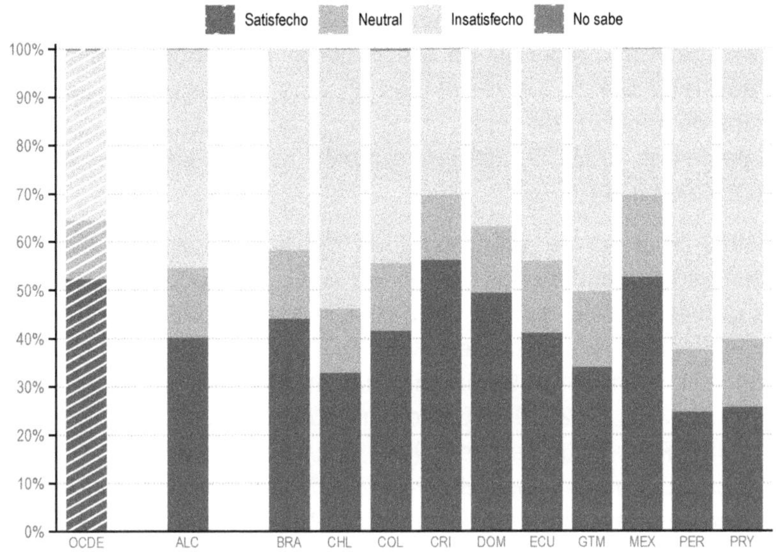

Nota: El gráfico presenta la distribución de las respuestas dentro de los países a la pregunta «En una escala de 0 a 10, ¿qué tan satisfecho/a está con el sistema de salud pública de [PAIS]?». Los encuestados con experiencia reciente son aquellos que responden afirmativamente a la pregunta «En los últimos 12 meses, ¿usted o algún miembro de su hogar ha utilizado personalmente el sistema de salud público en [PAIS]?». La proporción «satisfecho» es la agregación de las respuestas de 6 a 10 en la escala; «neutral» es igual a una respuesta de 5; «insatisfecho» es la agregación de las respuestas de 0 a 4; y «no sé» es otra opción de respuesta aparte. «OCDE» presenta el promedio no ponderado de 30 países de la OCDE, incluidos los cuatro países de ALC, en 2023. «ALC» representa el promedio no ponderado de los diez países de ALC, obtenido en 2023 en el caso de los países de ALC de la OCDE, y en 2025 en los países de ALC que no son miembros de la OCDE.
Fuente: Encuesta sobre Confianza de la OCDE 2023, Encuesta sobre Confianza de la OCDE en ALC 2025

StatLink https://stat.link/yo3j51

El análisis de los datos de la Encuesta Mundial de Gallup a lo largo del tiempo revela tendencias contrapuestas en la satisfacción con el sistema de salud en los países de ALC entre 2011 y 2022[6] (OECD, 2024[1]). Costa Rica mantuvo la tasa de satisfacción más alta, con un incremento del 63% al 70%. Brasil fue el país que registró el cambio positivo más significativo, al aumentar del 36% al 45%. Sin embargo, varios países experimentaron descensos notables: la satisfacción cayó del 63% al 53% en Paraguay, del 49% al 41% en Colombia y el descenso de mayor magnitud se dio en Ecuador, del 56% al 37%. En general, el promedio de ALC para los diez países bajo análisis se mantuvo estable entre el 50% y el 51%, muy por debajo del promedio de la OCDE (OECD, 2024[1]). Es probable que tanto los diferentes momentos de implementación de las encuestas como diferencias en la redacción de las preguntas contribuyan a diferencias entre las tasas de satisfacción reportadas en la Encuesta Mundial de Gallup y la Encuesta de Confianza de la OCDE.

Analizar los resultados en materia de salud proporciona un contexto importante para comprender las percepciones sobre los sistemas sanitarios de la región. Si bien los principales indicadores de salud en ALC han mejorado considerablemente desde el año 2000, siguen presentando amplias brechas respecto a los valores de referencia de la OCDE (OECD/The World Bank, 2023[8]). Aunque la esperanza de vida promedio alcanzó los 76.7 años en 2021 (comparado a los 72.2 años en los 2000), sigue estando por debajo del promedio de la OCDE, de 80.4 años. A la vez, existen importantes disparidades entre los países: en Chile (81 años) y Costa Rica (80.8 años) la esperanza de vida está por encima del promedio de la OCDE, mientras que República Dominicana (74.3 años) o Paraguay (74.4 años) están más rezagados. Del mismo modo, entre 2000 y 2020 la mortalidad infantil ha mejorado de 25.1 a 14.1 por cada 1 000 nacidos vivos, aunque esta cifra sigue siendo considerablemente superior al promedio de la OCDE, de 4.1. La cobertura de población vacunada también varía y solo Chile y Costa Rica alcanzan los niveles recomendados de inmunización contra la DTP (superiores al 90%).

En particular, mejores resultados en materia de salud no necesariamente se correlacionan con mayores niveles de satisfacción. Un ejemplo al respecto es el caso de Chile, que no presenta los niveles más altos de satisfacción a pesar de tener algunos de los mejores indicadores de salud de la región. Esta desconexión sugiere que más allá de los resultados clínicos, las expectativas de las personas y otros aspectos de la prestación de servicios de salud, como ser la accesibilidad, la asequibilidad o la calidad de la experiencia de los pacientes (OECD, 2023[9]), también pueden influir de manera significativa en la satisfacción general (OECD, 2024[10]).

La pandemia del COVID-19 puso de manifiesto las debilidades estructurales y afectó de manera significativa a los sistemas de salud de los países de ALC. De hecho, las tasas de mortalidad de la pandemia fueron más graves en ALC que en otras regiones del mundo, lo que probablemente afectó a los niveles de satisfacción en los distintos países (OECD/The World Bank, 2023[8]). A su vez, los sistemas sanitarios de ALC se enfrentan a importantes limitaciones de recursos en comparación con otras regiones (OECD/The World Bank, 2023[8]). En 2019, el gasto per cápita en salud en ALC fue inferior a un tercio del promedio de la OCDE (USD PPA 1 206 versus 3 999), con fuertes disparidades regionales que oscilaron entre los USD PPA 529 en Guatemala y los USD PPA 2 297 en Chile (Gráfico 3.4). Estos valores revelan que los sistemas de salud cuentan con recursos insuficientes y es probable que la escasez de personal haya contribuido a crear cuellos de botella durante la pandemia. Durante 2020-2021, siete de los diez países de ALC incluidos en este informe experimentaron una tasa de excedencia de muertes superior al promedio de la OCDE, y solo a Chile, Costa Rica y la República Dominicana les fue mejor. Estos datos ponen de relieve cómo la resiliencia del sistema de salud, definida como la capacidad de prepararse para las crisis, absorber las alteraciones, recuperarse rápidamente y adaptarse mediante el aprendizaje, varió de forma significativa en toda la región e influyó directamente en sus resultados.

Además, el financiamiento del sistema de salud en ALC depende en gran medida del gasto privado, el 42% del gasto en salud procede de pagos directos y esquemas voluntarios, comparado a un promedio del 24% en los países de la OCDE (Gráfico 3.4). Este alto nivel de gasto directo hace que las personas y los hogares corran el riesgo de sufrir dificultades económicas cuando buscan atención médica y resulta en que la atención esté fuera del alcance de algunos grupos de población (OECD/The World Bank, 2023[8]).

Gráfico 3.4. El gasto per cápita en salud en los países de ALC es algo más de una cuarta parte del promedio de la OCDE

Gasto total en salud per cápita, pública y privada, dólares internacionales (USD PPA), 2019 o último año

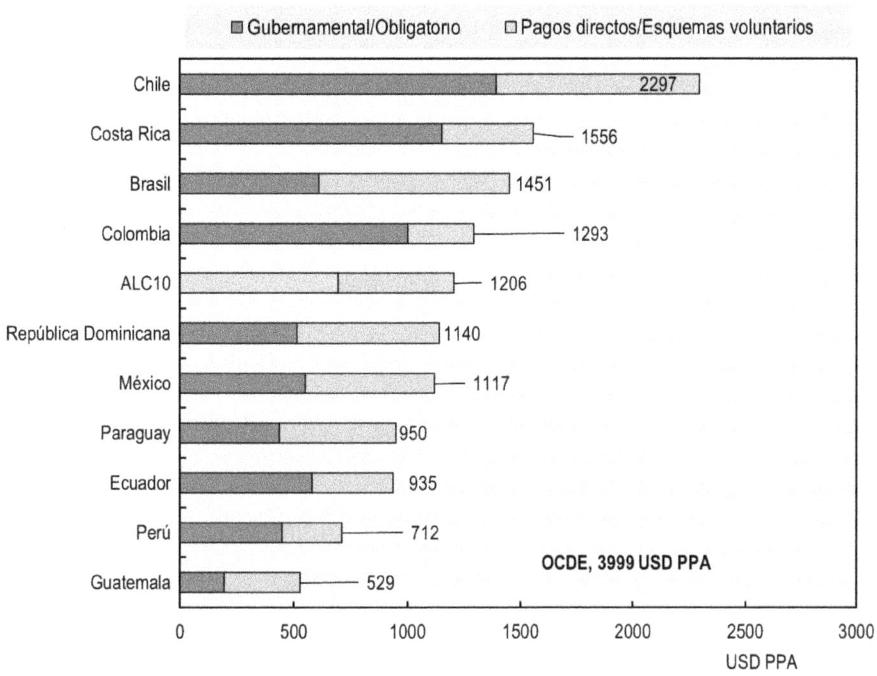

Fuente: Adaptado de (OECD/The World Bank, 2023[8]). Base de datos de la OMS sobre el gasto mundial en salud 2020; estadísticas de salud de la OCDE de 2019 para Brasil, Chile, Colombia, Costa Rica y México.

3.1.3. La satisfacción con los servicios varía de un grupo a otro

Todos los gobiernos se enfrentan a desafíos a la hora de abordar la desigualdad en la satisfacción y los resultados en los servicios públicos. En ALC, al igual que en muchas otras regiones, promover el acceso a una salud y educación de calidad para todos sigue siendo un objetivo pendiente. Las dificultades en ALC no solo se deben a los obstáculos operativos en la prestación de servicios, sino también a problemas estructurales como la informalidad generalizada en el empleo y la segmentación histórica de la atención sanitaria, en la que el acceso a los servicios está vinculado a la situación laboral formal. Los bajos niveles de ingresos y la distribución geográfica generan múltiples problemas operativos, como el aumento de los costos de prestación de servicios, las limitadas economías de escala y la escasez de recursos humanos cualificados (Bland et al., 2021[11]). En sectores como la salud y la educación, la compleja coordinación intergubernamental y público/privada puede crear obstáculos adicionales para implementar reformas eficaces ya que la autoridad se distribuye entre múltiples niveles de gobierno.

Tres grupos de la población reportan sistemáticamente una menor satisfacción con la salud y la educación en los países de ALC: las personas con preocupaciones financieras, las personas que se identifican como parte de grupos discriminados y las que están preocupadas por la delincuencia (Gráfico 3.5).

La inseguridad financiera se corresponde con las brechas de satisfacción más pronunciadas, siendo las poblaciones económicamente vulnerables las que expresan niveles de satisfacción notablemente más bajos respecto a aquellos que no tienen estas preocupaciones. A diferencia de los resultados en la OCDE, la edad también es un factor significativo en cuanto a la satisfacción con la educación en los países de la región, reportando los jóvenes encuestados niveles de satisfacción ligeramente superiores. En cuanto a los sistemas de salud, los encuestados que se identifican como parte de un grupo discriminado muestran los niveles más bajos de satisfacción en comparación con cualquier otro de los grupos de población identificados. Estas diferencias en los niveles de satisfacción pueden reflejar desigualdades subyacentes en la accesibilidad, la calidad y la puntualidad en los tiempos de entrega de los servicios entre los diferentes segmentos (OECD, 2023[12]).

Gráfico 3.5. Las personas con preocupaciones financieras, que se sienten discriminadas o están preocupadas por la delincuencia reportan niveles de satisfacción ligeramente inferiores con los sistemas de salud y educación

A: Porcentaje de usuarios recientes por grupos respectivos que han reportado estar satisfechos con el sistema educativo de su país, 2023 o 2025

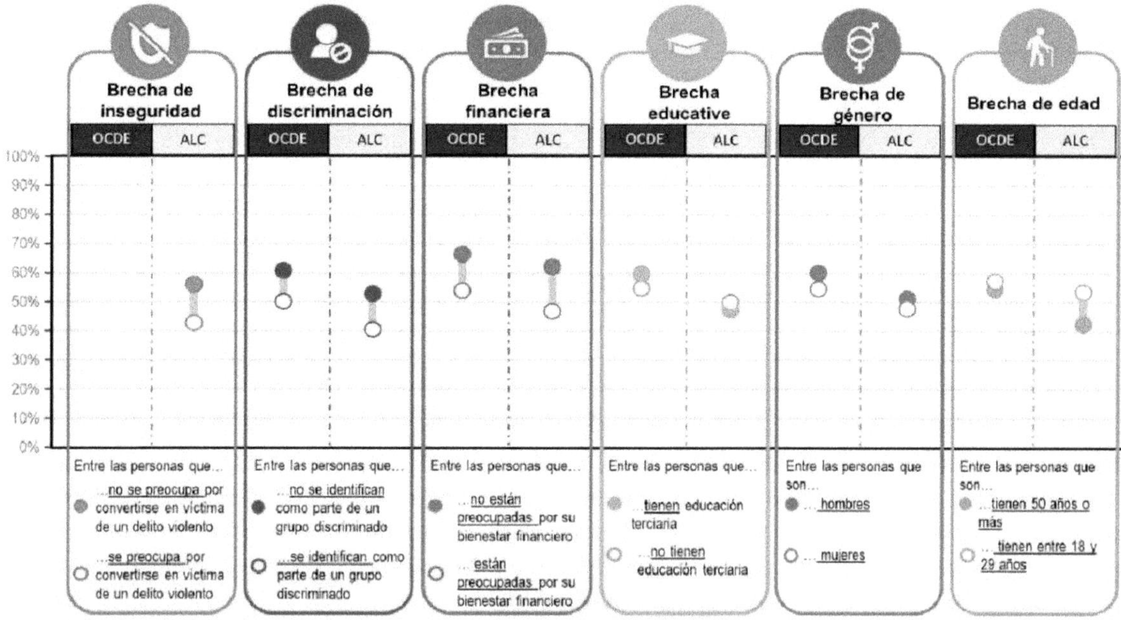

B: Porcentaje de usuarios recientes por grupos respectivos que han reportado estar satisfechos con el sistema de salud en su país, 2023 o 2025

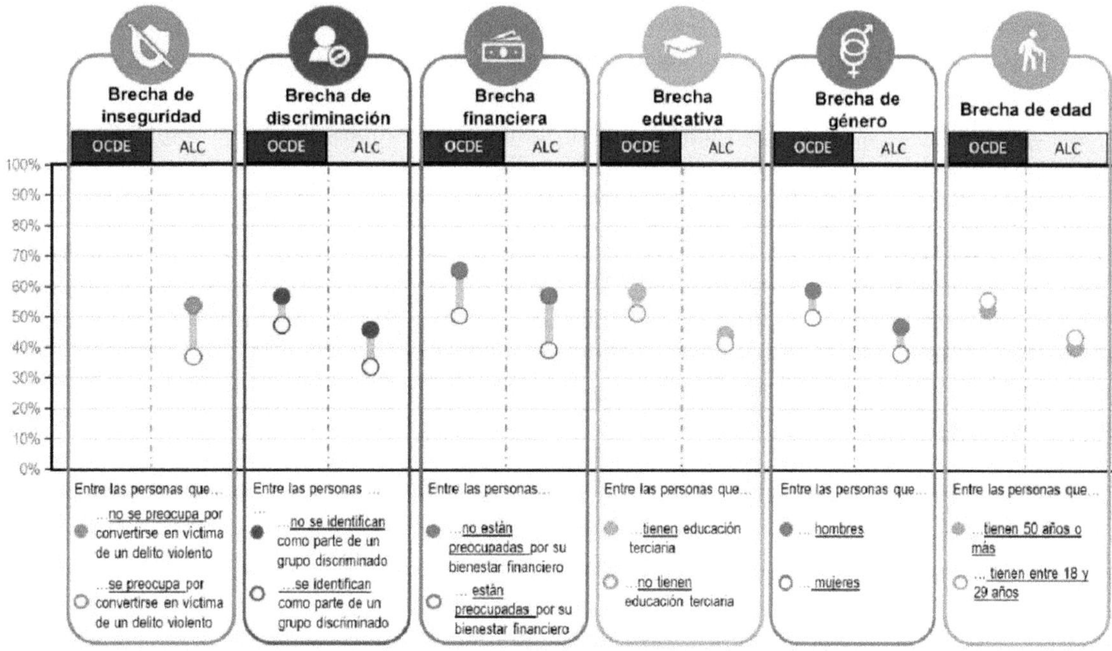

Nota: El gráfico presenta los promedios de respuestas no ponderados de los países de ALC y la OCDE a las preguntas «En una escala de 0 a 10, ¿qué tan satisfecho/a está con el sistema de educación/salud pública de [PAIS]?», según las percepciones sobre seguridad física, el entorno socioeconómico y las características demográficas de los encuestados. Se muestra aquí la proporción de personas «satisfechas» a partir de la agregación de respuestas de 6 a 10 en la escala de respuesta de 0 a 10, agrupadas por las percepciones sobre seguridad física, el entorno socioeconómico y las características demográficas. Las preocupaciones de seguridad personal se miden y agrupan por si los encuestados mencionaron 1 (siempre), 2 (frecuentemente), y 3 (ocasionalmente) a la pregunta «¿Qué tan a menudo le preocupa ser víctima de un crimen violento en [PAIS]?». La identificación de las personas con un grupo discriminado se mide en función de si los encuestados se describieron como parte de un grupo discriminado ante la pregunta «¿Se describiría como parte de un grupo discriminado en [PAIS]?». Las preocupaciones financieras se miden y agrupan por si los encuestados mencionaron 3 (moderadamente preocupado) y 4 (muy preocupado) a la pregunta «Pensando en los próximos uno o dos años, ¿qué tanto le preocupan las finanzas y el bienestar económico general de su hogar?». Las tasas de satisfacción se indican únicamente para los encuestados con experiencia reciente en el sistema correspondiente, que responden afirmativamente a la pregunta «En los últimos 2 años/12 meses, ¿usted o alguien de su hogar ha estado inscrito en una institución educativa/ha utilizado personalmente el sistema de salud público en [PAIS]?». «OCDE» presenta el promedio no ponderado de 30 países de la OCDE, incluidos los cuatro países de ALC, en 2023. «ALC» representa el promedio no ponderado de los diez países de ALC, obtenido en 2023 en el caso de los países de ALC de la OCDE, y en 2025 en países de ALC que no son miembros de la OCDE. La pregunta sobre preocupaciones de seguridad física no se formuló en la Encuesta de Confianza de la OCDE de 2023, excepto en Chile. Por lo tanto, el promedio de esta pregunta solo se basa en las respuestas de Brasil, Chile, Ecuador, Guatemala, Perú, la República Dominicana y Paraguay.
Encuesta sobre Confianza de la OCDE 2023 y Encuesta sobre Confianza de la OCDE en ALC 2025.

StatLink https://stat.link/un1y5r

Estas disparidades en cuanto a la satisfacción se alinean con patrones más amplios de desigualdad educativa en la región (Fernández et al., 2025[13]). Los datos[7] de PISA de la OCDE de 2022 muestran que las disparidades socioeconómicas afectan de manera significativa a los resultados de los estudiantes: los estudiantes más pobres tienen más probabilidades de presentar un desempeño inferior al normal, aunque el bajo rendimiento sigue siendo un problema en todos los niveles económicos. La región también presenta una fuerte segregación social en las escuelas (Inter American Development Bank; World Bank, 2024[7]).

En toda ALC (OECD/The World Bank, 2023[14]). Por ejemplo, en la República Dominicana, las tasas de mortalidad infantil para menores de cinco años son de 40 en el quintil más pobre, comparadas con tasas de 22 en el quintil más rico. Los niveles educativos también desempeñan un papel fundamental, por ejemplo, en Perú, las tasas de mortalidad infantil son aproximadamente tres veces superiores en el caso de los menores de cinco años cuyos padres solo terminaron la educación primaria en comparación con aquellos cuyos padres terminaron la secundaria. Las disparidades geográficas agravan aún más estas desigualdades.

Para mejorar la accesibilidad y la cobertura de la atención de salud para todos los segmentos de la población, los gobiernos deben invertir en atención preventiva y primaria en todas las zonas geográficas y grupos y establecer mecanismos de protección robustos que resguarden a los hogares de grandes gastos directos en salud que podrían conducir a un mayor empobrecimiento (WHO, 2018[15]). A fines de la década de 2010, un promedio del 14% de la población de ALC o bien corría el riesgo de caer en la pobreza o cayó por debajo de la línea de pobreza debido al gasto (OECD/The World Bank, 2023[14]).[8]

3.2. Los mayores niveles de satisfacción con los servicios administrativos se ven empañados por preocupaciones relacionadas con la equidad e integridad

Los servicios públicos administrativos y los funcionarios responsables de ellos representan un punto de contacto crítico entre las personas y las instituciones públicas y pueden servir como una valiosa oportunidad para generar confianza institucional. La mayoría de los usuarios de la región (55%) están satisfechos con los servicios administrativos, tales como solicitar un documento de identidad, inscribir un nacimiento o solicitar prestaciones. Sin embargo, las percepciones de equidad e integridad de los funcionarios públicos muestran algunas tendencias preocupantes: solo el 36% de las personas creen que sus solicitudes de beneficios públicos serían tratadas de manera justa, el 38% piensa que los empleados públicos tratan a toda la gente por igual, y apenas el 31% cree que los funcionarios rechazarían sobornos. Estos hallazgos ponen de manifiesto déficits de confianza significativos, particularmente entre los encuestados económicamente inseguros, las personas que sienten que pertenecen a un grupo que es discriminado y aquellos preocupados por la delincuencia.

Los resultados del análisis econométrico descritos en el anexo A indican que la satisfacción con los servicios administrativos se asocia de manera significativa con mayores niveles de confianza en las instituciones públicas. La asociación es especialmente significativa en el caso de los gobiernos locales (hay 4.3 puntos porcentuales mayores de probabilidad de que un encuestado exprese confianza alta o moderadamente alta en el gobierno local) y en la administración pública (4.1 puntos porcentuales), pero también está positivamente relacionada con la confianza en la legislatura nacional (3.3 puntos porcentuales) y en el gobierno nacional (2.3 puntos porcentuales). Varios aspectos específicos de estas interacciones resultan especialmente influyentes para la confianza: el trato justo de las solicitudes de beneficios públicos (2.3, 1.7 y 1.5 puntos porcentuales para el gobierno local, la administración pública y el gobierno nacional, respectivamente), y el trato equitativo de todas las personas (1.9 puntos porcentuales para el gobierno local). Estos resultados ponen de relieve que las experiencias administrativas cotidianas, cuando se caracterizan por la transparencia y la equidad, pueden reforzar de manera sustancial la confianza de la población en las instituciones públicas de toda la región.

3.2.1. Poco más de la mitad de los latinoamericanos están satisfechos con los servicios administrativos

El 55% de los encuestados que ha utilizado recientemente un servicio administrativo está satisfecho con los mismos, aunque los niveles de satisfacción varían considerablemente en la región (Gráfico 3.6). México y Costa Rica lideran con las mayores tasas de satisfacción (67% y 66%, respectivamente), mientras que la República Dominicana (61%), Colombia (60%) y Guatemala (58%) también mantienen sólidas calificaciones positivas. Por el contrario, Perú registra los niveles de satisfacción más bajos, con tan solo un 39%, y Ecuador (45%) y Paraguay (46%) también se sitúan por debajo del promedio regional. Asimismo, el promedio de ALC (55%) es inferior al promedio de la OCDE (66%), lo que destaca un amplio margen de mejora en la calidad de los servicios administrativos en toda la región.

Gráfico 3.6. La mayoría de los usuarios encuestados en los países de ALC están satisfechos con los servicios administrativos de su país

Porcentaje de usuarios recientes que declaran tener diferentes niveles de satisfacción con los servicios administrativos en su país, 2023 o 2025

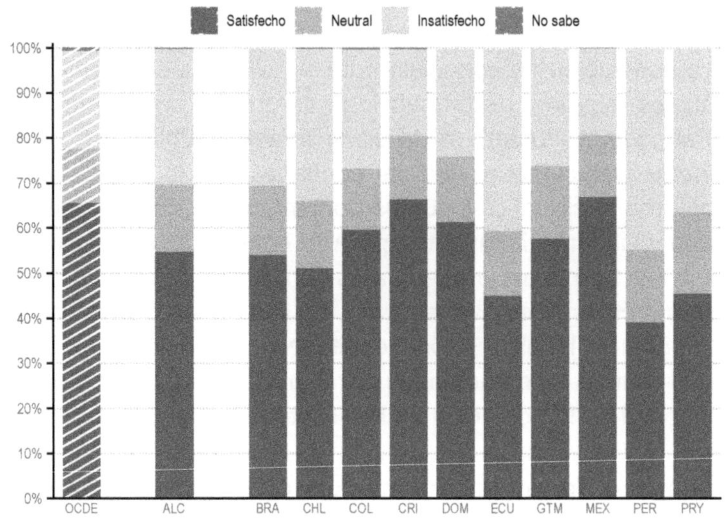

Nota: El gráfico presenta la distribución de las respuestas dentro de los países a la pregunta «En una escala de 0 a 10, ¿qué tan satisfecho/a está con la calidad de los servicios administrativos en instituciones públicas en [PAIS] (por ejemplo, solicitar una cédula de identidad, registrar un nacimiento o postular a beneficios del Estado)?». Los encuestados con experiencia reciente son aquellos que responden afirmativamente a la pregunta «En una escala de 0 a 10, ¿qué tan satisfecho/a está con la calidad de los servicios administrativos en instituciones públicas en [PAIS] (por ejemplo, solicitar una cédula de identidad, registrar un nacimiento o postular a beneficios del Estado)?». La proporción «satisfecho» es la agregación de las respuestas de 6 a 10 en la escala; «neutral» es igual a una respuesta de 5; «insatisfecho» es la agregación de las respuestas de 0 a 4; y «no sé» es la otra una opción de respuesta. «OCDE» presenta el promedio no ponderado de 30 países de la OCDE, incluidos los cuatro países de ALC, en 2023. «ALC» representa el promedio no ponderado de los diez países de ALC, obtenido en 2023 en el caso de los países de ALC de la OCDE, y en 2025 en los países de ALC que no son miembros de la OCDE.
Fuente: Encuesta sobre Confianza de la OCDE 2023, Encuesta sobre Confianza de la OCDE en ALC 2025.

StatLink https://stat.link/gfsc47

Los usuarios encuestados de ALC muestran distintos niveles de satisfacción con las diferentes características de su experiencia más reciente con un servicio administrativo, con porcentajes generales que se sitúan en promedio en torno al 60% en la mayoría de las dimensiones. Los únicos casos en los que los porcentajes caen por debajo de la mayoría de la población refieren a la evaluación de la velocidad de obtención de servicios en Perú (46%) y Paraguay (47%), y respecto a la cortesía de los funcionarios públicos en Perú (49%) (Gráfico 3.7). Los aspectos con mejor desempeño incluyen la «claridad del lenguaje y la información» y el «grado en que el servicio satisfizo las necesidades» (ambos con porcentajes promedio del 63%), dando cuenta de importantes aspectos positivos en relación a los servicios administrativos de la región.

La «rapidez en la obtención del servicio» parece ser un elemento desafiante en relación con la satisfacción usuaria en ALC, con solo el 56% satisfecho y el 31% insatisfecho. Las brechas más pronunciadas entre los niveles de satisfacción de ALC y la OCDE aparecen vinculadas a "factores humanos" de la prestación de servicios, como ser específicamente la «cortesía de los empleados» (60% satisfechos en ALC comparado al 73% en la OCDE) y la «competencia de los funcionarios públicos» (60% satisfechos en ALC frente al 71% en la OCDE), destacando áreas clave en las que los servicios administrativos podrían centrar los esfuerzos para cerrar la brecha de rendimiento en comparación a los valores de la OCDE.

La mayoría de los usuarios de los servicios públicos de ALC están satisfechos con los diferentes aspectos vinculados a su trámite administrativo más reciente y, según el análisis econométrico, las mejoras en la satisfacción con la claridad del lenguaje y la rapidez en la obtención de los servicios podrían corresponderse con una mayor satisfacción general (Gráfico 3.7). Estos dos factores son los que más influyen a la hora de aumentar los niveles de satisfacción con la calidad general de los servicios: las personas satisfechas con la claridad del lenguaje y la velocidad de obtención del servicio tienen muchas más probabilidades (8.8 y 7.8 puntos porcentuales, respectivamente) de calificar su experiencia general de forma positiva en comparación con las personas insatisfechas con estos aspectos y que comparten iguales condiciones socioeconómicas y rasgos demográficos .

Gráfico 3.7. Mejorar la claridad del lenguaje y la velocidad de obtención del servicio podría aumentar los niveles de satisfacción con los servicios administrativos

Variación en puntos porcentuales de la probabilidad de estar satisfecho con los servicios administrativos tras un aumento de la satisfacción con alguno de los aspectos del servicio (eje Y izquierdo, representado por la barra) y proporción de usuarios satisfechos con el aspecto del servicio (eje Y derecho, representado por puntos), promedio de la OCDE 2023 y promedio de ALC 2023 y2025

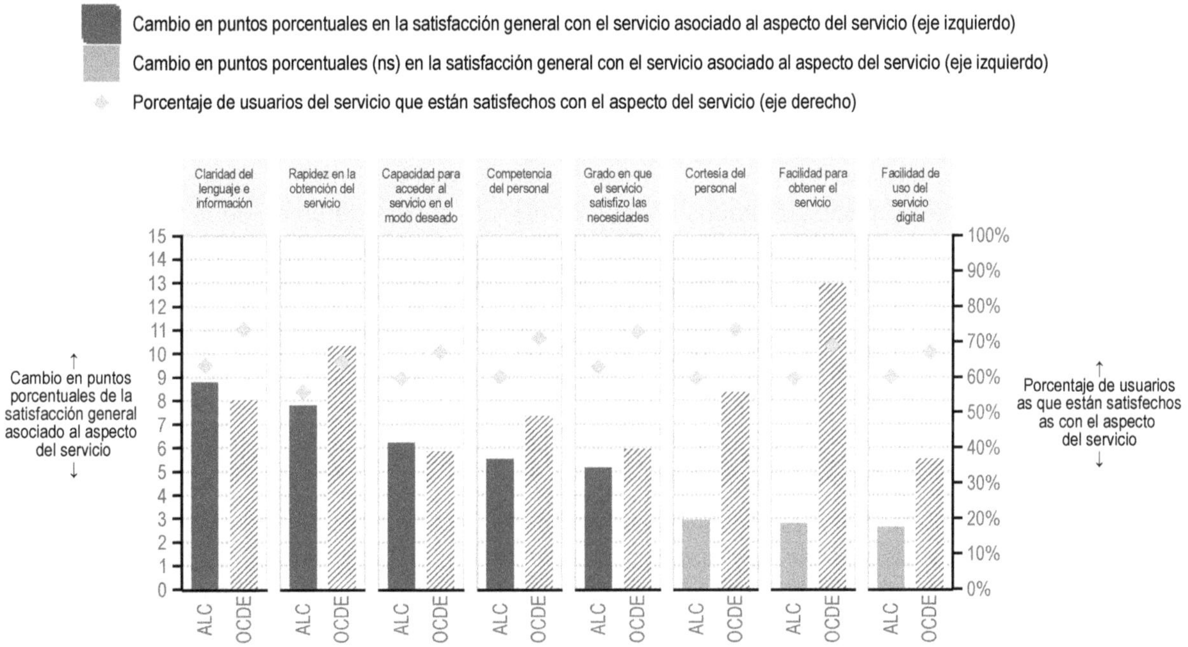

Cómo leer: Por ejemplo, en promedio en los países de la OCDE, el 64% de las personas están satisfechas con la velocidad de obtención del servicio, y estar satisfecho con este aspecto se asocia con un aumento de 13 puntos porcentuales en la probabilidad de estar satisfecho con los servicios administrativos. Del mismo modo, en promedio en ALC, el 60% de las personas están satisfechas con la claridad del lenguaje y la información del servicio administrativo, lo cual se asocia con un aumento de 9 puntos porcentuales en la probabilidad de estar satisfecho con los servicios administrativos.

Nota: En el eje Y derecho, representado por puntos, la figura presenta el promedio no ponderado de la OCDE del porcentaje de personas que indicaron satisfacción con el aspecto respectivo al responder la pregunta: "Piense en el último servicio administrativo al que accedió en las instituciones públicas ¿qué tan satisfecho/a quedó con cada uno de los siguientes aspectos? Responda utilizando una escala de 0 a 10, en la que 0 significa "Nada satisfecho/a" y 10 "Totalmente satisfecho/a". La proporción de personas satisfechas corresponde a la agregación de respuestas de 6 a 10 en la escala. "No sabe" es una opción de respuesta separada. El cambio en puntos porcentuales en la satisfacción con los servicios administrativos, mostrado en el eje Y izquierdo y representado por barras, corresponde al efecto marginal promedio de estar satisfecho en comparación con no estarlo respecto a cualquiera de los ocho aspectos del servicio, manteniendo constantes los demás aspectos del servicio, la edad, el género y el nivel educativo. Los efectos marginales promedio indicados en azul oscuro son estadísticamente significativos a $p<0.10$; mientras que los indicados en azul claro no son estadísticamente significativos a $p\geq 0.10$.

Fuente: Encuesta sobre Confianza de la OCDE 2023, Encuesta sobre Confianza de la OCDE en ALC 2025.

StatLink https://stat.link/worm8f

Los países de ALC, y del resto del mundo, se enfrentan a desafíos a la hora de mejorar los niveles de satisfacción con los servicios administrativos. En este sentido, en 2024, el Consejo de la OCDE adoptó la Recomendación sobre Servicios Administrativos Públicos Centrados en las Personas, que proporciona un marco integral para que los gobiernos diseñen y presten servicios que aborden directamente las necesidades de las personas, ayudando a reducir las deficiencias en la calidad y accesibilidad a los servicios (Recuadro 3.1). La Medición de Satisfacción Usuaria (MESU) de Chile, una de las mayores encuestas de opinión de ciudadanos y usuarios realizadas por un país miembro de la OCDE, constituye un ejemplo útil para la región a la hora de fortalecer los servicios, ya que proporciona evidencia clave y detallada que los organismos públicos utilizan para elaborar planes de mejora específicos (OECD, 2024[10]).

Recuadro 3.1 Recomendación de la OCDE sobre los Servicios Administrativos Públicos Centrados en las Personas

La Recomendación sobre los Servicios Administrativos Públicos Centrados en las Personas fue adoptada por el Consejo de la OCDE en septiembre de 2024. Ofrece un marco claro y común para diseñar y prestar servicios públicos que se adapten a las necesidades de las personas y las apoyen durante los principales eventos y desafíos de la vida. Describe las prácticas para que los gobiernos diseñen y presten servicios administrativos públicos centrados en las personas mediante:

- Visión estratégica, valores y derechos
  - Fomentar y promover una visión y un enfoque estratégicos para fortalecer el diseño y la prestación de servicios, basados en los valores y la cultura de un enfoque centrado en las personas.
  - Defender la protección tanto del interés público como de los derechos e intereses legítimos de los usuarios a través del diseño y la prestación de servicios que ofrezcan garantías procesales y de control administrativo y judicial.
- Fundamentos básicos
  - Definir claramente las funciones y responsabilidades para permitir el diseño y la entrega de servicios centrados en las personas.
  - Dotar a los servidores públicos de las habilidades y competencias y el entorno de trabajo necesarios para diseñar y prestar servicios centrados en las personas
  - Garantizar la disponibilidad de una infraestructura pública digital fiable e inclusiva que apoye el diseño y la prestación de servicios centrados en las personas.
- Servicios accesibles y fluidos
  - Desarrollar procesos sencillos e intuitivos que sean accesibles, inclusivos y coherentes en todos los canales (telefónico, en línea y presencial), para facilitar una experiencia usuaria fluida.
  - Adoptar enfoques colaborativos, inclusivos e innovadores en el diseño y la prestación de servicios.
- Medición, compromiso y mejora
  - Medir e informar sobre las experiencias y percepciones de los usuarios con respecto al diseño y la entrega de servicios, y utilizar esta información para identificar formas de mejorar la satisfacción con el servicio público.

Fuente: https://legalinstruments.oecd.org/en/instruments/OECD-LEGAL-0503

3.2.2. *Muchos encuestados se muestran escépticos respecto a la equidad y la integridad de los funcionarios públicos, revelando tensiones su relación con la administración pública*

Las personas deberían disfrutar de igualdad de acceso y de un trato justo e imparcial por parte de los funcionarios públicos, con independencia de su origen o condiciones sociodemográficas. Sin embargo, los niveles de satisfacción de los usuarios recientes con los servicios administrativos en los países de ALC son dispares (Gráfico 3.8) y aquellos "factores humanos" vinculados a la prestación de servicios se perciben de forma menos positiva que otros componentes de los servicios administrativos. Al igual que en el caso de los servicios de salud y educación, hay tres grupos de la población que reportan sistemáticamente menores niveles de satisfacción: las personas con preocupaciones financieras, las personas que se identifican como pertenecientes a un grupo discriminado y las personas preocupadas por la delincuencia.

Gráfico 3.8. Las personas con preocupaciones financieras y las que están preocupadas por la delincuencia expresan menores niveles de satisfacción con los servicios administrativos

Porcentaje de usuarios recientes por grupos respectivos que han reportado estar satisfechos con los servicios públicos administrativos, 2023 o 2025

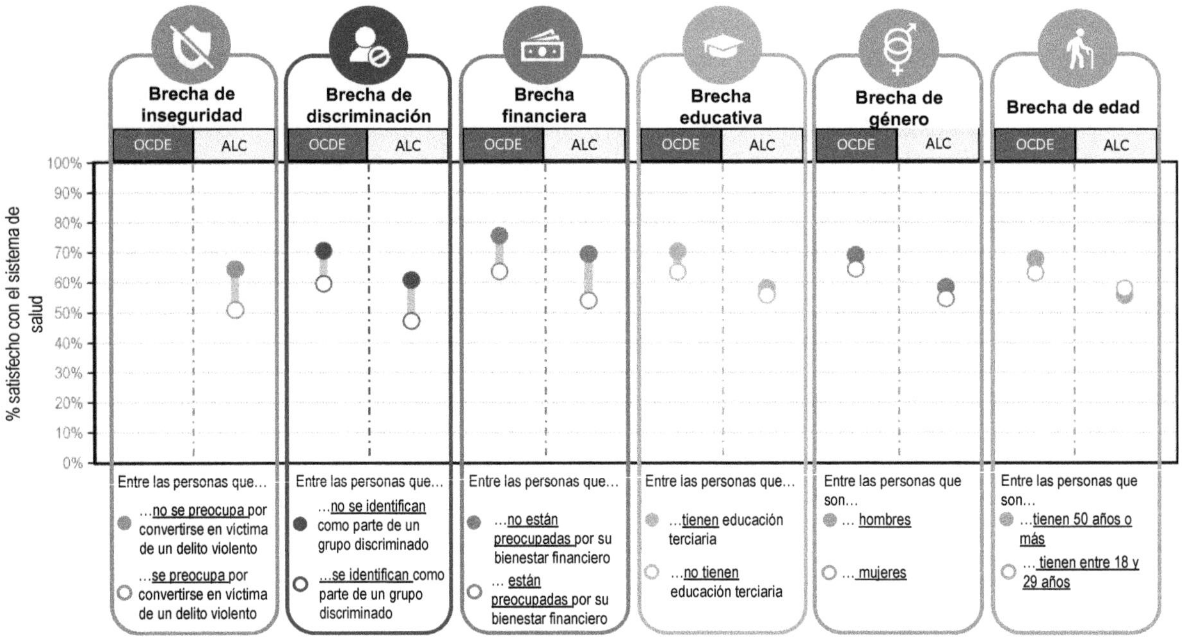

Nota: El gráfico presenta los promedios de respuestas no ponderados de los países de ALC y la OCDE a las preguntas «En una escala de 0 a 10, ¿qué tan satisfecho/a está con la calidad de los servicios administrativos en instituciones públicas en [PAIS] (por ejemplo, solicitar una cédula de identidad, registrar un nacimiento o postular a beneficios del Estado)?», según las percepciones sobre seguridad física, el entorno socioeconómico y las características demográficas de los encuestados. Se muestra aquí la proporción de personas «satisfechas» a partir de la agregación de respuestas de 6 a 10 en la escala de respuesta de 0 a 10, agrupadas por las percepciones sobre seguridad física, el entorno socioeconómico y las características demográficas. Las preocupaciones de seguridad personal se miden y agrupan por si los encuestados mencionaron 1 (siempre), 2 (frecuentemente), y 3 (ocasionalmente) a la pregunta «¿Qué tan a menudo le preocupa ser víctima de un crimen violento en [PAIS]?». La identificación de las personas con un grupo discriminado se mide en función de si los encuestados se describieron como parte de un grupo discriminado ante la pregunta «¿Se describiría como parte de un grupo discriminado en [PAIS]?». Las preocupaciones financieras se miden y agrupan por si los encuestados mencionaron 3 (moderadamente preocupado) y 4 (muy preocupado) a la pregunta «Pensando en los próximos uno o dos años, ¿qué tanto le preocupan las finanzas y el bienestar económico general de su hogar?». Las tasas de satisfacción se indican únicamente para los encuestados con experiencia reciente en el sistema correspondiente, que responden afirmativamente a la pregunta «En los últimos 12 meses, ¿ha accedido a algún servicio administrativo en las instituciones públicas en [PAIS] (por ejemplo, solicitar un pasaporte, inscribir un nacimiento, o postular a beneficios, etc.)?». «OCDE» presenta el promedio no ponderado de 30 países de la OCDE, incluidos los cuatro países de ALC, en 2023. «ALC» representa el promedio no ponderado de los diez países de ALC, obtenido en 2023 en el caso de los países de ALC de la OCDE, y en 2025 en países de ALC que no son miembros de la OCDE. La pregunta sobre preocupaciones de seguridad física no se formuló en la Encuesta de Confianza de la OCDE de 2023, excepto en Chile. Por lo tanto, el promedio de esta pregunta solo se basa en las respuestas de Brasil, Chile, Ecuador, Guatemala, Perú, la República Dominicana y Paraguay.
Fuente: Encuesta sobre Confianza de la OCDE 2023 y Encuesta sobre Confianza de la OCDE en ALC 2025.

StatLink https://stat.link/blspqv

La Encuesta sobre Confianza de la OCDE en ALC considera tres dimensiones esenciales relacionadas con la prestación de servicios. Dos preguntas se centran en la equidad: una evalúa si se considera que los empleados públicos tratan a las personas por igual, independientemente de sus características personales (ingresos, identidad de género, orientación sexual, origen étnico o país de origen), y otra explora las percepciones de los encuestados respecto al tratamiento justo de sus solicitudes a beneficios públicos. Una tercera pregunta se enfoca en la integridad, evaluando las percepciones sobre si los empleados públicos aceptarían o rechazarían sobornos para agilizar el acceso a los servicios.

En los países de ALC, más de un tercio de la población cree que sus solicitudes de beneficios públicos se tratarían de manera justa (36%) y que los empleados públicos tratan a todas las personas por igual (38%), como se muestra en el Gráfico 3.9. Este patrón es uniforme en la mayoría de los países de ALC. La única excepción es Brasil, donde el 48% cree que sus solicitudes a beneficios serán tratadas de manera justa, mientras que el 36% piensa que los empleados públicos tratan a todos por igual. Estas expectativas positivas respecto a recibir un trato justo podrían estar relacionadas con la reinstauración y expansión de la *Bolsa Família*, un programa de protección social que históricamente ha demostrado su éxito en la reducción de la pobreza y la desigualdad en los ingresos (OECD, 2023[16]). Por su parte, en los países de la OCDE, el 52% cree que sus solicitudes de beneficios públicos serían tratadas de manera justa y el 45% que los empleados públicos tratan a todos por igual. Las personas que sienten que pertenecen a un grupo discriminado son menos propensas a creer que los empleados públicos tratarán a todos por igual y que las solicitudes de beneficios se procesarán de manera justa, en comparación con aquellos que no se identifican como pertenecientes a un grupo discriminado.

Gráfico 3.9. Una minoría de encuestados en la región cree que los funcionarios públicos les darán un trato justo y equitativo

Porcentaje de la población que cree probable recibir un trato justo y de que todas las personas reciban el mismo trato, 2023 o 2025

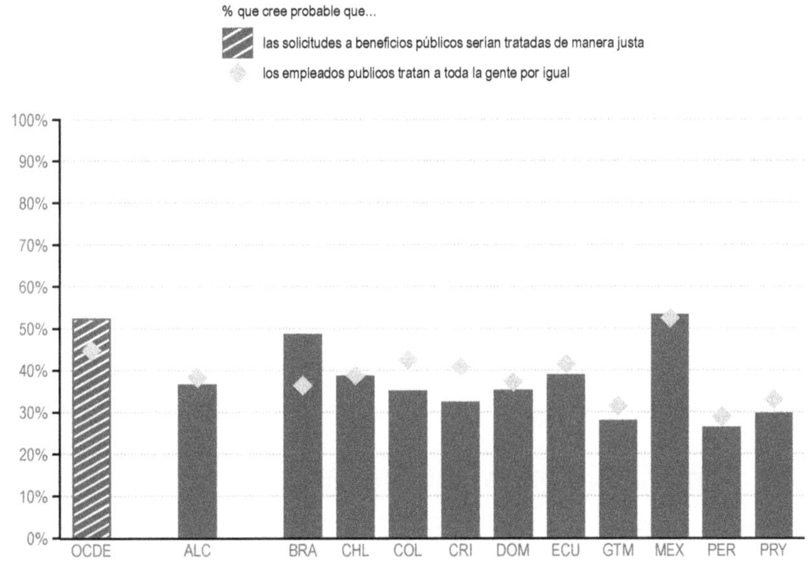

Nota: El gráfico muestra los porcentajes promedio de personas que responden que es «probable» (respuestas 6-10 en una escala de 0-10) a las preguntas «Si un/a funcionario/a público/a interactuara con las personas en la zona donde vive, en su opinión, ¿qué tan probable es que trate a todas las personas por igual, independientemente de su nivel de ingresos, identidad de género, orientación sexual, etnia o país de origen?» (azul) y «Si usted o un miembro de su familia solicitara un beneficio social, en su opinión, ¿qué tan probable es que su solicitud sea tratada de manera justa?» (amarillo). «OCDE» presenta el promedio no ponderado de 30 países de la OCDE, incluidos los cuatro países de ALC, en 2023. «ALC» representa el promedio no ponderado de los diez países de ALC, obtenido en 2023 en el caso de los países de ALC de la OCDE, y en 2025 en los países de ALC que no son miembros de la OCDE.
Fuente: Encuesta sobre Confianza de la OCDE 2023, Encuesta sobre Confianza de la OCDE en ALC 2025.

StatLink https://stat.link/jqvei9

Las percepciones sobre la integridad del sector público muestran tendencias preocupantes en los países (OECD, 2024[17]; OECD, 2021[18]). Solo el 31% de los encuestados de ALC cree que un empleado rechazaría un soborno para acelerar el acceso a los servicios, mientras que el 55% piensa que es poco probable que lo rechace (Gráfico 3.10), comparado a los promedios de la OCDE del 36% y 43%, respectivamente.

Gráfico 3.10. Una de cada tres personas encuestadas en países de ALC cree que un empleado público rechazaría un soborno

Porcentaje de la población que cree probable o improbable que un empleado público rechace un soborno, 2023 o 2025

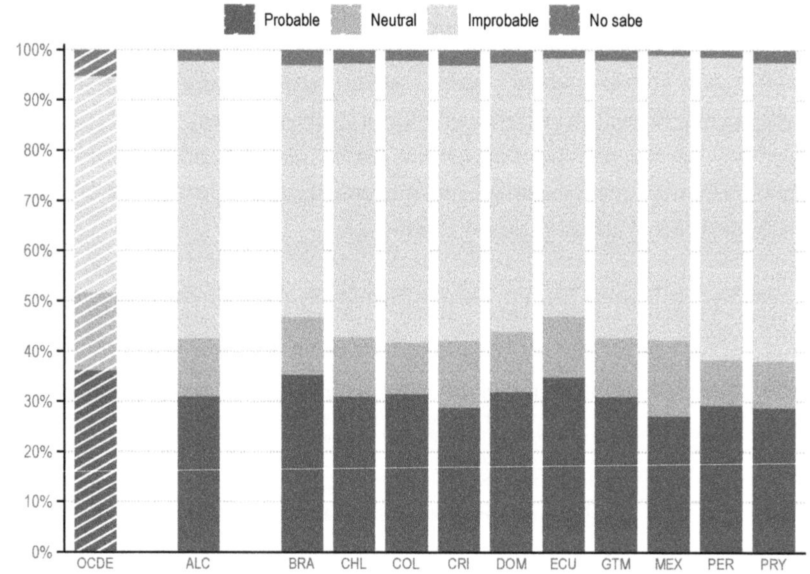

Nota: El gráfico muestra las distribuciones en cada país de las respuestas a la pregunta «Si un/a ciudadano/a o una empresa ofrecieran dinero a un/a funcionario/a público para acceder más rápido a un servicio público, en su opinión, ¿qué tan probable es que lo rechace?». La proporción «probable» es la agregación de las respuestas de 6 a 10 en la escala; «neutral» es igual a una respuesta de 5; «improbable» es la agregación de las respuestas de 0 a 4; y «No sé» es una opción de respuesta aparte. «OCDE» presenta el promedio no ponderado de 30 países de la OCDE, incluidos los cuatro países de ALC, en 2023. «ALC» representa el promedio no ponderado de los diez países de ALC, obtenido en 2023 en el caso de los países de ALC de la OCDE, y en 2025 en los países de ALC que no son miembros de la OCDE.
Fuente: Encuesta sobre Confianza de la OCDE 2023, Encuesta sobre Confianza de la OCDE en ALC 2025.

StatLink https://stat.link/uzqv8g

3.3. En sus interacciones cotidianas, los ciudadanos de ALC son más optimistas respecto a la capacidad de los gobiernos para responder a sus necesidades

Los mecanismos de retroalimentación, la innovación y la digitalización pueden formar una tríada poderosa para adaptar las instituciones públicas y responder de manera confiable a las necesidades de las personas. Las instituciones públicas que están abiertas a la retroalimentación ciudadana y adaptan sus prácticas en consecuencia tienden a tener más éxito a la hora de responder a las necesidades de las personas. A su vez, la innovación actúa como catalizador esencial, ya que permite desarrollar nuevos enfoques para satisfacer las expectativas de los ciudadanos cuando las estructuras tradicionales son insuficientes. Por su parte, la transformación digital se ha convertido en una herramienta estratégica para construir procesos más fiables y eficientes. Esta transformación, además, se ve impulsada por las crecientes expectativas públicas de interactuar con los servicios públicos a través de canales digitales, lo que refleja la integración tecnológica en otros aspectos de la vida cotidiana.

Los ciudadanos de los países de ALC muestran una mayor confianza en la capacidad de sus gobiernos para gestionar reclamos (43%) que el promedio de la OCDE (39%). Del mismo modo, el 41% de la población encuestada cree que las instituciones públicas implementarían mejoras innovadoras en los servicios, comparado al promedio de la OCDE del 39%. Por el contrario, el 38% de los latinoamericanos confía en que las instituciones públicas utilicen sus datos personales de forma legítima, un porcentaje significativamente inferior al promedio de la OCDE, del 52%.

Los resultados del análisis econométrico (Anexo A) sugieren que cuando las personas perciben que los servicios mejoran tras los reclamos, es más probable que expresen una confianza alta o moderadamente alta en el gobierno local (2.4 puntos porcentuales) y en la administración pública (1.8 puntos porcentuales). Además, la percepción de que los organismos gubernamentales utilizarán los datos personales solo para fines legítimos se asocia con una mayor confianza para todas las instituciones bajo análisis, excepto el gobierno nacional. La asociación más significativa se da con el poder legislativo nacional (1.9 puntos porcentuales), seguida de la administración pública (1.8 puntos porcentuales) y los gobiernos locales (1.7 puntos porcentuales).

3.3.1. Los encuestados en América Latina y el Caribe consideran que los gobiernos son más receptivos a los reclamos e ideas innovadoras que sus pares de la OCDE

Las instituciones públicas que se proponen brindar políticas y servicios centrados en las personas son más exitosas cuando demuestran apertura a los insumos y retroalimentación del público. Según la Encuesta sobre Confianza de la OCDE, los encuestados en los países de ALC son ligeramente más optimistas sobre la capacidad de respuesta de las instituciones públicas que el promedio de la OCDE (Gráfico 3.11). La encuesta indica que el 43% de los ciudadanos de ALC cree que los servicios públicos mejorarían tras reclamos, frente al 39% en los países de la OCDE. Del mismo modo, el 41% de los latinoamericanos cree que se adoptarían ideas innovadoras para mejorar los servicios, una cifra ligeramente superior al promedio de la OCDE, que se sitúa en el 39%. A pesar de estas percepciones marginalmente mejores, los resultados muestran que aún menos de la mitad de los encuestados en ALC confían en la capacidad de respuesta de las instituciones públicas a la retroalimentación ciudadana.

Un análisis más detallado de los datos revela variaciones entre los distintos países de ALC. México (48%), Ecuador (48%) y Brasil (49%) muestran sistemáticamente una mayor confianza en la capacidad de sus gobiernos para responder a reclamos de manera efectiva, con porcentajes similares de encuestados que creen que se adoptarían ideas innovadoras (45%, 47% y 43% respectivamente). Por el contrario, Perú y Paraguay presentan niveles de confianza notablemente más bajos, ya que entre el 32% y el 35% de los encuestados se mostraron optimistas con respecto a ambas medidas, por debajo de los promedios de la OCDE. El resto de los países (Colombia, República Dominicana y Costa Rica) siguen patrones de respuesta consistentes en ambas preguntas, lo que sugiere una percepción pública relativamente estable de la capacidad de respuesta de los gobiernos.

Gráfico 3.11. En ALC los servicios públicos se perciben como más receptivos que en el promedio de la OCDE

Porcentaje de la población que considera probable que los servicios públicos mejoren tras reclamos o ante ideas innovadoras, 2023 o 2025

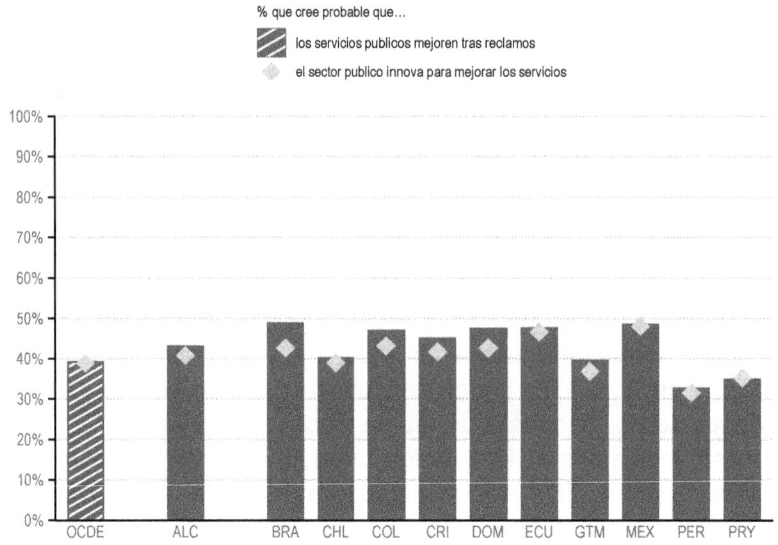

Nota: El gráfico muestra los porcentajes promedio de personas que responden que es «probable» (respuestas 6-10 en una escala de 0-10) a las preguntas «Si muchas personas se quejaran sobre un servicio público que funciona mal, en su opinión, ¿qué tan probable es que el servicio sea mejorado?» (azul) y «Si existiera una idea innovadora que permitiera mejorar la prestación de un servicio, en su opinión, ¿qué tan probable es que sea adoptada por la institución pública responsable?» (amarillo). «OCDE» presenta el promedio no ponderado de 30 países de la OCDE, incluidos los cuatro países de ALC, en 2023. «ALC» representa el promedio no ponderado de los diez países de ALC, obtenido en 2023 en el caso de los países de ALC de la OCDE, y en 2025 en los países de ALC que no son miembros de la OCDE.
Fuente: Encuesta sobre Confianza de la OCDE 2023, Encuesta sobre Confianza de la OCDE en ALC 2025.

StatLink https://stat.link/ytp8qe

Estas percepciones relativamente positivas respecto a la capacidad de respuesta y sensibilidad institucional son un aspecto positivo a destacar en la relación entre las instituciones públicas y las personas, una base sobre la cual los gobiernos pueden apoyarse para abordar las brechas de confianza. Asimismo, existen mayores oportunidades para transformar los servicios públicos con un enfoque centrado en las personas, mejorando las experiencias tanto físicas como digitales de los usuarios, y así trabajar sobre los puntos débiles identificados. Sin embargo, estas iniciativas corren el riesgo de perpetuar los problemas estructurales existentes y, potencialmente, ampliar las brechas de satisfacción y confianza en lugar de acotarlas, si durante su implementación no se comprenden adecuadamente las necesidades de los usuarios. Las experiencias de diseño de servicios centrados en el usuario en Brasil (como ser las ventanillas únicas creadas en São Paulo – a nivel subnacional- como parte de la reforma de *Poupatempo*), así como la creación de los Consejos de Usuarios (OECD, 2023[16]) podrían ser ejemplos de relevancia para fortalecer un enfoque centrado en las personas en la región.

3.3.2. En un contexto de transformación digital del sector público, gran parte de la población está preocupada respecto a la protección de datos

Los gobiernos de América Latina y el Caribe han estado trabajando activamente en la transformación digital del sector público para mejorar la prestación de servicios e impulsar la innovación. El Índice de Gobierno Digital (DGI) de 2023 para ALC revela diversos grados de progreso en la región (OECD/IADB,

2024[19]). Considerando los diez países que abarca este informe, Colombia, Perú, Brasil y México fueron los que presentaron mejores resultados, al alcanzar valores similares o ligeramente superiores al promedio de la OCDE. Estos países tuvieron un desempeño consistente en las seis dimensiones[9] del índice, dando cuenta de una implementación coherente y comprensiva de sus políticas de gobierno digital. Sin embargo, el promedio regional revela avances desiguales, con seis países que obtuvieron puntuaciones en la mitad inferior del índice (<0,5). Las iniciativas de gobierno digital son especialmente importantes para la región, ya que tratan de responder mejor a las necesidades de las personas y facilitar las interacciones entre los ciudadanos y los organismos públicos.

Gráfico 3.12. Índice de gobierno digital de la OCDE y el BID de 2023, resultados compuestos por país

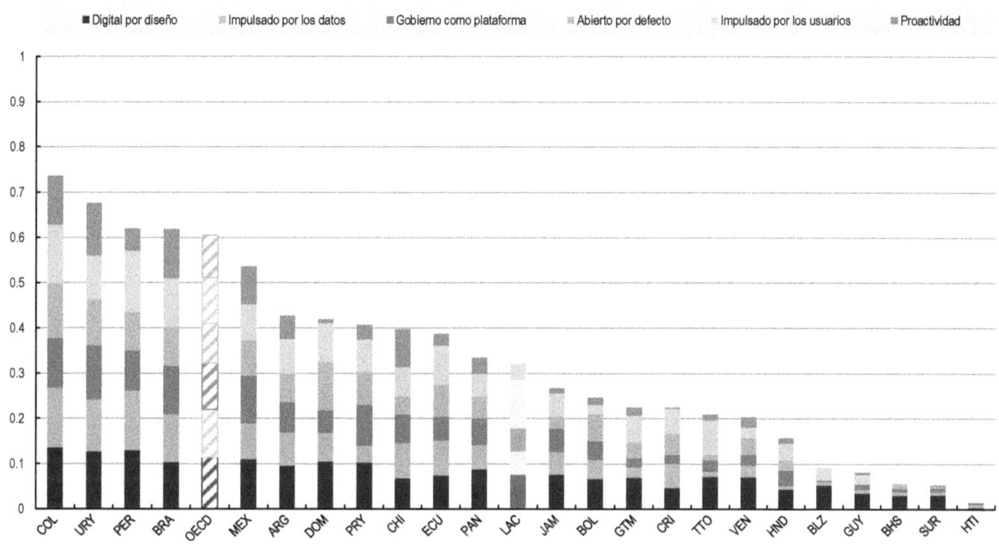

Nota: El período de recolección de datos para la edición de 2023 del IGD de ALC tuvo lugar entre el 1 de enero de 2020 y el 31 de octubre de 2022.
Fuente: Encuesta de la OCDE sobre Gobierno Digital 2.0.

El Índice de Gobierno Digital también sugiere que los países de ALC están avanzando en el uso de los datos como activo estratégico para mejorar la prestación de servicios públicos y fomentar la toma de decisiones (OECD/IADB, 2024[19]). Sin embargo, en comparación con los países de la OCDE, los países de la región aún tienen un amplio margen de mejora. Aunque casi la mitad de los países analizados han implementado sistemas de interoperabilidad, una parte significativa de las organizaciones del sector público no se ha integrado a estas plataformas y solo una pequeña parte intercambia datos de todas las categorías evaluadas. Los mecanismos de protección de datos también se consideran insuficientes, ya que solo una minoría de países establece autoridades centrales de protección de datos y muy pocos cuentan con mecanismos para ejercer los derechos de datos.

La Encuesta sobre Confianza de la OCDE en ALC muestra niveles significativamente más bajos de confianza en el uso legítimo de los datos personales por parte de las instituciones gubernamentales, comparado al promedio de la OCDE. Mientras que el 52% de los encuestados de los países de la OCDE confía en que las instituciones públicas solo utilizarán sus datos personales para fines legítimos, el promedio de América Latina y el Caribe se sitúa en el 38% (Gráfico 3.13). Este escepticismo generalizado está en consonancia con las puntuaciones relativas a los mecanismos de protección de datos del Índice de Gobierno Digital en la región. Asimismo, destaca la necesidad crítica de que los gobiernos de ALC refuercen sus marcos de gobernanza de datos, mejoren la transparencia en el uso de los datos e implementen salvaguardias sólidas para proteger la información personal. El proyecto de ley sobre protección de datos personales aprobado recientemente por Chile, cuyo objetivo es abordar algunas de estas cuestiones, entrará en vigor en septiembre de 2026 y podría servir como ejemplo interesante en la región (OECD, 2024[10]). Dado que las personas que creen probable que sus datos solo se utilicen para fines legítimos son más propensas a confiar en todas las instituciones públicas, excepto en el gobierno nacional, invertir en iniciativas en esta área puede generar un aumento de la confianza.

Gráfico 3.13. En un contexto de transformación digital, una minoría de ciudadanos de ALC confía en que el gobierno utilizará sus datos solo con fines legítimos

Proporción de encuestados que consideran probable o improbable que el gobierno use sus datos personales solo con fines legítimos

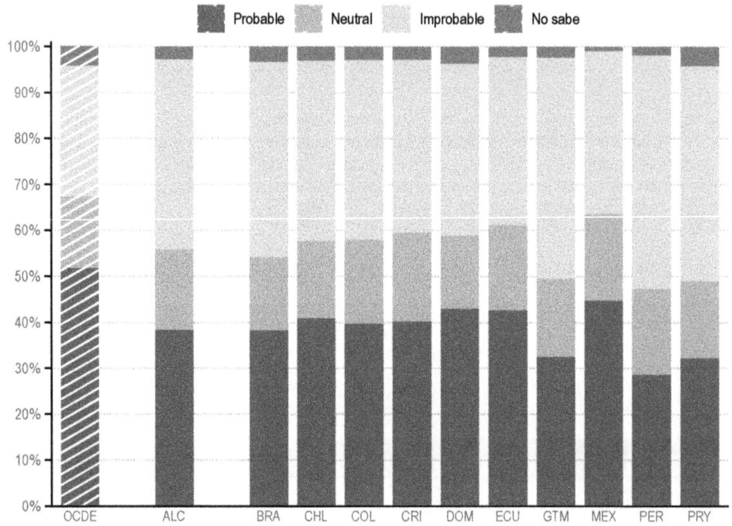

Nota: El gráfico muestra las distribuciones en cada país de las respuestas a la pregunta «Si usted entregara información personal a una institución pública, en su opinión, ¿qué tan probable es que se utilice exclusivamente para fines legítimos?». La proporción «probable» es la agregación de las respuestas de 6 a 10 en la escala; «neutral» es igual a una respuesta de 5; «improbable» es la agregación de las respuestas de 0 a 4; y «No sé» es una opción de respuesta aparte. «OCDE» presenta el promedio no ponderado de 30 países de la OCDE, incluidos los cuatro países de ALC, en 2023. «ALC» representa el promedio no ponderado de los diez países de ALC, obtenido en 2023 en el caso de los países de ALC de la OCDE, y en 2025 en los países de ALC que no son miembros de la OCDE.
Fuente: Encuesta sobre Confianza de la OCDE 2023, Encuesta sobre Confianza de la OCDE en ALC 2025.

StatLink https://stat.link/ur4qtd

La transformación digital de los servicios públicos también plantea importantes desafíos. A medida que aumenta el número de servicios en línea, resulta cada vez más costoso ofrecer alternativas por fuera del entorno digital, lo que podría perjudicar a quienes no tengan acceso a Internet o competencias digitales (OECD, 2024[20]; OECD, 2024[21]). En 2022, solo un 67% de los hogares de ALC[10] contaba con acceso a Internet en sus hogares, comparado al 91% en los países de la OCDE, y presentando fuertes disparidades entre los distintos niveles de ingresos y de urbanización (UNDP, 2024[22]). Esto puede afectar directamente la accesibilidad de los servicios: el 27% de los usuarios recientes de un servicio administrativo en ALC afirman estar insatisfechos con su capacidad para acceder a los servicios administrativos a través de sus canales preferidos, una cifra superior al promedio de la OCDE del 21% (Gráfico 3.7). Esto refuerza la necesidad de contar con "resguardos" o mecanismos de apoyo por parte de los funcionarios públicos para acompañar a los usuarios de servicios en situación de vulnerabilidad durante la transición digital del gobierno (OECD, 2024[21]).

Bibliografía

Bland, G. et al. (2021), "Public Services, Geography, and Citizen Perceptions of Government in Latin America", *Political Behavior*, Vol. 45/1, pp. 125-152, https://doi.org/10.1007/s11109-021-09691-0. [11]

Fernández, R. et al. (2025), "Education inequalities in Latin America and the Caribbean", *Oxford Open Economics*, Vol. 4/Supplement_1, pp. i55-i76, https://doi.org/10.1093/OOEC/ODAE013. [13]

IADB (2023), *COVID-19 learning losses in Latin America: it might not be a catastrophe*, https://blogs.iadb.org/educacion/en/learning-losses-covid-19/ (accessed on 19 September 2025). [6]

Inter American Development Bank; World Bank (2024), "Learning can't Wait: Lessons for Latin America and the Caribbean from PISA 2022", https://doi.org/10.18235/0005671. [7]

Nolan-Flecha, N. (2019), "Next generation diversity and inclusion policies in the public service: Ensuring public services reflect the societies they serve", *OECD Working Papers on Public Governance*, No. 34, OECD Publishing, Paris, https://doi.org/10.1787/51691451-en. [23]

OECD (2025), *Government at a Glance 2025*, OECD Publishing, Paris, https://doi.org/10.1787/0efd0bcd-en. [2]

OECD (2024), *Drivers of Trust in Public Institutions in Chile*, Building Trust in Public Institutions, OECD Publishing, Paris, https://doi.org/10.1787/0eb6341f-en. [10]

OECD (2024), *Government at a Glance: Latin America and the Caribbean 2024*, OECD Publishing, Paris, https://doi.org/10.1787/4abdba16-en. [1]

OECD (2024), *Government at a Glance: Latin America and the Caribbean 2024*, OECD Publishing, Paris, https://doi.org/10.1787/4abdba16-en. [24]

OECD (2024), *Modernising Access to Social Protection: Strategies, Technologies and Data Advances in OECD Countries*, OECD Publishing, https://doi.org/10.1787/af31746d-en. [21]

OECD (2024), *OECD Digital Economy Outlook 2024 (Volume 1): Embracing the Technology Frontier*, OECD Publishing, Paris, https://doi.org/10.1787/a1689dc5-en. [20]

OECD (2024), *OECD Survey on Drivers of Trust in Public Institutions – 2024 Results: Building Trust in a Complex Policy Environment*, OECD Publishing, Paris, https://doi.org/10.1787/9a20554b-en. [17]

OECD (2023), *Drivers of Trust in Public Institutions in Brazil*, Building Trust in Public Institutions, OECD Publishing, Paris, https://doi.org/10.1787/fb0e1896-en. [16]

OECD (2023), *Government at a Glance 2023*, OECD Publishing, Paris, https://doi.org/10.1787/3d5c5d31-en. [12]

OECD (2023), *Health at a Glance 2023: OECD Indicators*, OECD Publishing, Paris, https://doi.org/10.1787/7a7afb35-en. [9]

OECD (2022), *OECD Integrity Review of Costa Rica: Safeguarding Democratic Achievements*, OECD Public Governance Reviews, OECD Publishing, Paris, https://doi.org/10.1787/0031e3b3-en. [25]

OECD (2021), *Building Trust to Reinforce Democracy : Main Findings from the 2021 OECD Survey on Drivers of Trust in Public Institutions | OECD iLibrary*, https://www.oecd-ilibrary.org/sites/b407f99c-en/1/3/4/index.html?itemId=/content/publication/b407f99c-en&_csp_=c12e05718c887e57d9519eb8c987718b&itemIGO=oecd&itemContentType=book (accessed on 27 February 2023). [18]

OECD et al. (2024), *Latin American Economic Outlook 2024: Financing Sustainable Development*, OECD Publishing, Paris, https://doi.org/10.1787/c437947f-en. [4]

OECD/IADB (2024), "2023 OECD/IDB Digital Government Index of Latin America and the Caribbean: Results and Key Findings", https://doi.org/10.18235/0013319. [19]

OECD/The World Bank (2023), *Health at a Glance: Latin America and the Caribbean 2023*, OECD Publishing, Paris, https://doi.org/10.1787/532b0e2d-en. [8]

OECD/The World Bank (2023), *Health at a Glance: Latin America and the Caribbean 2023*, OECD Publishing, Paris, https://doi.org/10.1787/532b0e2d-en. [14]

UNDP (2024), *Missed Connections: An incomplete digital revolution in Latin America and the Caribbean | United Nations Development Programme*, https://www.undp.org/latin-america/blog/missed-connections-incomplete-digital-revolution-latin-america-and-caribbean-0 (accessed on 22 July 2025). [22]

UNESCO (2024), *Government expenditure on education, total (% of GDP)*, UNESCO Institute for Statistics (UIS),, https://data.worldbank.org/indicator/SE.XPD.TOTL.GD.ZS. [3]

WHO (2018), *Health financing*, https://www.who.int/health-topics/health-financing#tab=tab_1 (accessed on 20 July 2025). [15]

World Bank (2023), *World Bank Indicators (database)*, https://data.worldbank.org/indicator. [5]

Notas

[1] Este dato se basa en la pregunta «En una escala de 0 a 10, ¿qué tan importante es que en [PAIS] se prioricen los siguientes temas?». Las otras opciones de respuesta fueron ofrecer igualdad de oportunidades para todos/as, ayudar a los/las trabajadores/as en su adaptación a la automatización, digitalización y las nuevas tecnologías, reducir los gases de efecto invernadero, reducir la deuda pública, crear condiciones para que las empresas prosperen, manejar la migración, combatir el crimen e inseguridad.

[2] La Encuesta Mundial de Gallup también recopila información sobre la confianza de los encuestados en diversas instituciones. Sin embargo, la diferencia clave entre la Encuesta Mundial de Gallup y la Encuesta sobre Confianza de la OCDE radica en su alcance. Comparada con la Encuesta Mundial de Gallup, la Encuesta sobre confianza de la OCDE es más comprensiva, ya que no solo mide los niveles de confianza en las instituciones públicas y la satisfacción con determinados servicios públicos, sino que también explora con mayor detalle los factores que determinan esta confianza. El cuestionario examina las experiencias y expectativas de las personas con respecto a las competencias de los gobiernos (confiabilidad y capacidad de respuesta), su capacidad para abordar los desafíos globales y sus valores (apertura, integridad y equidad). Se espera que todos estos aspectos influyan en la configuración de la confianza en las instituciones.

[3] «ALC» incluye a Brasil, Chile, Colombia, Costa Rica, República Dominicana, Guatemala, México, Paraguay y Perú. No se dispone de datos para Ecuador.

[4] «ALC» incluye a Brasil, Chile, Colombia, Costa Rica, República Dominicana, Guatemala, México, Paraguay y Perú. No se dispone de datos para Ecuador.

[5]«ALC» incluye Brasil, Chile, Colombia, Costa Rica, República Dominicana, Guatemala, México, Paraguay y Perú. No se dispone de datos de Ecuador

[6] Cabe señalar que los datos sobre satisfacción con los sistemas de salud se han visto influidos por la pandemia, y es posible que 2022 haya también sido un año atípico.

[7] PISA 2022 incluye a Argentina, Brasil, Chile, Colombia, Costa Rica, El Salvador, Guatemala, Jamaica, México, Panamá, Paraguay, Perú, República Dominicana y Uruguay.

[8] Estos resultados se basan en encuestas específicas nacionales sobre los ingresos y los gastos médicos directos recabados entre 2014 y 2020. La línea de pobreza se define en base a la línea de pobreza más elevada de 1,90 USD (PPA de 2011) y el 60% de la línea de pobreza de consumo medio (%).

[9] Estas seis dimensiones principales que caracterizan a un gobierno completamente digital son: digital por diseño, sector público impulsado por los datos, gobierno como plataforma, abierto por defecto, impulsado por los usuarios y proactividad.

[10] «ALC» incluye a Antigua y Barbuda, Argentina, Belice, Bolivia, Brasil, Chile, Colombia, Costa Rica, Dominica, Ecuador, El Salvador, Guatemala, Guyana, Haití, Honduras, Jamaica, México, Nicaragua, Panamá, Paraguay, Perú, República Dominicana, Santa Lucía y Uruguay.

4 La confianza en el gobierno respecto a cuestiones políticas complejas

Las percepciones y evaluaciones de las instituciones públicas están parcialmente formadas por la manera en que los gobiernos planifican y gestionan los desafíos complejos y de largo plazo. Este capítulo explora las percepciones ciudadanas sobre las competencias y los valores del gobierno en relación con la toma de decisiones complejas. Analiza cómo las personas evalúan la fiabilidad de los gobiernos a la luz de desafíos actuales y futuros, tales como regular las nuevas tecnologías para ayudar al público a usarlas de manera responsable, estar preparados para emergencias, o reducir las emisiones de gases de efecto invernadero. También examina el grado en que las personas creen que estas decisiones son tomadas con integridad, en interés del público, y si están sujetas a controles y contrapesos institucionales. Por último, el capítulo presenta cómo participan los latinoamericanos en actividades políticas, en qué medida creen que pueden influir en la formulación de políticas y sus expectativas respecto a la apertura y capacidad de respuesta de los gobiernos ante los aportes del público.

Principales hallazgos

- **Las percepciones sobre la toma de decisiones sobre cuestiones políticas complejas desempeñan un papel decisivo en la configuración de la confianza**, en especial para el gobierno nacional, pero también para la administración pública. Las personas que creen que el gobierno equilibra adecuadamente intereses intergeneracionales, toma decisiones basadas en la mejor evidencia disponible y rinde cuentas ante las legislaturas son más proclives a expresar una confianza alta o moderadamente alta en el gobierno nacional y la administración pública.
- **Una estrecha mayoría confía en la capacidad de los gobiernos para abordar problemas políticos de largo plazo,** como reducir las emisiones de gases de efecto invernadero (52%) y cooperar con otras partes interesadas (51%), **pero hay un mayor escepticismo respecto a su preparación ante emergencias.** Solo el 40% de los encuestados cree que sus gobiernos están preparados para proteger vidas en caso de emergencias a gran escala. Las percepciones positivas sobre la preparación ante emergencias y la competencia en políticas de largo plazo están fuertemente asociadas con una mayor confianza en las instituciones.
- **Las proporciones de latinoamericanos que creen que las decisiones reflejan el interés público y se toman libres de la interferencia de intereses especiales son menores.** El 37% cree que intereses especiales sesgan las políticas públicas respecto del interés público, el 36% confía en que las legislaturas hagan rendir cuentas a los gobiernos y solo el 31% cree probable que los tribunales actúen independientes de influencias políticas.
- **La gente se siente capaz de participar y participa en política, pero no cree que sus voces sean escuchadas**. Mientras que el 51% de los encuestados se siente capaz de participar en política, solo el 25% cree que personas como ellos tienen voz y pueden influir en las decisiones de gobierno. Esta discrepancia corre el riesgo de alimentar el cinismo y la apatía, mientras que sentirse escuchado se correlaciona con la confianza en las instituciones a nivel nacional.
- **La relación entre las percepciones sobre la toma de decisiones de cuestiones políticas complejas y la confianza es en gran medida consistente en ALC y los países de la OCDE, con dos salvedades.** La asociación entre estos determinantes en materia de gobernanza pública y la confianza en la administración pública es más significativa para los países de ALC que para los de la OCDE. A su vez, aunque la asociación entre las percepciones de voz política y la confianza es similar en ALC y la OCDE en lo que respecta a la administración pública y las legislaturas, su impacto es menos significativo en la región, en lo que respecta al gobierno nacional.

¿Cómo pueden las instituciones públicas mejorar y fortalecer la confianza?

- **Continuar invirtiendo en la capacidad de los gobiernos para afrontar desafíos complejos para aumentar la confianza, en particular en el gobierno nacional**, a través de promover la formulación de políticas inclusivas y consensuadas y garantizar que estas iniciativas alcancen a los grupos vulnerables. Del mismo modo, para mejorar las percepciones sobre la capacidad de los gobiernos de regular las nuevas tecnologías de tal manera que ayude al público a utilizarlas de manera responsable, los gobiernos podrían fortalecer sus estrategias nacionales de gobierno digital, priorizando los esfuerzos que promuevan un enfoque de transformación digital inclusivo y centrado en los usuarios (OECD/CAF, 2024[1]), así como reforzando el compromiso de utilizar la inteligencia artificial de forma fiable (OECD, 2025[2]).
- **Fortalecer las iniciativas que promuevan la integridad pública**. Los gobiernos podrían **mejorar y desarrollar marcos regulatorios integrales** que resguarden las políticas públicas de los intereses especiales, en particular en relación al cabildeo y la gestión de conflictos de

intereses, así como garantizar su implementación efectiva. También podrían redoblar esfuerzos para mejorar sus marcos estratégicos de integridad y garantizar que los funcionarios públicos se comprometan a defender el interés público.

- **Impulsar mejoras en la capacidad de respuesta de las instituciones públicas y la participación significativa**. Aunque mucha gente en la región se siente capaz de participar en la política y lo hace, pocos creen que pueden realmente influir en la formulación de políticas. Los gobiernos podrían comunicar mejor cómo se utilizan los insumos del público, ampliar la adopción de **métodos participativos que sean significativos** y potenciar sus esfuerzos en programas de educación cívica.
- **Aumentar los esfuerzos para resguardar la rendición de cuentas,** fortaleciendo la independencia de los poderes legislativo y judicial para robustecer la rendición de cuentas democrática y restaurar la confianza en las instituciones.

Las expectativas, percepciones y la relación de las personas con las instituciones públicas no solo dependen de sus interacciones cotidianas, sino también de la forma en que los gobiernos enfrentan los desafíos políticos complejos. Esto incluye definir las agendas de políticas y liderar los procesos de toma de decisiones que abordan los principales desafíos sociales. En un contexto marcado por profundas transformaciones, como ser el envejecimiento de la población y la transición digital, las instituciones públicas deben responder con rapidez y a gran escala. Además, en las democracias, la gente espera que las instituciones representativas mantengan frenos y contrapesos, aseguren una participación pública significativa y respeten los derechos fundamentales.

Los resultados de la Encuesta de Confianza de la OCDE en ALC indican que muchos latinoamericanos expresan un optimismo relativo en cuanto a la capacidad de sus gobiernos para hacer frente a desafíos complejos y responder a las preferencias ciudadanas sobre cuestiones políticas clave.[1] Estas percepciones moderadamente positivas, que en algunos casos son más positivas que los promedios de la OCDE, pueden ofrecer una base para construir una agenda de confianza en el gobierno nacional y la administración pública en la región. A la actualidad, las percepciones de que las políticas consideran las diversas necesidades intergeneracionales y se basan en la mejor evidencia disponible, son los principales determinantes de confianza en los gobiernos nacionales. También son importantes determinantes de la confianza en el gobierno local, la administración pública y las legislaturas nacionales.

Sin embargo, en lo que hace a preocupaciones más inmediatas, las percepciones públicas son menos optimistas. Los latinoamericanos son bastante más escépticos respecto a la preparación de sus gobiernos en caso de emergencias y sobre su capacidad para regular las nuevas tecnologías de manera tal que se ayude a ciudadanos y empresas a utilizarlas de manera responsable. Estas inquietudes, que potencialmente contribuyen a reducir los niveles de confianza en el gobierno nacional, pueden estar vinculadas a experiencias recientes, como ser la gestión y las secuelas de la pandemia del COVID-19, así como de múltiples desastres naturales. Además, las persistentes preocupaciones por la falta de integridad y equidad, tanto entre los altos funcionarios políticos como en los procesos de formulación de políticas, incrementan las dudas sobre la capacidad de los gobiernos para tomar decisiones competentes y éticas.

Por último, en la región también hay preocupaciones generalizadas respecto a la insuficiencia de mecanismos de control y contrapesos institucionales, así como de oportunidades para hacer valer las opiniones de la gente. Solo alrededor de un tercio de los encuestados en los países de ALC (similar al promedio de la OCDE) creen que las legislaturas nacionales hacen rendir cuentas a los gobiernos de manera efectiva, y solo un cuarto piensa que gente como ellos tienen una voz significativa en lo que hace el gobierno. Para restablecer la confianza, los gobiernos deberían entonces reflexionar sobre cómo se pueden mejorar las percepciones de voz política.

4.1. Se percibe que los gobiernos son capaces de enfrentar desafíos complejos, pero que están menos preparados para responder ante emergencias

Los resultados de la Encuesta sobre Confianza de la OCDE sugieren que existe un panorama dispar en cuanto a las percepciones de los latinoamericanos sobre la fiabilidad de los gobiernos y su capacidad para afrontar desafíos complejos. En promedio, las personas expresan una mayor confianza en la preparación de sus gobiernos para abordar ciertos desafíos de largo plazo y menor confianza en su capacidad para responder a emergencias o regular nuevas tecnologías (como la IA o las aplicaciones digitales) para apoyar a las empresas y a ciudadanos a usarlas de manera responsable.

Las percepciones sobre la preparación de las instituciones gubernamentales para proteger vidas y su capacidad para abordar desafíos complejos son importantes determinantes de la confianza. En particular, las percepciones positivas sobre la preparación para emergencias son uno de los tres determinantes más significativos de la confianza en el gobierno local (asociado a un aumento de 3.6 puntos porcentuales en la probabilidad de expresar confianza alta o moderadamente alta, manteniendo constantes otras variables). También se asocia con la confianza en la administración pública (2.4 puntos porcentuales), el gobierno nacional y las legislaturas (2 puntos porcentuales).

Además, los resultados del análisis econométrico muestran que las percepciones positivas sobre la capacidad de los gobiernos para equilibrar intereses intergeneracionales de manera adecuada es el principal determinante de la confianza en el gobierno nacional (7.5 puntos porcentuales) y también se asocia a una mayor confianza en la administración pública (2.9 puntos porcentuales) y en las legislaturas (2.6 puntos porcentuales). En este sentido, estas son áreas críticas en las que los gobiernos de la región deberían invertir, no solo para reforzar la resiliencia frente a los riesgos actuales y futuros, pero también para fortalecer la confianza pública.

4.1.1. Muchos latinoamericanos expresan preocupaciones respecto a la fiabilidad de las instituciones públicas para responder ante emergencias o adaptarse a las nuevas tecnologías

Pese a aún encontrarse en estadios iniciales, los países de América Latina y el Caribe han avanzado en la institucionalización de unidades de prospectiva y en la adopción de la planificación estratégica a largo plazo. Varios países de la región han creado unidades o divisiones de prospección específicas, como la Oficina de Planificación y Presupuesto (OPP) de Uruguay o el Centro Nacional de Planificación Estratégica (CEPLAN) de Perú. Sin embargo, la región aún enfrenta el desafío de garantizar la estabilidad a largo plazo, la continuidad institucional e integrar estos elementos de prospectiva en los procesos de formulación de políticas (ECLAC, 2021[3]).

En promedio, el 40% de los encuestados de los países de ALC cree que las instituciones públicas estarían preparadas para proteger vidas en caso de emergencias, mientras que un porcentaje similar (43%) cree que no lo estarían (Gráfico 4.1.). Estos resultados contrastan con los de los países de la OCDE, donde una mayoría del 53% cree que las instituciones de gobierno estarían preparadas para responder eficazmente ante emergencias.

Gráfico 4.1. Proporciones casi similares de latinoamericanos creen que sus gobiernos estarían y no estarían preparados para proteger vidas en caso de una emergencia

Porcentaje de la población que considera probable o improbable que las instituciones públicas estén preparadas para proteger la vida de las personas en caso de una emergencia a gran escala, 2023 o 2025

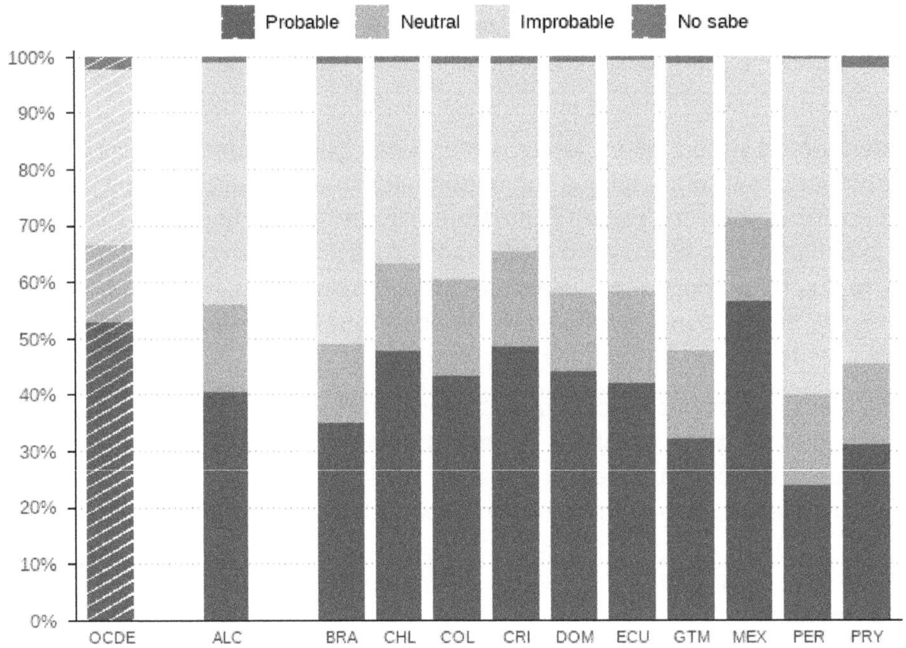

Nota: El gráfico muestra las distribuciones en cada país de las respuestas a la pregunta «Si se produjera una emergencia a gran escala, en su opinión, ¿qué tan probable es que las instituciones públicas estén preparadas para proteger las vidas de las personas?». La proporción «probable» es la agregación de las respuestas de 6 a 10 en la escala; «neutral» es igual a una respuesta de 5; «improbable» es la agregación de las respuestas de 0 a 4; y «No sé» es una opción de respuesta aparte. «OCDE» presenta el promedio no ponderado de 30 países de la OCDE, incluidos los cuatro países de ALC, en 2023. «ALC» representa el promedio no ponderado de los diez países de ALC, obtenido en 2023 en el caso de los países de ALC de la OCDE, y en 2025 en los países de ALC que no son miembros de la OCDE.
Fuente: Encuesta sobre Confianza de la OCDE 2023, Encuesta sobre Confianza de la OCDE en ALC 2025.

StatLink https://stat.link/n3ostu

Las diferencias en estas percepciones entre los países son grandes. En México, Chile y Costa Rica, alrededor de la mitad de la población cree probable que las instituciones estén preparadas para proteger las vidas de las personas, mientras que, en Perú o Paraguay, estos porcentajes son del 24% y 31%, respectivamente. Tanto estas diferencias entre los países, así como los resultados comparados con los de la OCDE, podrían estar relacionados con la vulnerabilidad a las catástrofes y los riesgos ambientales (Cabral-Ramírez, Niño-Barrero and DiBella, 2025[4]; OECD, 2024[5]) y las condiciones económicas. En particular, en los países donde el PIB per cápita es más bajo, las crisis pueden ser más duras, hay menos recursos disponibles para abordarlas, y otros desafíos preexistentes podrían hacer que las personas sean más vulnerables que sus pares en los países de ingresos más altos. A su vez, el análisis de las respuestas según los grupos de población *dentro de los* países revela que las personas que reportan inseguridad económica son 16 puntos porcentuales menos proclives a creer que sus gobiernos protegerían sus vidas en caso de una emergencia a gran escala.

Más allá de las preocupaciones sobre la preparación de los gobiernos para afrontar crisis y emergencias, muchas personas en ALC también parecen estar preocupadas respecto a cómo los gobiernos están manejando varios aspectos de la transición digital.

Varios países de la región han adoptado estrategias e iniciativas destinadas a reforzar la gobernanza digital, aunque sigue habiendo dificultades para lograr una transformación digital sostenible e integrada. Las expectativas públicas con respecto a la gobernanza de la tecnología son altas. En promedio, el 82% de los encuestados de la región cree que ayudar a los trabajadores a adaptarse a la automatización, la digitalización y las nuevas tecnologías debería ser una prioridad para los gobiernos, por encima del promedio de la OCDE del 77%.

Al mismo tiempo, solo el 42% de los encuestados en los países de ALC confía en la capacidad de los gobiernos para regular las nuevas tecnologías (como la inteligencia artificial o las aplicaciones digitales) de manera tal que se apoye a ciudadanos y empresas a utilizarlas de manera responsable. Esta proporción es muy similar al promedio de la OCDE (41%). Las proporciones a nivel nacional oscilan entre el 33% de Perú y el 53% de México (Gráfico 4.2.).

Gráfico 4.2. Aproximadamente un tercio duda que su gobierno regule las nuevas tecnologías de manera tal que apoye a las empresas y a las personas a utilizarlas responsablemente

Porcentaje de la población que considera probable o improbable que el gobierno regule las nuevas tecnologías adecuadamente y ayude a las empresas y a las personas a utilizarlas de forma responsable, 2023 o 2025

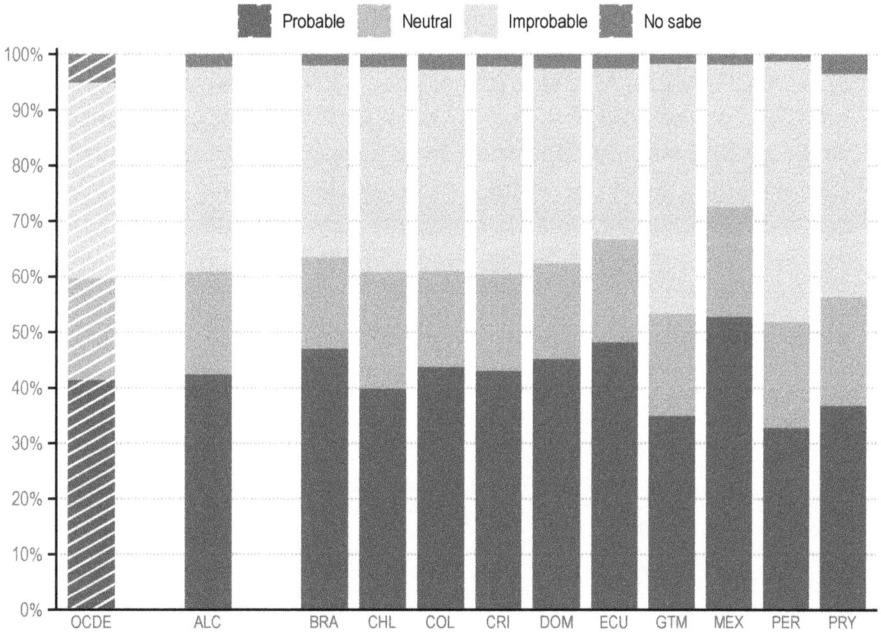

Nota: El gráfico muestra las distribuciones en cada país de las respuestas a la pregunta «Si se dispusiera de nuevas tecnologías, (por ejemplo, inteligencia artificial o aplicaciones digitales), en su opinión, ¿qué tan probable es que el gobierno las regule adecuadamente y ayude a las empresas y a la ciudadanía a utilizarlas de forma responsable?». La proporción «probable» es la agregación de las respuestas de 6 a 10 en la escala; «neutral» es igual a una respuesta de 5; «improbable» es la agregación de las respuestas de 0 a 4; y «No sé» es una opción de respuesta aparte. «OCDE» presenta el promedio no ponderado de 30 países de la OCDE, incluidos los cuatro países de ALC, en 2023. «ALC» representa el promedio no ponderado de los diez países de ALC, obtenido en 2023 en el caso de los países de ALC de la OCDE, y en 2025 en los países de ALC que no son miembros de la OCDE.
Fuente: Encuesta sobre Confianza de la OCDE 2023, Encuesta sobre Confianza de la OCDE en ALC 2025.

StatLink https://stat.link/ldo2qh

4.1.2. Sin embargo, la mitad de los latinoamericanos son optimistas sobre la capacidad de sus gobiernos para afrontar desafíos de largo plazo con compromisos intergeneracionales

La complejidad e incertidumbre en torno a los problemas de política de largo plazo, como las cuestiones ambientales o el equilibrio entre las necesidades de las generaciones presentes y futuras, los hacen especialmente difíciles de abordar para los gobiernos.

En 2024, América Latina y el Caribe se enfrentó a una serie de desastres ambientales sin precedentes (OECD, 2024[5]) y con repercusiones de gran alcance. Entre ellos se incluyen la peor sequía de Ecuador en 60 años, las graves inundaciones en Porto Alegre o los devastadores incendios forestales en el Amazonas y Valparaíso, entre otros. Al mismo tiempo, los países de la región han invertido cada vez más en iniciativas específicas y estrategias de adaptación a los cambios climáticos y de temperatura a largo plazo (Carter, Tye and Aguilar, 2022[6]; OECD, 2023[7]; OECD, 2024[8]), lo que parece estar dando sus frutos.

De hecho, los resultados de la Encuesta sobre Confianza sugieren que muchas personas en la región confían en la capacidad de sus gobiernos para gestionar desafíos de política complejos e intergeneracionales. En promedio, el 52% de los encuestados en los países de ALC cree que su país logrará reducir las emisiones de gases de efecto invernadero en los próximos diez años. Del mismo modo, casi la mitad (46%) manifiesta confiar en que su gobierno conseguirá equilibrar adecuadamente los intereses de las generaciones actuales y futuras, el principal determinante de confianza en el gobierno nacional para ALC y la OCDE (Anexo A). Estos porcentajes son notablemente superiores a los reportados en los países de la OCDE, donde solo el 42% y 37% de los encuestados, respectivamente, comparten dicho optimismo (Gráfico 4.3). Estas percepciones en la mayoría de los países de ALC (a excepción de Brasil y Costa Rica) son más positivas entre los encuestados más jóvenes. La brecha etaria es especialmente relevante en Guatemala, México, Paraguay y Perú (véase el Gráfico 2.8 en el capítulo 2).

Gráfico 4.3. Muchos latinoamericanos confían en la capacidad de sus gobiernos para hacer frente a desafíos políticos complejos

Porcentaje de la población que afirma confiar en la capacidad de las instituciones públicas para alcanzar los objetivos de política, 2023 o 2025

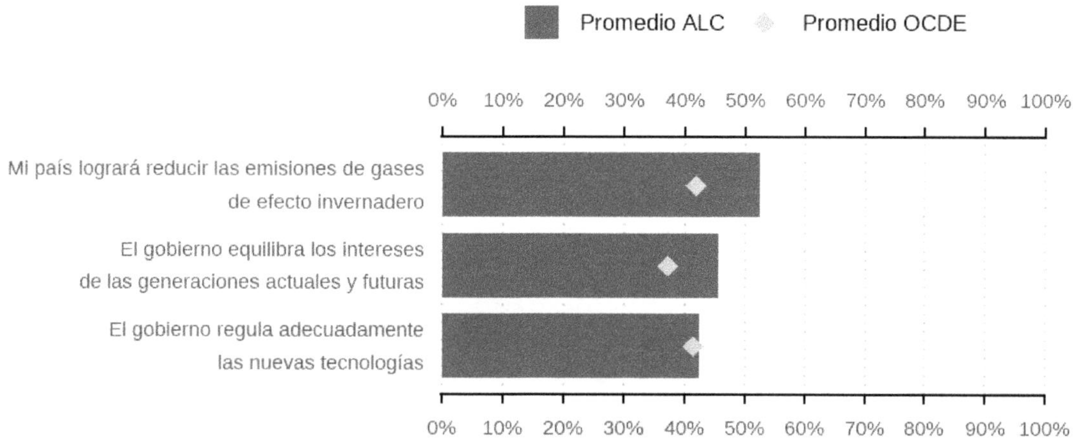

Nota: El gráfico muestra los promedios de distribuciones de cada país de las respuestas a las siguientes preguntas: 1 «En una escala de 0 a 10, ¿cuánto confía usted en que [PAIS] logre reducir en los próximos 10 años las emisiones de gases de efecto invernadero?»; 2. «En una escala de 0 a 10, ¿cuánto confía en que el gobierno equilibre adecuadamente los intereses de las generaciones actuales y futuras?», y 3.«Si se dispusiera de nuevas tecnologías, (por ejemplo, inteligencia artificial o aplicaciones digitales), en su opinión, ¿qué tan probable es que el gobierno las regule adecuadamente y ayude a las empresas y a la ciudadanía a utilizarlas de forma responsable?». La proporción «probable» es la agregación de las respuestas de 6 a 10 en la escala; «neutral» es igual a una respuesta de 5; «improbable» es la agregación de las respuestas de 0 a 4; y «No sé» es una opción de respuesta aparte. «OCDE» presenta el promedio no ponderado de 30 países de la OCDE, incluidos los cuatro países de ALC, en 2023. «ALC» representa el promedio no ponderado de los diez países de ALC, obtenido en 2023 en el caso de los países de ALC de la OCDE, y en 2025 en los países de ALC que no son miembros de la OCDE.
Fuente: Encuesta sobre Confianza de la OCDE 2023, Encuesta sobre Confianza de la OCDE en ALC 2025.

StatLink https://stat.link/sr0uk3

Las percepciones positivas entre los encuestados de los países de ALC podrían estar vinculadas al hecho de que una mayoría (51%) expresa confianza en la capacidad de sus gobiernos para colaborar con otras partes interesadas en el país, como ser organizaciones del sector privado o los sindicatos, para abordar mejor los desafíos de largo plazo (Gráfico 4.4). Las políticas de Chile para mitigar los desafíos ambientales brindan un buen ejemplo de formulación de políticas que han incorporado de manera sistemática y promovido la colaboración entre múltiples actores. Por ejemplo, la promulgación de la Ley Marco de Cambio Climático ha sido resultado de la colaboración entre partidos y sectores, y destaca como un ejemplo valioso para la región (OECD, 2024[8]).[2]

Gráfico 4.4. Una estrecha mayoría confía en la capacidad de su gobierno para colaborar con otras partes interesadas al abordar desafíos complejos

Porcentaje de la población que afirma confiar en la capacidad de su gobierno para cooperar con otras partes interesadas y de reducir las emisiones de gases de efecto invernadero, 2023 o 2025

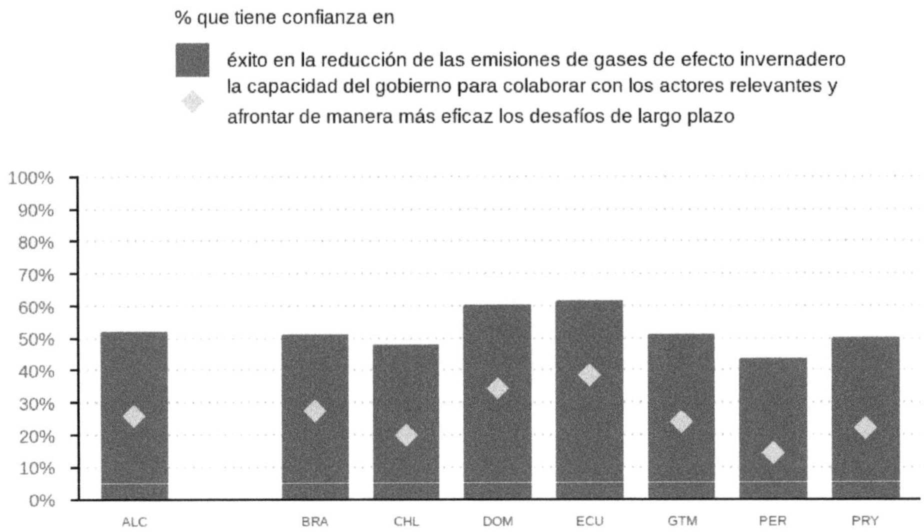

Nota: El gráfico muestra las distribuciones en cada país de las respuestas a las preguntas: «En una escala de 0 a 10, ¿cuánto confía usted en que [PAIS] logre reducir en los próximos 10 años las emisiones de gases de efecto invernadero?» y «En una escala de 0 a 10 ¿cuánto confía usted en la capacidad del gobierno para colaborar con otros actores del país (tales como empresas y sindicatos) con el fin de enfrentar los desafíos de largo plazo?». La proporción «probable» es la agregación de las respuestas de 6 a 10 en la escala; «neutral» es igual a una respuesta de 5; «improbable» es la agregación de las respuestas de 0 a 4; y «No sé» es una opción de respuesta aparte. «ALC» representa el promedio no ponderado de siete países de ALC, obtenido en 2023 para Chile, y en 2025 en los países de ALC que no son miembros de la OCDE. La pregunta sobre la capacidad de los gobiernos para colaborar no fue incluida en la Encuesta de la OCDE de 2023 (con excepción de Chile) pero se ha incluido en el cuestionario de 2025.
Fuente: Encuesta sobre Confianza de la OCDE 2023, Encuesta sobre Confianza de la OCDE en ALC 2025.

StatLink https://stat.link/wpvubm

4.2. Las preocupaciones sobre la voz política y la rendición de cuentas son comunes en América Latina y el Caribe

Los valores y principios que guían las acciones gubernamentales y los procesos de formulación de políticas son tan importantes para la confianza pública como los propios resultados (Brezzi et al., 2021[9]; Van de Walle and Migchelbrink, 2020[10]). Una gobernanza inclusiva, justa y accesible fomenta la cooperación, el respeto mutuo y el sentido de dignidad, al tiempo que refuerza la confianza de las personas en los funcionarios y las instituciones públicas. Sin embargo, en los países de ALC, al igual que en muchos países de la OCDE, la gente cree más probable que los gobiernos promuevan políticas que beneficien a los intereses privados a expensas del interés público (Grafico 4.5), socavando la confianza. Al mismo tiempo, si bien la mayoría de los latinoamericanos (51%) confía en su propia capacidad para participar en política, una proporción aún mayor (58%) cree que tiene poca o ninguna influencia en lo que hace el gobierno, independientemente de su participación. Esta brecha puede alimentar el cinismo y la apatía política.

Los ciudadanos de los países de ALC tienden a considerar que sus gobiernos son ligeramente más receptivos a sus preferencias que el promedio de los encuestados en los países de la OCDE, aunque de todos modos hay bastante escepticismo. Muchos de los encuestados se preguntan si sus gobiernos tienen en cuenta los insumos que proveen durante las consultas públicas, si responden adecuadamente a las preferencias de la población durante el diseño y la implementación de políticas, o si ofrecen suficientes oportunidades de participación significativa. En particular, las percepciones positivas sobre la oportunidad de expresar opiniones en decisiones que afectan a la comunidad son el principal determinante de la confianza en los gobiernos locales de ALC (asociada a un aumento de 4.7 puntos porcentuales en la probabilidad de expresar confianza alta o moderadamente alta en el gobierno local, manteniendo constantes otras variables), así como en la OCDE. Del mismo modo, sentir que uno puede influir en lo que hacen los gobiernos se asocia con una mayor probabilidad de confianza en los gobiernos nacionales (1.7 puntos porcentuales), las legislaturas (3 puntos porcentuales) y la administración pública (2 puntos porcentuales). La asociación entre las percepciones de voz política y la confianza en el gobierno nacional es menos pronunciada en la región que la que se ha encontrado en la OCDE.

Además de ser receptivas y rendir cuentas ante la ciudadanía, las instituciones públicas también deben rendirse cuentas entre sí. Las percepciones sobre la rendición de cuentas interinstitucional en la región son bajas y abordar esta deficiencia podría aumentar significativamente la confianza. El análisis econométrico (Anexo A) muestra que cuando las personas perciben que las legislaturas hacen rendir cuentas a los gobiernos, es más probable que expresen una confianza alta o moderadamente alta en los gobiernos nacionales (3.4 puntos porcentuales), las legislaturas (2.5 puntos porcentuales) y la administración pública (1.9 puntos porcentuales).

4.2.1. Muchas personas creen que los grupos poderosos sesgan las políticas públicas respecto del interés público

Garantizar un acceso abierto y equitativo a la formulación de políticas es fundamental para una vida democrática sana y contar con políticas públicas eficaces. Los procesos inclusivos permiten a los responsables de las políticas estar mejor informados, garantizan que los diversos intereses estén representados de manera justa en los resultados y evitan la representación excesiva de grupos poderosos a expensas de aquellos con menos capacidad de influencia. Sin embargo, en consonancia con otros indicadores históricos,[3] los resultados de la Encuesta sobre Confianza de la OCDE en ALC revelan una preocupación generalizada respecto a que algunos intereses especiales puedan ejercer una influencia indebida en las políticas públicas. Cuando esto ocurre, existe el riesgo de que las desigualdades económicas se reproduzcan y se agraven en los resultados políticos.

En promedio, el 45% de los encuestados en ALC cree probable que el gobierno acepte demandas de una corporación que promueve una política beneficiosa para su industria pero perjudicial para la sociedad en general. A la vez, el 33% cree que el gobierno rechazaría tales demandas, ligeramente por encima del promedio de los países de la OCDE (30%). Estos porcentajes varían de un país a otro. En Perú, el 39% piensa que los gobiernos se resistirían a la influencia de las empresas, frente a solo el 28% en Brasil y México (Gráfico 4.5). Las diferencias podrían estar relacionadas no solo con experiencias o prejuicios, sino también con diferentes expectativas, estándares y entendimientos de lo que podría considerarse una influencia indebida perjudicial para el interés público.

Gráfico 4.5. Un tercio de los latinoamericanos cree que sus gobiernos rechazarían políticas perjudiciales promovidas por alguna corporación, ligeramente por encima del promedio de la OCDE

Proporción de la población que cree probable o improbable que el gobierno rechace demandas de una corporación, 2023 o 2025

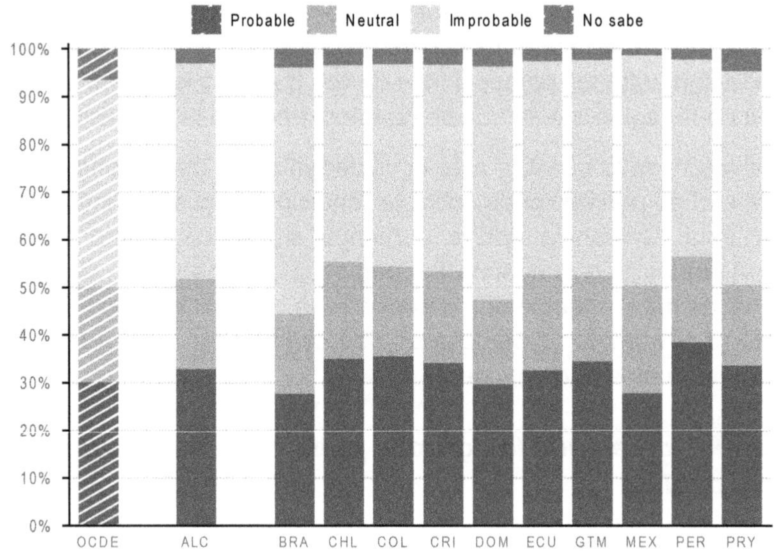

Nota: El gráfico muestra las distribuciones en cada país de las respuestas a la pregunta «Si una empresa promoviera una política que beneficiara a su sector pero pudiera ser perjudicial para la sociedad en su conjunto, en su opinión, ¿qué tan probable es que el gobierno acceda a las demandas de la empresa?». Para facilitar el análisis, se invirtieron las respuestas, de modo tal que coincidan las respuestas "probable" con un significado positivo. Por tanto, la proporción «probable» es la agregación de las respuestas de 0 a 4 en la escala; «neutral» es igual a una respuesta de 5; «improbable» es la agregación de las respuestas de 6 a 10; y «No sé» es una opción de respuesta aparte. «OCDE» presenta el promedio no ponderado de 30 países de la OCDE, incluidos los cuatro países de ALC, en 2023. «ALC» representa el promedio no ponderado de los diez países de ALC, obtenido en 2023 en el caso de los países de ALC de la OCDE, y en 2025 en los países de ALC que no son miembros de la OCDE.
Fuente: Encuesta sobre Confianza de la OCDE 2023, Encuesta sobre Confianza de la OCDE en ALC 2025.

StatLink https://stat.link/y1t2km

Las preocupaciones ciudadanas son aún mayores cuando se trata de la integridad de los funcionarios públicos de alto nivel. Casi la mitad de los encuestados (49%) cree poco probable que un responsable de políticas rechace un trabajo bien remunerado en el sector privado ofrecido a cambio de un favor político. En cambio, solo el 36% cree probable que el funcionario se niegue a conceder tal favor. Las percepciones sobre las puertas giratorias y la influencia indebida suelen ser bastante negativas en América Latina y el Caribe, con diferencias relativamente pequeñas entre los distintos grupos de población y países. Centrándose en los resultados a nivel de país, los encuestados de Ecuador son los que expresan opiniones más positivas, mientras que los de México son los que expresan percepciones más negativas (Gráfico 4.6).

Gráfico 4.6. Casi la mitad de los ciudadanos de ALC creen que los altos funcionarios políticos no rechazarían los incentivos del sector privado a cambio de favores políticos

Porcentaje de la población que considera probable o improbable que un alto cargo político se niegue a conceder un favor político a cambio de un trabajo bien remunerado en el sector privado, 2023 o 2025

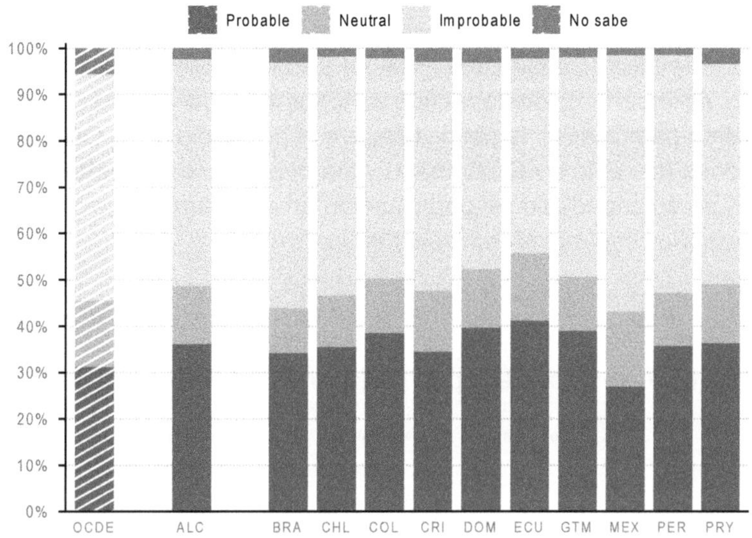

Nota: El gráfico muestra las distribuciones en cada país de las respuestas a la pregunta «Si un/a ciudadano/a o una empresa ofrecieran dinero a un/a funcionario/a público para acceder más rápido a un servicio público, en su opinión, ¿qué tan probable es que lo rechace?». La proporción «probable» es la agregación de las respuestas de 6 a 10 en la escala; «neutral» es igual a una respuesta de 5; «improbable» es la agregación de las respuestas de 0 a 4; y «No sé» es una opción de respuesta aparte. «OCDE» presenta el promedio no ponderado de 30 países de la OCDE, incluidos los cuatro países de ALC, en 2023. «ALC» representa el promedio no ponderado de los diez países de ALC, obtenido en 2023 en el caso de los países de ALC de la OCDE, y en 2025 en los países de ALC que no son miembros de la OCDE.
Fuente: Encuesta sobre Confianza de la OCDE 2023, Encuesta sobre Confianza de la OCDE en ALC 2025.

StatLink https://stat.link/8xeoar

Contar con regulaciones eficaces de los conflictos de intereses y del cabildeo, así como con marcos estratégicos de integridad e instituciones anticorrupción sólidas es fundamental para salvaguardar las políticas públicas de la captura por parte de intereses especiales y garantizar que las decisiones sirvan al interés público. El cabildeo y la influencia en la formulación de políticas se han vuelto más complejos e involucran a una gama más amplia de actores y actividades que necesitan ser regulados (OECD, 2021[11]). Pese a ello, los marcos regulatorios siguen siendo limitados en la región, y en los casos en que existen, siguen habiendo dificultades para exigir el cumplimiento de las normativas. Solo Chile, México y Perú definen las actividades de cabildeo en sus marcos jurídicos, y entre estos, solo Chile y México mantienen registros de cabildeo accesibles para el público en línea (OECD, 2024[5]) (OECD, 2024[5]).

4.2.2. La gente se siente capaz de participar en la política, pero no siente que sus voces sean escuchadas

La participación política, la confianza pública y la democracia se refuerzan mutuamente. La participación en actividades políticas puede fortalecer los valores cívicos y democráticos, conferir legitimidad a los sistemas políticos y aumentar la confianza en las instituciones públicas (Prats and Meunier, 2021[12]; Prats, Smid and Ferrin, 2024[13]). Las personas que sienten que tienen voz y pueden influenciar las decisiones gubernamentales o que confían en participar en la política tienen aproximadamente el doble de probabilidades de expresar confianza alta o moderadamente alta en el gobierno nacional (véase el

Capítulo 2). Además, las percepciones de falta de voz política pueden reflejar preocupaciones más amplias sobre la influencia indebida (véase la sección 4.2.1).

En promedio, la mayoría (51%) de los latinoamericanos afirma sentirse capaz de participar en la política, una cifra considerablemente superior a la media de la OCDE, del 40%. Estos resultados pueden en parte vincularse al liderazgo de la región en la adopción de mecanismos participativos innovadores, como los presupuestos participativos o procesos democráticos deliberativos (Selee and Peruzzotti, 2009[14]; OECD, 2020[15]). Los porcentajes varían mucho de un país a otro: la proporción más baja se observa en Brasil (42%), mientras que la República Dominicana (59%) y Ecuador (56%) presentan los niveles más altos (Gráfico 4.7). Asimismo, es importante destacar que en todos los países de ALC la proporción de personas que se sienten capaces de participar en la política supera el promedio de la OCDE. Las mujeres (excepto en Brasil), los más jóvenes (excepto en Guatemala) y las personas con niveles educativos más bajos se sienten menos seguros de su capacidad de participación en comparación con los hombres, las cohortes de mayor edad y las personas con mayores niveles educativos.

Gráfico 4.7. Una pequeña mayoría de la población de América Latina y el Caribe se siente capaz de participar en política

Porcentaje de la población que se siente confiado para participar en la política, 2023 o 2025

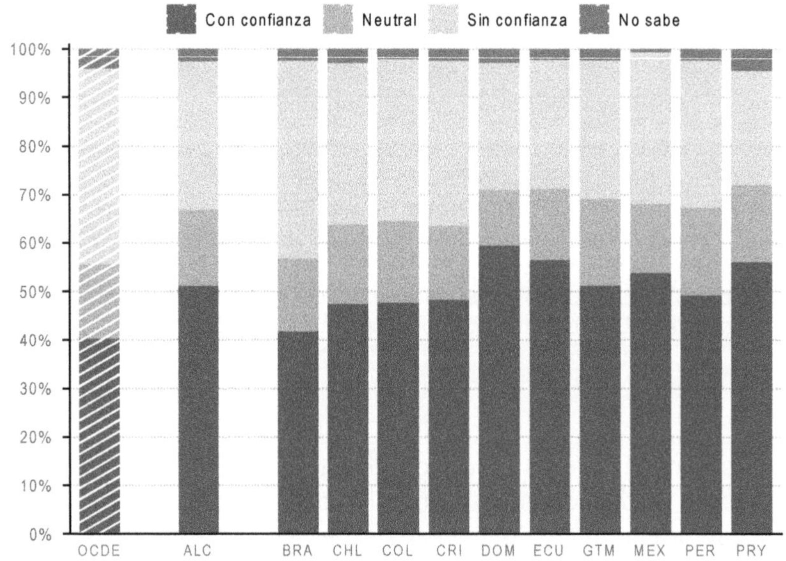

Nota: El gráfico muestra las distribuciones en cada país de las respuestas a la pregunta «¿Qué tanto confía en su propia capacidad para participar en política?». La proporción «confiada» es la agregación de las respuestas de 6 a 10 en la escala; «neutral» es igual a una respuesta de 5; «no confiada» es la agregación de las respuestas de 0 a 4; y «No sé» es una opción de respuesta aparte. «OCDE» presenta el promedio no ponderado de 30 países de la OCDE, incluidos los cuatro países de ALC, en 2023. «ALC» representa el promedio no ponderado de los diez países de ALC, obtenido en 2023 en el caso de los países de ALC de la OCDE, y en 2025 en los países de ALC que no son miembros de la OCDE.

Fuente: Encuesta sobre Confianza de la OCDE 2023, Encuesta sobre Confianza de la OCDE en ALC 2025.

StatLink https://stat.link/twq7im

En línea con los resultados anteriores, los ciudadanos de ALC muestran niveles de participación política más elevados que sus pares de la OCDE (Gráfico 4.8). Es probable que el voto obligatorio tradicional en la región haya contribuido a una cultura de mayor participación política (Carey and Horiuchi, 2017[16]). Al igual que en los países de la OCDE, aproximadamente ocho de cada diez (77%) ciudadanos de ALC reportan haber votado en las elecciones nacionales más recientes y aproximadamente la mitad (51%) reporta haber votado en las elecciones locales. Sin embargo, los latinoamericanos parecen más inclinados a participar en formas de participación colectivas, como ser voluntario en causas sociales o medioambientales (17%), participar en reuniones sindicales o de partidos políticos (13%), o en protestas y manifestaciones callejeras (11%). Por el contrario, son menos los que afirman participar en acciones de protesta individuales, como boicotear productos por motivos políticos (5%).

Gráfico 4.8. Las actividades políticas están más extendidas en ALC

Porcentaje de la población que ha participado en la actividad política respectiva en los últimos 12 meses, 2023 o 2025

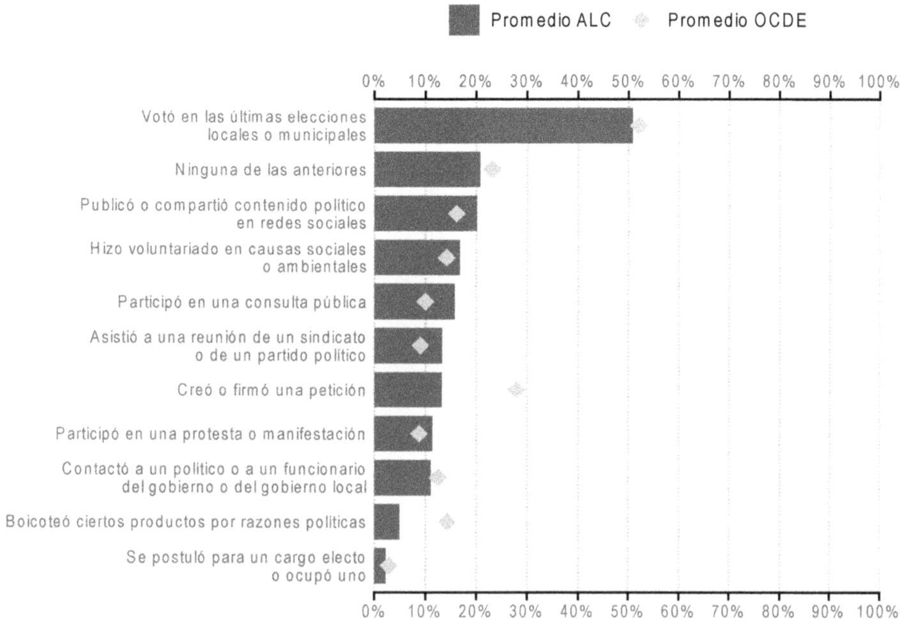

Nota: El gráfico muestra los promedios no ponderados de la proporción de la población que respondió «sí» a las actividades indicadas en la pregunta «Durante los últimos 12 meses, ¿ha realizado alguna de las siguientes actividades?». «OCDE» presenta el promedio no ponderado de 30 países de la OCDE, incluidos los cuatro países de ALC, en 2023. «ALC» representa el promedio no ponderado de los diez países de ALC, obtenido en 2023 en el caso de los países de ALC de la OCDE, y en 2025 en los países de ALC que no son miembros de la OCDE.
Fuente: Encuesta sobre Confianza de la OCDE 2023, Encuesta sobre Confianza de la OCDE en ALC 2025

StatLink https://stat.link/jbplf8

Al mismo tiempo, solo uno de cada cuatro encuestados (25%) en ALC considera que personas como ellos tienen voz y pueden influenciar en lo que hace el gobierno (Gráfico 4.9, Panel A). A excepción de México, donde el 45% de los encuestados siente que tiene influencia sobre las decisiones gubernamentales, todos los demás países de ALC se sitúan por debajo del promedio de la OCDE, del 30%. Cabe destacar que el sentimiento de voz política está relacionado con la confianza en el gobierno nacional (Gráfico 4.9, Panel B), y es un determinante significativo de la confianza en el gobierno nacional, el poder legislativo y la administración pública. En comparación con los resultados de la OCDE, la relación entre voz política y confianza es similar en lo que respecta al poder legislativo y la administración pública, pero menos pronunciada en atención al gobierno nacional.

Gráfico 4.9. Mayores sentimientos de voz política están asociados a mayores niveles de confianza en el gobierno

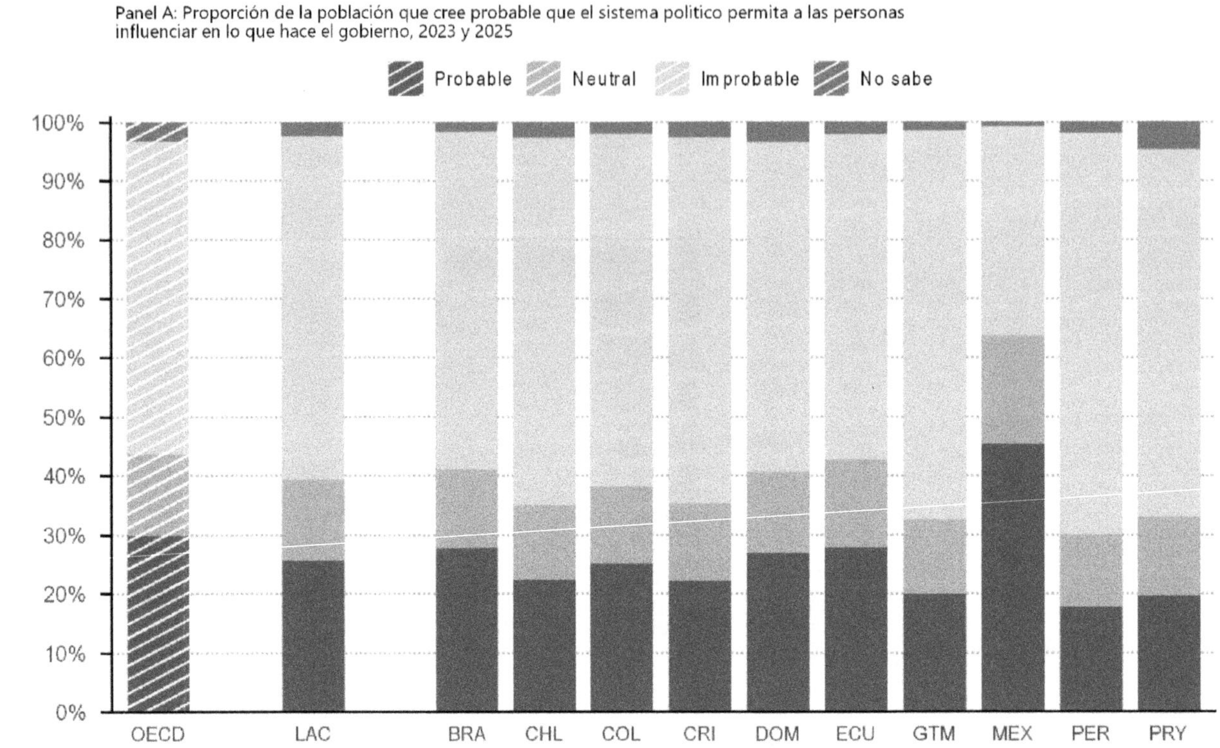

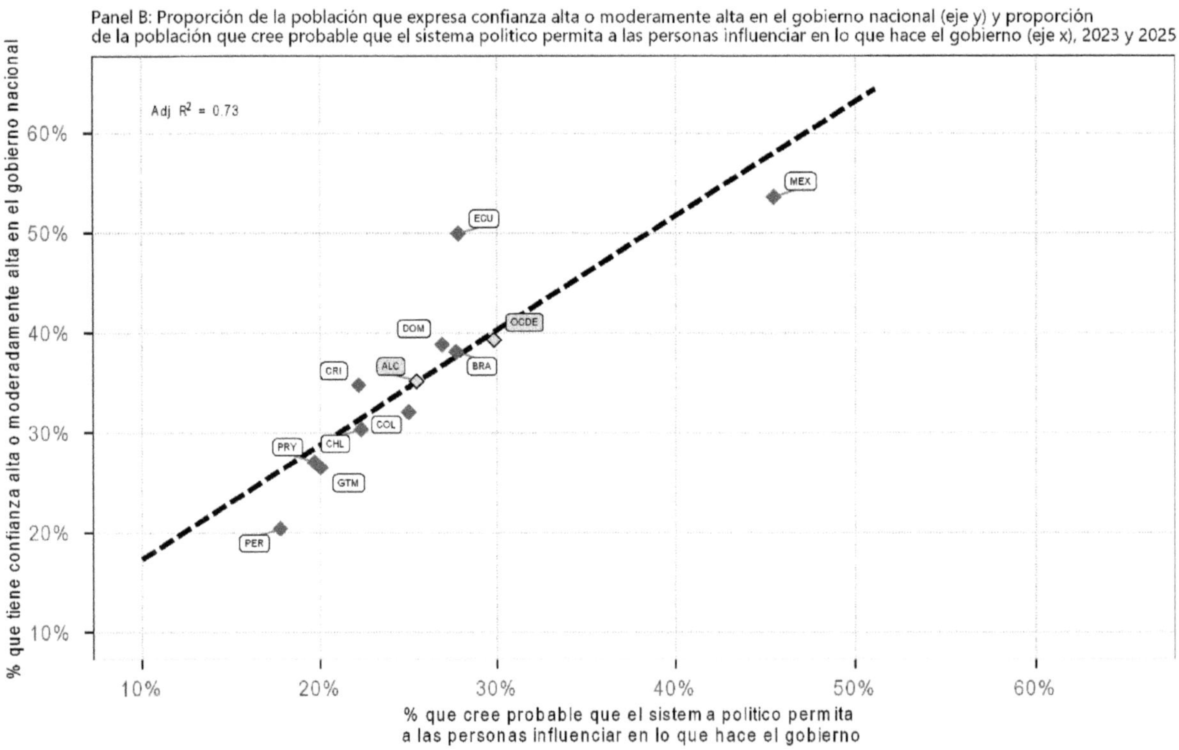

Nota: Panel A: El gráfico muestra las distribuciones en cada país de las respuestas a la pregunta ¿Qué tanto diría que el sistema político en [PAIS] permite que personas como usted puedan influenciar lo que hace el gobierno?». La proporción «completamente» es la agregación de las respuestas de 6 a 10 en la escala; «neutral» es igual a una respuesta de 5; «nada» es la agregación de las respuestas de 0 a 4; y «No sé» es una opción de respuesta aparte Panel B: El gráfico ilustra el porcentaje de personas que respondieron «probable» a la pregunta: «¿Qué tanto diría que el sistema político en [PAIS] permite que personas como usted puedan influenciar lo que hace el gobierno?» y respondieron «confianza alta o moderadamente alta» a la pregunta: «En una escala de 0 a 10, donde 0 no es en absoluto y 10 es completamente, ¿cuánta confianza tiene en el gobierno nacional?». La proporción «probable» o «confianza alta o moderadamente alta» es la agregación de respuestas de 6 a 10 en la escala. «OCDE» presenta el promedio no ponderado de 30 países de la OCDE, incluidos los cuatro países de ALC, en 2023. «ALC» representa el promedio no ponderado de los diez países de ALC, obtenido en 2023 en el caso de los países de ALC de la OCDE, y en 2025 en los países de ALC que no son miembros de la OCDE.
Fuente: Encuesta sobre Confianza de la OCDE 2023, Encuesta sobre Confianza de la OCDE en ALC 2025.

StatLink https://stat.link/8fz1qp

Asimismo, muchas personas en ALC no creen que los gobiernos respondan a los aportes y preferencias del público en relación a sus políticas, aunque este porcentaje en ALC es menor que el promedio de la OCDE. El 44% de los encuestados cree que si la mayoría de las personas expresaran una opinión en contra de una política nacional, el gobierno la cambiaría, frente al 38% que cree que no la cambiaría. Los promedios respectivos de la OCDE son del 37% y el 42%, respectivamente. Existe una variación considerable entre los países de ALC, que oscila entre un 34% de encuestados en Perú que afirma que el gobierno probablemente cambiaría una política, y el 51% en República Dominicana (Gráfico 4.10).

Gráfico 4.10. Mucha gente duda sobre si los gobiernos cambiarían políticas impopulares

Proporción de la población que considera probable o improbable que el gobierno cambie una política nacional si más de la mitad de las personas expresan su opinión en contra, 2023 o 2025

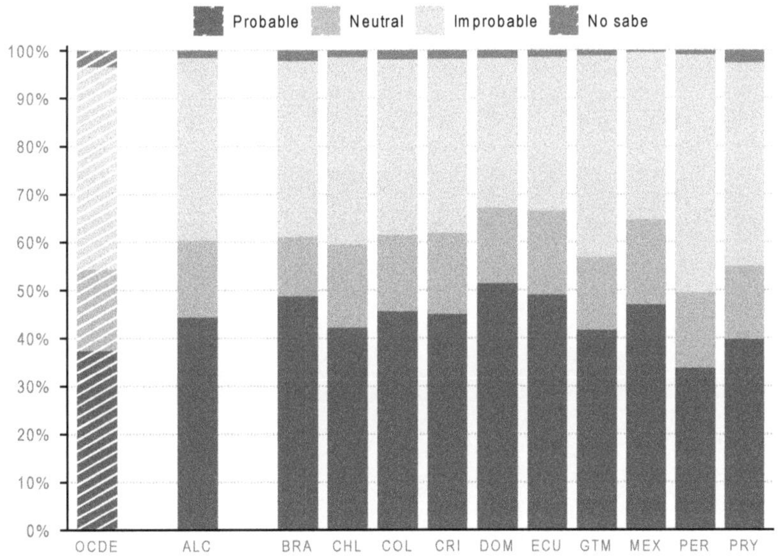

Nota: El gráfico muestra las distribuciones en cada país de las respuestas a la pregunta «Si más de la mitad de la población en [PAÍS] expresara claramente su opinión en contra de una política pública de nivel nacional, en su opinión, ¿qué tan probable es que se cambie?». La proporción «probable» es la agregación de las respuestas de 6 a 10 en la escala; «neutral» es igual a una respuesta de 5; «improbable» es la agregación de las respuestas de 0 a 4; y «No sé» es una opción de respuesta aparte. «OCDE» presenta el promedio no ponderado de 30 países de la OCDE, incluidos los cuatro países de ALC, en 2023. «ALC» representa el promedio no ponderado de los diez países de ALC, obtenido en 2023 en el caso de los países de ALC de la OCDE, y en 2025 en los países de ALC que no son miembros de la OCDE.
Fuente: Encuesta sobre Confianza de la OCDE 2023, Encuesta sobre Confianza de la OCDE en ALC 2025.

StatLink https://stat.link/iu2axp

Incluso, al considerar las decisiones que afectan directamente a sus comunidades, o las ocasiones en las que se les pide explícitamente su opinión, muchos latinoamericanos siguen mostrándose escépticos ante la posibilidad de que se tengan en cuenta sus insumos y aportes. Poco más de un tercio de los encuestados (38%) cree que tendría la oportunidad de expresar sus opiniones en decisiones que afecten a su comunidad, por debajo del promedio de la OCDE del 41%. Del mismo modo, solo el 36% cree que se tendrían en cuenta sus insumos en consultas públicas, una cifra que, sin embargo, supera la media de la OCDE, del 32%. A nivel nacional, la proporción de la población que ve estas dimensiones positivamente no alcanza la mayoría en ningún país de ALC, aunque Ecuador tiene la percepción más positiva de la capacidad de respuesta del gobierno a las consultas públicas (49%), y México lidera en cuanto a la percepción de oportunidades para expresar opiniones a nivel local (46%) (Gráfico 4.11.).

Gráfico 4.11. Muchos se muestran escépticos respecto a la posibilidad de que los gobiernos ofrezcan oportunidades para expresar sus opiniones, así como de que adopten sus aportes en consultas públicas

Panel A: Proporción de la población que cree probable tener la oportunidad de expresar opiniones en asuntos locales, 2023 y 2025

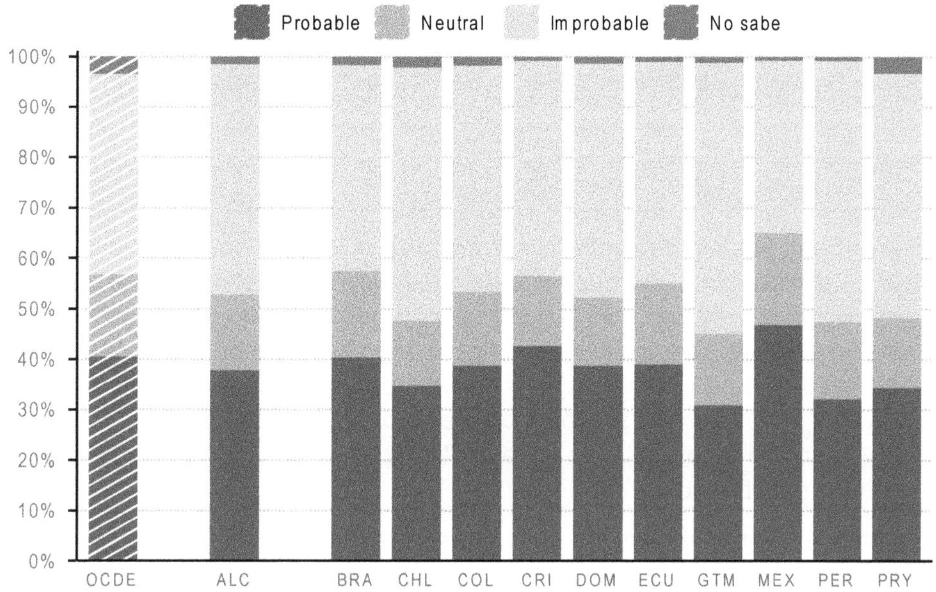

Panel B: Proporción de la población que cree probable que el gobierno utilice insumos de la ciudadanía en consultas públicas, 2023 y 2025

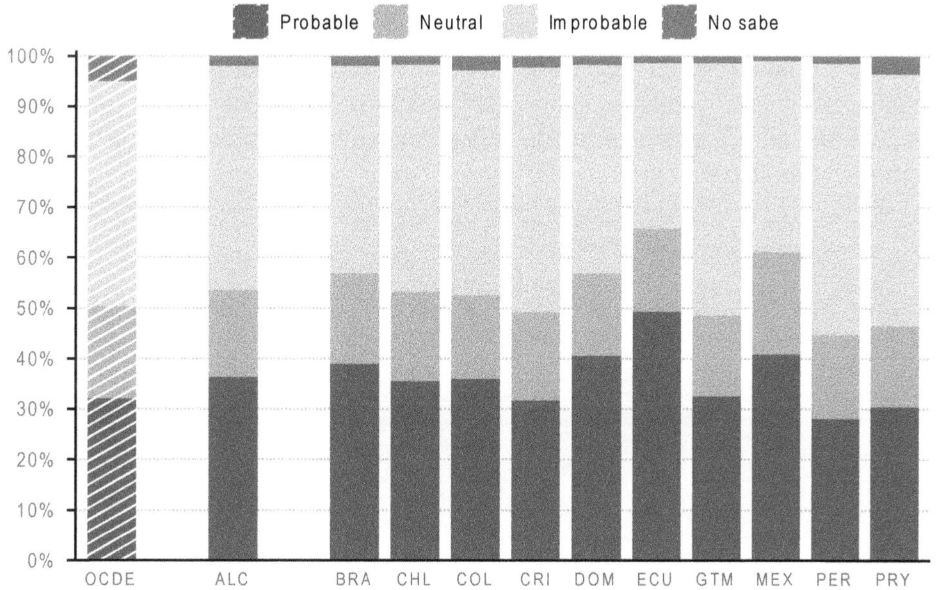

Nota: El gráfico muestra las distribuciones en cada país de las respuestas a las preguntas «Si el gobierno local va a tomar una decisión que afecta a su comuna, en su opinión, ¿qué tan probable es que usted tenga la oportunidad de expresar su opinión?» (Panel A) y «Si usted participara en una consulta pública para reformar un área como salud o medio ambiente, en su opinión, ¿qué tan probable es que el Gobierno tome en cuenta las opiniones expresadas en dicha consulta?» (Panel B). La proporción «probable» es la agregación de las respuestas de 6 a 10 en la escala; «neutral» es igual a una respuesta de 5; «improbable» es la agregación de las respuestas de 0 a 4; y «No sé» es una opción de respuesta aparte. «OCDE» presenta el promedio no ponderado de 30 países de la OCDE, incluidos los cuatro países de ALC, en 2023. «ALC» representa el promedio no ponderado de los diez países de ALC, obtenido en 2023 en el caso de los países de ALC de la OCDE, y en 2025 en los países de ALC que no son miembros de la OCDE.

Fuente: Encuesta sobre Confianza de la OCDE 2023, Encuesta sobre Confianza de la OCDE en ALC 2025.

StatLink https://stat.link/le0wvd

La Encuesta sobre Confianza de la OCDE en ALC muestra una aparente discrepancia entre las percepciones que tienen las personas sobre el sistema político y respecto a la influencia que tienen en él. Aunque muchos latinoamericanos afirman sentirse capaces de participar en la vida pública, son muchos menos los que creen que su participación tiene repercusiones significativas o que se les escucha. Este desajuste de expectativas puede alimentar la desilusión y alejar a las personas de la participación en el sistema político (Recuadro 4.1), lo que a su vez puede dar lugar al cinismo y erosionar las instituciones representativas tradicionales (Prats and Meunier, 2021[12]).

Recuadro 4.1. Desconfianza, pero no desinterés

A las personas que declaran no confiar en su gobierno se las suele retratar como políticamente desinteresadas o desencantadas de la política. Sin embargo, los datos de la Encuesta sobre Confianza de la OCDE de 2021 sugieren que, aunque parte de ese grupo de personas en los países de la OCDE está realmente desvinculado, un porcentaje significativo participa políticamente de diversas maneras, al tiempo que siente que carece de voz política (Prats, Smid and Ferrin, 2024[13]). En ALC, el 16% de los encuestados expresa falta de confianza en su gobierno nacional, seleccionando '0' en una escala de respuesta de 0 a 10, un porcentaje similar al promedio de la OCDE (15%). Dentro de este grupo, el 43% confía en su capacidad para participar en la política, pero solo el 6% cree que tiene voz y puede influenciar lo que hace el gobierno.

En lo que respecta a su participación política, una gran mayoría (77%) de las personas que carecen de confianza afirma haber participado en al menos una forma de participación, y expresa niveles de participación electoral similares a los de las personas con mayores niveles de confianza (lo que podría explicarse por el voto obligatorio en la región). Sin embargo, las personas con falta de confianza participan más en actividades políticas no convencionales respecto a aquellos que confían, como ser publicar contenido político (+1.9 puntos porcentuales), boicotear productos por motivos políticos (+2.1 puntos porcentuales) o participar en manifestaciones (+1.5 puntos porcentuales). Las personas que carecen de confianza en su gobierno tienen, en promedio, 2.8 puntos porcentuales menos de probabilidades de haber participado en una consulta pública que las personas que tienen confianza en los gobiernos en ALC (Gráfico 4.12).

Gráfico 4.12. Muchos encuestados que desconfían están involucrados en política

Diferencia en puntos porcentuales de participación en actividades políticas durante el año anterior entre personas que manifestaron no confiar (=0) y personas que manifestaron tener cierta o gran confianza (1-10) en el gobierno nacional, 2023 y 2025

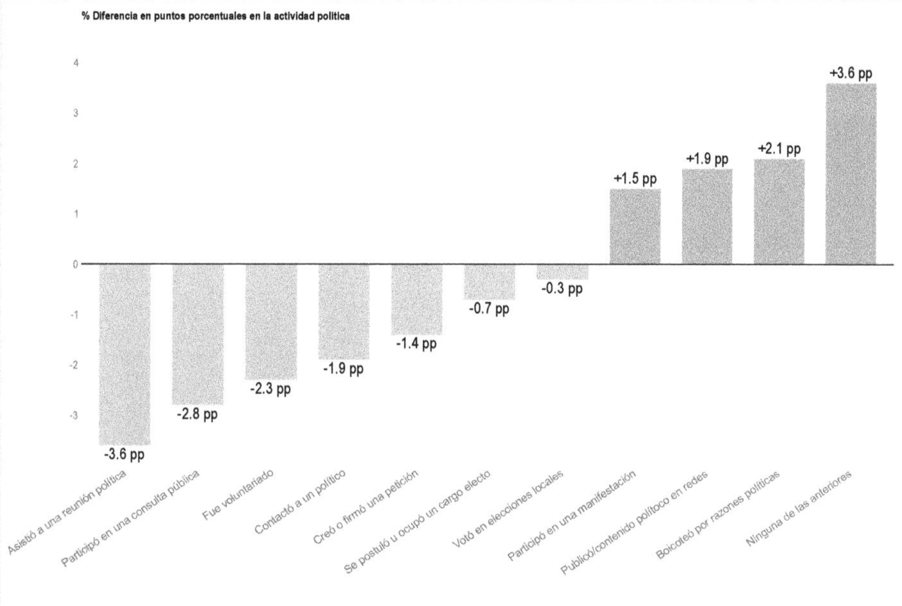

Nota: El gráfico muestra la distribución de respuestas en ALC a la pregunta «Durante los últimos 12 meses, ¿ha realizado alguna de las siguientes actividades?». Aquí se muestra la diferencia en la proporción de personas que han participado en cualquiera de las actividades entre las que expresan no confiar en el gobierno nacional (respuesta «0») y las que reportan una mayor confianza (respuestas 1-10).
Cómo leer: En el extremo izquierdo de la figura, un valor negativo indica que esta forma de participación política es menos prevalente entre el grupo que desconfía (que respondió 0 en la escala de respuesta) en los países de ALC, en comparación con aquellos que indicaron niveles de confianza de 1 a 10. En el extremo derecho de la figura, un valor positivo indica que esta forma de participación política es más frecuente entre los grupos que desconfían.
Fuente: Encuesta sobre Confianza de la OCDE 2023, Encuesta sobre Confianza de la OCDE en ALC 2025.

4.2.3. El pesimismo sobre los frenos y contrapesos sugiere que la rendición de cuentas institucional puede estar en riesgo

Uno de los principios fundamentales de la democracia es el sistema de controles y contrapesos entre las ramas del gobierno. Esto resguarda a las instituciones de cualquier intento de abuso de poder. Por ejemplo, es esencial que los poderes legislativo y judicial sean fuertes e independientes para garantizar la rendición de cuentas y salvaguardar la resiliencia democrática.

Las percepciones públicas positivas sobre la rendición de cuentas entre los distintos poderes son un determinante de confianza en los gobiernos nacionales, las legislaturas, los gobiernos locales y la administración pública en ALC. Empero, en promedio, solo alrededor de un tercio (36%) de los encuestados cree probable que el poder legislativo haga rendir cuentas al gobierno de manera efectiva, como ser mediante interpelaciones a los ministros o la revisión del presupuesto nacional. Las percepciones son más positivas en Chile, Brasil y Ecuador, donde el porcentaje supera en más de cinco puntos porcentuales el promedio de la OCDE (38%). Por el contrario, Perú, Guatemala y Paraguay reportan valores mucho más bajos, ya que solo uno de cada cinco encuestados expresa confianza en la capacidad del poder legislativo para hacer rendir cuentas al ejecutivo (Gráfico 4.13).

Gráfico 4.13. Un tercio cree probable que la legislatura nacional haga responsable al gobierno

Porcentaje de la población que cree probable o improbable que la legislatura nacional haga rendir cuentas al gobierno nacional, 2023 o 2025

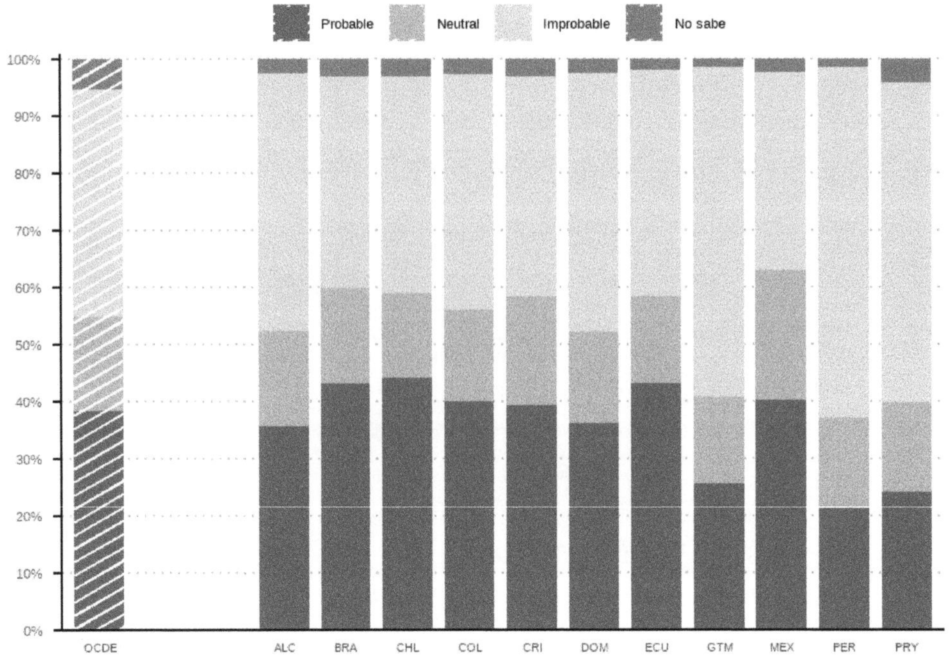

Nota: El gráfico muestra las distribuciones en cada país de las respuestas a la pregunta «En su opinión, ¿qué tan probable es que el gobierno rinda cuentas de manera efectiva al Congreso Nacional por sus políticas públicas y su comportamiento. Por ejemplo, interpelando a un/a ministro/a o revisando el presupuesto?». La proporción «probable» es la agregación de las respuestas de 6 a 10 en la escala; «neutral» es igual a una respuesta de 5; «improbable» es la agregación de las respuestas de 0 a 4; y «No sé» es una opción de respuesta aparte. «OCDE» presenta el promedio no ponderado de 30 países de la OCDE, incluidos los cuatro países de ALC, en 2023. «ALC» representa el promedio no ponderado de los diez países de ALC, obtenido en 2023 en el caso de los países de ALC de la OCDE, y en 2025 en los países de ALC que no son miembros de la OCDE.
Fuente: Encuesta sobre Confianza de la OCDE 2023, Encuesta sobre Confianza de la OCDE en ALC 2025.

StatLink https://stat.link/mrents

Las deficiencias percibidas en los controles y contrapesos entre las distintas ramas del gobierno también se reflejan en el escepticismo generalizado sobre la independencia del poder judicial con respecto al poder político. En promedio, apenas el 31% de los encuestados cree que un tribunal tomaría una decisión libre de influencia política si esta decisión pudiera influir negativamente en la imagen del gobierno (Gráfico 4.14). Las respuestas a nivel nacional oscilan entre el 26% en Perú y el 36% en República Dominicana y Ecuador, todas ellas por debajo del promedio para 22 países de la OCDE en 2021 (42%) (OECD, 2022[17]).

Gráfico 4.14. Solo tres de cada diez personas creen que los tribunales deciden independientemente de la injerencia política

Proporción de la población que cree probable o improbable que los tribunales tomen una decisión que afecte al gobierno libre de presión política, 2025

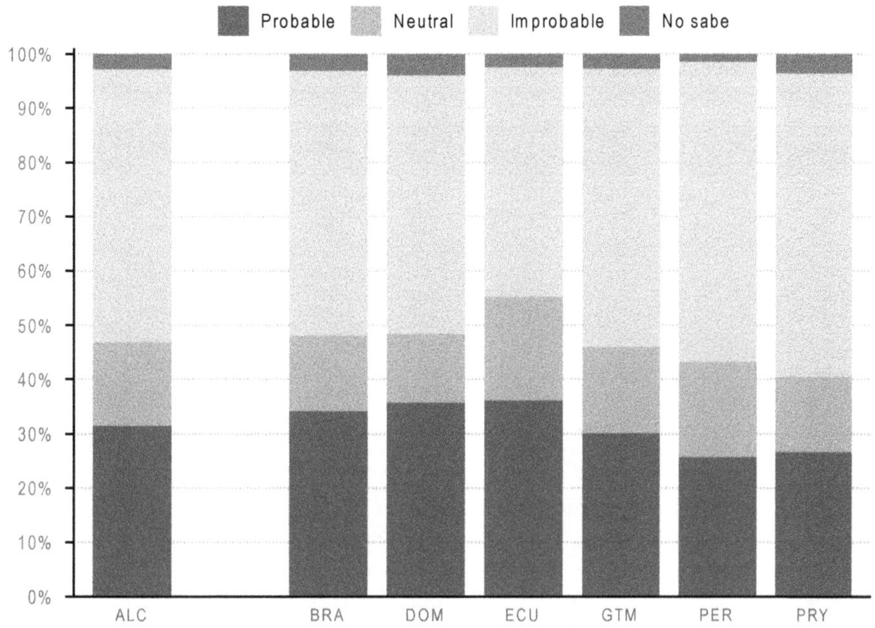

Nota: El gráfico muestra las distribuciones en cada país de las respuestas a la pregunta «Si un tribunal estuviese a punto de tomar una decisión que pudiera afectar negativamente a la imagen de un gobierno o de un/a importante empresario/a, ¿qué tan probable cree que el tribunal tome la decisión libre de influencia política?». La proporción «probable» es la agregación de las respuestas de 6 a 10 en la escala; «neutral» es igual a una respuesta de 5; «improbable» es la agregación de las respuestas de 0 a 4; y «No sé» es una opción de respuesta aparte. «OCDE» presenta el promedio no ponderado de 30 países de la OCDE, incluidos los cuatro países de ALC, en 2023. «ALC» representa el promedio no ponderado de los diez países de ALC, obtenido en 2023 en el caso de los países de ALC de la OCDE, y en 2025 en los países de ALC que no son miembros de la OCDE.
Fuente: Encuesta sobre Confianza de la OCDE 2023, Encuesta sobre Confianza de la OCDE en ALC 2025.

StatLink https://stat.link/sk1b5p

La proporción de encuestados que creen en la independencia del poder judicial (31%) se alinea estrechamente con aquellos que declaran una confianza alta o moderadamente alta en los tribunales y el sistema judicial (36%), tanto en promedio como a nivel de país (Gráfico 4.15. y (OECD, 2022[17])). Las percepciones de interferencia política en las decisiones judiciales pueden indicar un acceso desigual a la justicia (De Micheli and Taylor, 2022[18]), donde algunas personas se benefician de un trato preferencial. Este sesgo percibido en el sistema judicial podría contribuir a reducir la confianza en los tribunales y explicar la importante brecha entre los niveles de confianza de ALC y los países de la OCDE (véase el Capítulo 1).

Gráfico 4.15. La confianza en el poder judicial tiende a ser mayor cuando se percibe que la independencia judicial es mayor

Porcentaje de la población que considera probable que los tribunales adopten decisiones libres de influencia política y que expresan confianza alta o moderadamente alta en los tribunales y en el sistema judicial, 2023 o 2025

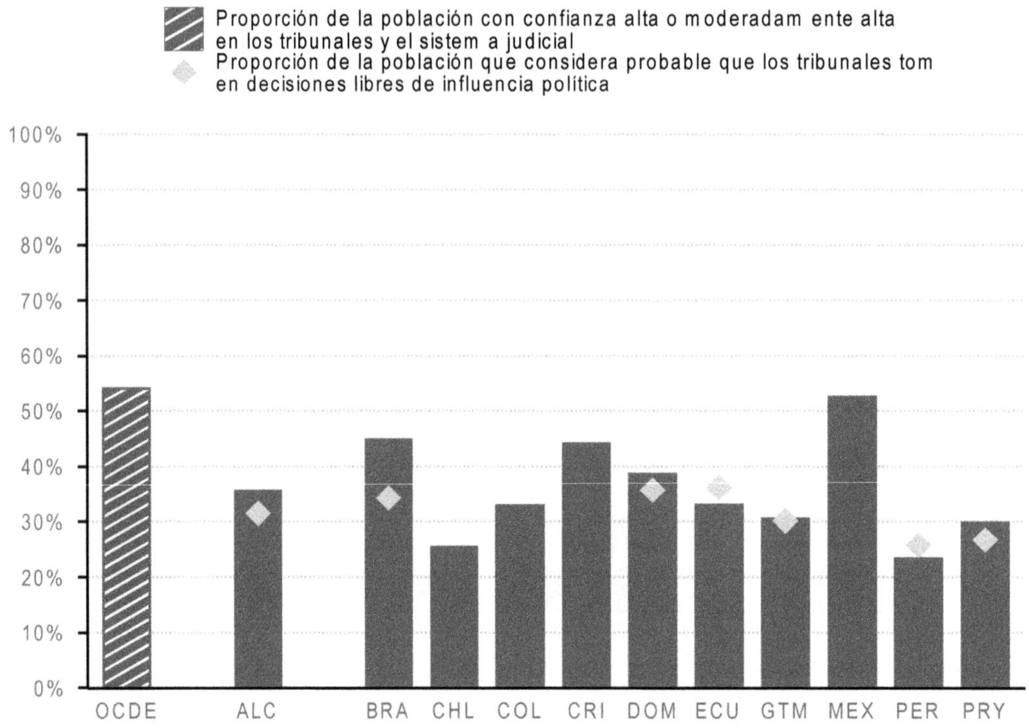

Nota: El gráfico muestra las distribuciones en cada país de las respuestas a las preguntas: «Si un tribunal estuviese a punto de tomar una decisión que pudiera afectar negativamente a la imagen de un gobierno o de un/a importante empresario/a, ¿qué tan probable cree que el tribunal tome la decisión libre de influencia política?» y «En una escala de 0 a 10, en la que 0 significa "Nada" y 10 "Completamente", ¿en qué medida confía en cada una de las siguientes instituciones? Tribunales y sistema judicial». La proporción de personas con confianza alta o moderadamente alta y que cree «probable» corresponde a la agregación de las respuestas de 6 a 10 en la escala. «OCDE» presenta el promedio no ponderado de 30 países de la OCDE, incluidos los cuatro países de ALC, en 2023. «ALC» representa el promedio no ponderado de los diez países de ALC (confianza en los tribunales) / seis (decisiones libres de influencia), obtenido en 2023 en el caso de los países de ALC de la OCDE, y en 2025 en los países de ALC que no son miembros de la OCDE.
Fuente: Encuesta sobre Confianza de la OCDE 2023, Encuesta sobre Confianza de la OCDE en ALC 2025

StatLink https://stat.link/dkx42z

Bibliografía

Brezzi, M. et al. (2021), "An updated OECD framework on drivers of trust in public institutions to meet current and future challenges", *OECD Working Papers on Public Governance*, No. 48, OECD Publishing, Paris, https://doi.org/10.1787/b6c5478c-en. [9]

Cabral-Ramírez, M., Y. Niño-Barrero and J. DiBella (2025), "Lessons from the Implementation of the Sendai Framework for Disaster Risk Reduction from Latin America and the Caribbean", *International Journal of Disaster Risk Science*, Vol. 16/1, pp. 72-83, https://doi.org/10.1007/s13753-025-00613-w. [4]

Carey, J. and Y. Horiuchi (2017), "Compulsory Voting and Income Inequality: Evidence for Lijphart's Proposition from Venezuela", *Latin American Politics and Society*, Vol. 59/2, pp. 122-144, https://doi.org/10.1111/laps.12021. [16]

Carter, R., S. Tye and S. Aguilar (2022), *Long-term Adaptation Planning in Latin America and the Caribbean*, Inter-American Development Bank, https://doi.org/10.18235/0004529. [6]

De Micheli, D. and W. Taylor (2022), "Public Trust in Latin America's Courts: Do Institutions Matter?", *Government and Opposition*, Vol. 59/1, pp. 146-167, https://doi.org/10.1017/gov.2022.6. [18]

ECLAC (2021), *Resilient institutions for a transformative post-pandemic recovery in Latin America and the Caribbean: inputs for discussion (LC/CRP.18/3)*, Economic Commission for Latin America and the Caribbean , Santiago. [3]

Hooghe, M. and D. Stiers (2016), "Elections as a democratic linkage mechanism: How elections boost political trust in a proportional system", *Electoral Studies*, Vol. 44, pp. 46-55, https://doi.org/10.1016/j.electstud.2016.08.002. [19]

Martínez-Gallardo, C. et al. (2024), "Executive Approval Dynamics in Presidential and Parliamentary Democratic Regimes", *Comparative Political Studies*, Vol. 58/3, pp. 526-561, https://doi.org/10.1177/00104140241237481. [20]

OECD (2025), *Gobernar con la inteligencia artificial: Panorama actual y hoja de ruta en las funciones centrales de gobierno*, OECD Publishing, Paris, https://doi.org/10.1787/dc00e56a-es. [2]

OECD (2024), *Los determinantes de la confianza en las instituciones públicas de Chile*, OECD Publishing, Paris, https://doi.org/10.1787/9cdf8865-es. [8]

OECD (2024), *Panorama de las Administraciones Públicas: América Latina y el Caribe 2024*, OECD Publishing, Paris, https://doi.org/10.1787/0f191dcb-es. [5]

OECD (2023), *Drivers of Trust in Public Institutions in Brazil*, Building Trust in Public Institutions, OECD Publishing, Paris, https://doi.org/10.1787/fb0e1896-en. [7]

OECD (2022), *Building Trust to Reinforce Democracy: Main Findings from the 2021 OECD Survey on Drivers of Trust in Public Institutions*, Building Trust in Public Institutions, OECD Publishing, Paris, https://doi.org/10.1787/b407f99c-en. [17]

OECD (2021), *Lobbying in the 21st Century: Transparency, Integrity and Access*, OECD Publishing, Paris, https://doi.org/10.1787/c6d8eff8-en. [11]

OECD (2020), *Innovative Citizen Participation and New Democratic Institutions: Catching the Deliberative Wave*, OECD Publishing, Paris, https://doi.org/10.1787/339306da-en. [15]

OECD/CAF (2024), *Revisión del Gobierno Digital en América Latina y el Caribe: Construyendo Servicios Públicos Inclusivos y Responsivos*, OECD Publishing, Paris, https://doi.org/10.1787/7a127615-es. [1]

Prats, M. and A. Meunier (2021), "Political efficacy and participation: An empirical analysis in European countries", *OECD Working Papers on Public Governance*, No. 46, OECD Publishing, Paris, https://doi.org/10.1787/4548cad8-en. [12]

Prats, M., S. Smid and M. Ferrin (2024), "Lack of trust in institutions and political engagement: An analysis based on the 2021 OECD Trust Survey", *OECD Working Papers on Public Governance*, No. 75, OECD Publishing, Paris, https://doi.org/10.1787/83351a47-en. [13]

Selee, A. and E. Peruzzotti (2009), *Participatory Innovation and Representative Democracy in Latin America*, Woodrow Wilson Center Press with Johns Hopkins University Press. [14]

Van de Walle, S. and K. Migchelbrink (2020), "Institutional quality, corruption, and impartiality: the role of process and outcome for citizen trust in public administration in 173 European regions", *Journal of Economic Policy Reform*, Vol. 25/1, pp. 9-27, https://doi.org/10.1080/17487870.2020.1719103. [10]

Notas

[1] Este optimismo relativo puede estar influenciado, en parte, por las transiciones políticas. En muchos casos, los nuevos gobiernos tienen nuevos mandatos y nuevas agendas ante los que la gente reacciona con crecientes esperanzas, lo que refuerza la legitimidad del sistema y la confianza de la ciudadanía (Hooghe and Stiers, 2016[19]). Estas transiciones suelen ir acompañadas de un periodo de «luna de miel» más intenso y prolongado en la opinión pública, en particular en los sistemas presidencialistas (Martínez-Gallardo et al., 2024[20]).

[2] En Chile, la percepción de la capacidad del gobierno para cooperar con otras partes interesadas, como el sector privado o los sindicatos, para hacer frente a los desafíos a largo plazo es el determinante más significativo de confianza en el gobierno nacional. Las personas que confían en la capacidad del gobierno para cooperar son 11.6 puntos porcentuales más propensas a expresar confianza alta o moderadamente alta en el gobierno nacional en Chile (OECD, 2024[8]). Esta pregunta de la encuesta se implementó por primera vez en el país (no entre los países de la OCDE), se incluyó en el cuestionario para ALC, así como el cuestionario para los países de la OCDE 2025. Sin embargo, el análisis econométrico para los seis países de ALC encuestados en 2025 reveló que este no constituye un determinante significativo para la confianza en la región.

[3] Desde que el Latinobarómetro empezó a recopilar estos datos en 2004 hasta 2024, en promedio, el 73% de los latinoamericanos afirma creer que su país está gobernado por unos pocos grupos poderosos en su propio interés, frente al 23% que cree que está gobernado para el bien de todos.

5 La confianza y la integridad de la información en América Latina y el Caribe

Este capítulo analiza la relación entre la exposición a la información y la confianza en las instituciones públicas en América Latina y el Caribe. Examina cómo las personas consumen noticias sobre política, evalúan la credibilidad de la información y perciben la comunicación pública. Al mismo tiempo, el capítulo explora cómo estos patrones se correlacionan con los niveles de confianza institucional y las percepciones de la gobernanza pública en la región.

Principales hallazgos

- **Los niveles de confianza en los medios de comunicación exceden los de confianza en el gobierno.** El 42% de los latinoamericanos confía en los medios de comunicación, frente al 35% que confía en sus gobiernos nacionales. Por su parte, en los países de la OCDE, los niveles de confianza en ambas instituciones son similares (39%).
- **Las redes sociales dominan en tanto fuentes de información sobre política y actualidad.** El 72% de los encuestados utiliza las redes sociales para obtener noticias sobre política, una cifra superior al promedio de la OCDE del 49%. La validación social (como los «me gusta» y veces que la noticia fue «compartida») desempeña un papel de mayor importancia al evaluar la credibilidad de las noticias en América Latina y el Caribe en comparación con los países de la OCDE.
- **El consumo de información se correlaciona con la confianza**. Las personas que consumen noticias sobre política –independientemente de la fuente- tienden a expresar mayor confianza en el gobierno. Sin embargo, las brechas de confianza entre los consumidores y quienes no hacen uso de los medios de comunicación son menores en América Latina y el Caribe que en los países de la OCDE.
- **Las percepciones sobre la toma de decisiones basadas en evidencia, un importante determinante de la confianza en el gobierno nacional y la administración pública, son dispares.** Solo el 38% cree que los gobiernos utilizan la mejor evidencia disponible para formular políticas públicas, con fuertes divisiones partidarias en torno a estas percepciones. Las personas con percepciones positivas respecto a la toma de decisiones informada por evidencia son significativamente más propensas a expresar confianza alta o moderadamente alta en el gobierno nacional, la administración pública y la legislatura nacional. A la vez, menos de una cuarta parte de los encuestados consideran que las estadísticas oficiales son fiables, claras o fáciles de encontrar.
- **Existen brechas respecto a la comunicación sobre las reformas, así como preocupaciones relativas a la desinformación.** Apenas el 36% cree que los gobiernos explicarían claramente cómo las reformas les afectan personalmente, percepciones que se asocian moderadamente con una mayor confianza en el gobierno nacional. Las personas que sienten que gente como ellos no tienen voz en lo que hace el gobierno expresan una menor confianza en este sentido.

¿Cómo pueden las instituciones públicas mejorar y fortalecer la confianza?

Los resultados de la Encuesta sobre Confianza de la OCDE en ALC sugieren que se pueden tomar diferentes medidas con respecto a la información para aumentar la confianza en las instituciones públicas:

- **Promover un entorno mediático saludable, diverso e independiente que permita el escrutinio público y la toma de decisiones informadas**. Para que la democracia funcione eficazmente, es esencial un ecosistema de información saludable y la alfabetización mediática. Estos elementos ayudan a los ciudadanos a desarrollar una «confianza escéptica», es decir, una perspectiva informada y crítica que mejora la rendición de cuentas y salvaguarda los sistemas democráticos.
- **Mejorar la transparencia y la comunicación del gobierno en torno al uso de evidencia en la toma de decisiones, incluida la gobernanza estadística, ya que representa una poderosa herramienta para fomentar la confianza institucional.** El análisis econométrico

indica que mejorar las percepciones sobre la toma de decisiones basadas en evidencia podría aumentar significativamente la confianza en el gobierno nacional.

- **Implementar estrategias de comunicación que expliquen claramente cómo las reformas de políticas públicas afectan a los ciudadanos, para así generar confianza.** Mejorar las explicaciones por parte del gobierno sobre los impactos de las reformas se asocia a mayor confianza en el gobierno nacional.
- **Priorizar una comunicación pública inclusiva.** La Encuesta sobre Confianza revela marcadas disparidades en las percepciones sobre el alcance de la comunicación, basadas en percepciones de voz política y preocupaciones financieras. En particular, existe una diferencia de casi 50 puntos porcentuales en la proporción de personas que consideran probable que el gobierno explique claramente cómo se ven afectadas por reformas, entre quienes creen que el sistema político permite a la gente influenciar y quienes no, y una diferencia de 14 puntos porcentuales entre quienes tienen y no tienen preocupaciones financieras.

La exposición a la información influye significativamente tanto en los niveles como en la naturaleza de la confianza en las instituciones públicas. Las personas forman sus percepciones a través de diversos medios y fuentes, como conversaciones interpersonales, el consumo de medios tradicionales y de redes sociales y la comunicación institucional directa. Esta información configura cómo la gente entiende al gobierno y los organismos públicos, especialmente en lo que respecta a las políticas y procesos de gobierno, sobre los que la mayoría de las personas no tienen experiencia directa, pero que sin embargo afectan sus niveles de confianza (Marcinkowski and Starke, 2018[1]).

Por lo tanto, para que la democracia funcione de manera eficaz es esencial la existencia de un ecosistema de información saludable, así como la alfabetización mediática. Estos elementos permiten al público desarrollar una «confianza escéptica», es decir, adoptar una perspectiva informada y crítica que ayuda a proteger los sistemas democráticos de las amenazas de la desinformación y exige la constante rendición de cuentas por parte de las instituciones públicas (Norris, 2022[2]). En paralelo, varias tendencias tecnológicas, económicas y políticas amenazan la integridad de la información alrededor del mundo: la difusión de información engañosa, la comunicación cada vez más polarizada, las cámaras de eco, la influencia extranjera y la decreciente diversidad de los medios de comunicación. Para abordar estos desafíos es necesario desarrollar entornos que promuevan información precisa y basada en evidencia proveniente de diversas fuentes, así como capacitar a las personas para encontrar diversas perspectivas, tomar decisiones informadas y ejercer plenamente sus derechos democráticos (OECD, 2024[3]).

Este capítulo examina cómo las personas en América Latina y el Caribe (ALC) consumen noticias sobre la actualidad y sobre la administración pública, cómo evalúan la credibilidad de la información y forjan sus percepciones sobre los canales de comunicación pública. Asimismo, explora cómo estos aspectos se relacionan con los niveles de confianza en las instituciones públicas.

Los resultados de la Encuesta sobre Confianza revelan varios patrones distintivos de la región. En primer lugar, la gente confía más en los medios de comunicación (42%) que en sus gobiernos nacionales (35%), a diferencia de los países de la OCDE donde los niveles de confianza en ambas instituciones son similares. En segundo lugar, las redes sociales dominan el panorama de la información sobre asuntos de actualidad y política, con un 72% de los encuestados que las utilizan para obtener información (frente al 49% en los países de la OCDE). A su vez, a la hora de evaluar la fiabilidad de las noticias, los encuestados de ALC suelen sustentarse en mayor medida que sus pares de la OCDE en factores vinculados a la validación social, como la cantidad de veces que las noticias han sido «compartidas» o sus «me gusta» en redes. En lo que hace a la comunicación pública, la mayoría de las personas perciben a las estadísticas oficiales como inaccesibles y dudan respecto a que los gobiernos utilicen la mejor evidencia disponible para la toma de decisiones. Si bien los latinoamericanos están relativamente satisfechos con la información sobre los servicios administrativos, expresan escepticismo sobre la voluntad de los gobiernos de explicar los impactos de las reformas sobre las personas.

Mejorar las percepciones relacionadas con la información y la comunicación pública podría tener un impacto significativo en los niveles de confianza en las instituciones públicas. El análisis econométrico de los resultados de la Encuesta sobre Confianza sugiere que mejorar las percepciones sobre el uso de la mejor evidencia disponible por parte del gobierno es un determinante significativo de la confianza en las instituciones públicas. Para los países de ALC, mejoras en las percepciones sobre esta variable se asocian a una mayor probabilidad de confianza alta o moderadamente alta en el gobierno nacional (7.4 puntos porcentuales), y tiene asociaciones positivas, de magnitudes más pequeñas pero aún significativas, con la confianza en la administración pública (2.9 puntos porcentuales) y en las legislaturas nacionales (1.8 puntos porcentuales). Otros aspectos vinculados a la comunicación pública también podrían fortalecer la confianza institucional. Mejores explicaciones de los gobiernos sobre los impactos de las reformas se asocian a una mayor confianza en el gobierno nacional (1.6 puntos porcentuales).

5.1. La confianza en los medios de comunicación, la confianza en el gobierno y los patrones de consumo de medios de comunicación en ALC

Los medios de comunicación y otras fuentes de información desempeñan un papel fundamental en la configuración de la confianza pública, al servir como "lentes" a través de los cuales las personas adquieren conocimientos y evalúan el desempeño de los gobiernos (Schäfer and Schemer, 2024[4]). Cuando son fiables y confiadas, estas fuentes pueden dar lugar a una ciudadanía informada, proporcionando información precisa sobre las políticas, los responsables de formularlas y las instituciones, en particular, en aquellas áreas en las que las audiencias no poseen conocimientos o experiencia directos. Además, son una ventana a las experiencias de otras personas, informando una visión más holística del desempeño del gobierno. Un entorno mediático sólido puede fomentar el pensamiento crítico y la «confianza escéptica», permitiendo a las personas formular juicios informados y exigir rendición de cuentas a instituciones públicas, lo que sirve de contrapeso crucial en los sistemas democráticos (Norris, 2022[2]). Por el contrario, cuando la independencia de los medios de comunicación se ve comprometida o incluso ausente, la democracia se enfrenta al peligro de una «confianza ciega» (o, a la inversa, de una «desconfianza ciega») y desinformada en las instituciones.

En líneas generales, el mercado de medios de ALC presenta un panorama distintivo caracterizado por medios de comunicación muy influyentes, poderosos y concentrados. Dada la circulación de periódicos (aun) relativamente baja en toda la región, la radiodifusión emergió como medio dominante, y países como México y Brasil han sido de los primeros a nivel mundial en introducir la televisión a principios de la década de 1950. El dominio de los medios de comunicación televisivos configuró profundamente la cultura política de la región (Balutet, 2020[5]), donde el discurso político se adaptó cada vez más a los criterios televisivos. Los mercados de medios de comunicación de ALC también suelen contar con una alta concentración y estar basados en un modelo comercial, con pocos conglomerados privados controlando la mayoría de los medios (Mauersberger, 2015[6]; Mendel, Castillejo and Gómez, 2017[7]; Mastrini, n.d.[8]).

A pesar de la elevada concentración de los mercados de medios, en promedio, el 42% de las personas en ALC reporta confianza alta o moderadamente alta en los medios de comunicación, ligeramente por encima del promedio de la OCDE del 39% (Gráfico 5.1). Países como México, Paraguay y República Dominicana exhiben los niveles de confianza más altos, con aproximadamente la mitad de la población que confía en los medios de comunicación. Por el contrario, Chile registra los niveles de confianza más bajos con un 28%.

En general, la confianza en los medios de comunicación (42%) es mayor que la confianza en los gobiernos nacionales (35%) en toda la región (véase el Gráfico 1.6 del capítulo 1). En cambio, en los países de la OCDE, los niveles de confianza en ambas instituciones son similares (39%). Esta brecha es más pronunciada en países como Guatemala y Paraguay, donde solo el 27% de los ciudadanos confían en sus respectivos gobiernos, mientras que el 46% y el 49% confían en los medios de comunicación.

Gráfico 5.1. En los países de ALC hay más personas que confían en los medios de comunicación que en los países de la OCDE

Porcentaje de la población que indica diferentes niveles de confianza en los medios de comunicación, 2023 o 2025

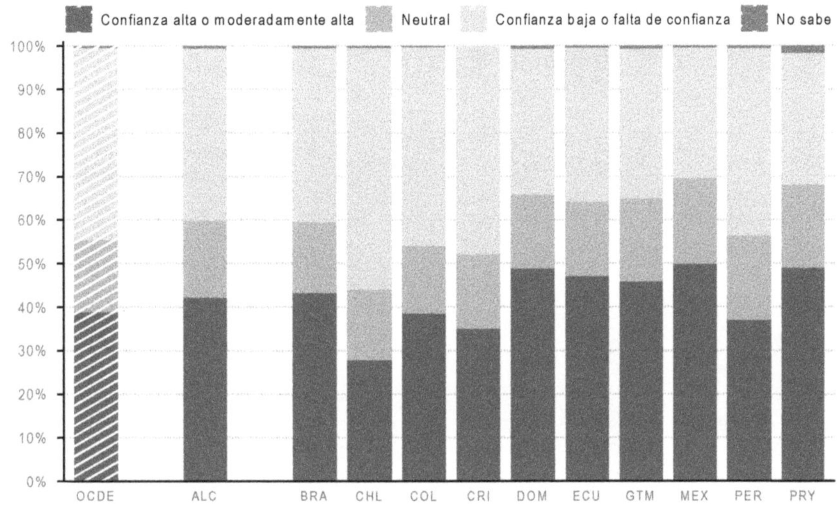

Nota: El gráfico presenta la distribución de las respuestas dentro de cada país a la pregunta «En una escala de 0 a 10, donde 0 es en absoluto y 10 es completamente, ¿en qué medida confía en los medios de comunicación? Una respuesta 0-4 corresponde a «confianza baja o nula», una respuesta 5 a «neutral» y una respuesta 6-10 a «confianza alta o moderadamente alta». «OCDE» presenta el promedio no ponderado de 30 países de la OCDE, incluidos los cuatro países de ALC, en 2023. «ALC» representa el promedio no ponderado de los diez países de ALC, obtenido en 2023 en el caso de los países de ALC de la OCDE, y en 2025 en los países de ALC que no son miembros de la OCDE.
Fuente: Encuesta sobre Confianza de la OCDE 2023, Encuesta sobre Confianza de la OCDE en ALC 2025.

StatLink https://stat.link/zmnepx

En lo que respecta a la información sobre política y asuntos de actualidad, los resultados de la Encuesta sobre Confianza de la OCDE sugieren que los latinoamericanos presentan patrones de consumo de medios distintos a los de la OCDE, con una dependencia particularmente fuerte en las redes sociales (Gráfico 5.2). Las redes sociales son el medio dominante, y el 72% de los encuestados afirma que utiliza esta fuente para obtener información sobre política y asuntos de actualidad de forma periódica, en comparación con el 49% en la OCDE. En base a las estimaciones declaradas por los propios encuestados sobre su consumo de información política y de actualidad procedente de redes sociales, los latinoamericanos también muestran un uso significativamente mayor de las redes (55%) en comparación con los encuestados de los países de la OCDE (34%) (Gráfico 5.3).

Por su parte, los medios de comunicación tradicionales (TV/radio) son importantes en ALC así como en la OCDE, aunque su uso actual es mayor en los países de la OCDE (71%) en comparación con países de ALC (60%). El uso de periódicos impresos y digitales también muestra diferencias, ya que los encuestados de los países de la OCDE reportan un mayor consumo (52%) que los de los países de América Latina y el Caribe (36%). Estos resultados se alinean con la estructura del mercado de los medios de comunicación de la región, caracterizado por un débil desarrollo de la prensa escrita y un fuerte desarrollo del mercado (Hallin and Echeverria, 2025[9]).

No obstante, un análisis en mayor profundidad a nivel nacional revela cierto grado de heterogeneidad en la región. Colombia presenta el mayor consumo de los noticieros de televisión/radio (73%), mientras que la República Dominicana es el país que menos los utiliza (49%). A la vez, Guatemala lidera en uso de redes sociales para información sobre política (78%). En todos los países, muy pocos encuestados (alrededor del 2% en ALC) afirman no haber recibido información sobre política.

Gráfico 5.2. Las redes sociales son la fuente de información sobre política más utilizada en ALC

Porcentaje de la población que afirma obtener información sobre política y actualidad de las respectivas fuentes, 2023 o 2025

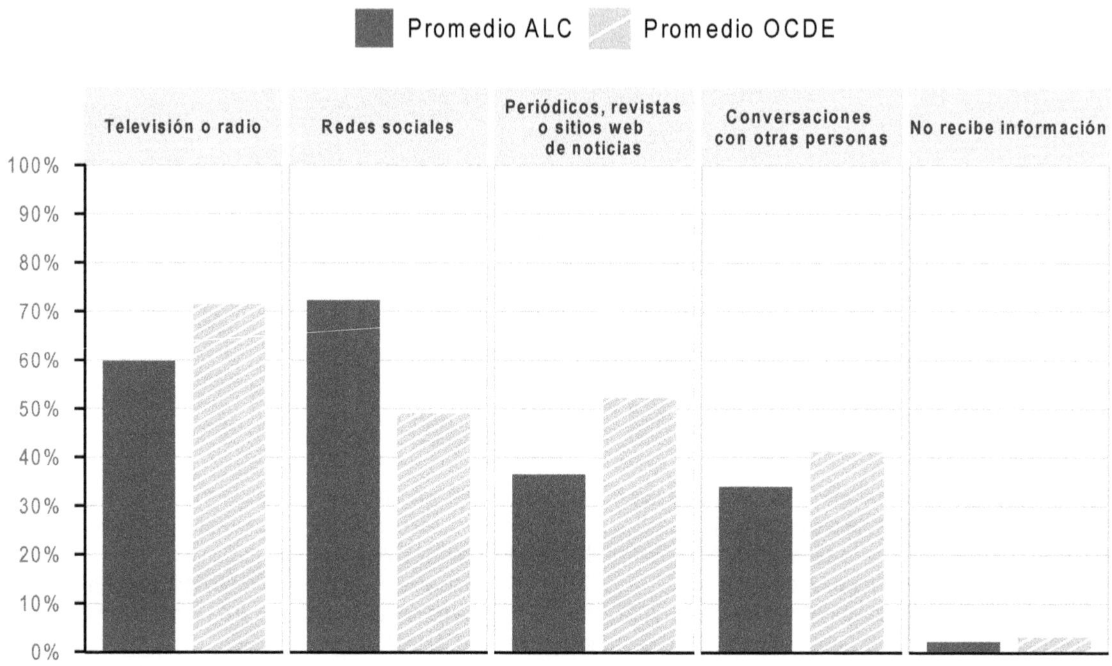

Nota: El gráfico muestra los promedios no ponderados de la proporción de la población que respondió «En un día normal, ¿de cuáles de las siguientes fuentes obtiene información sobre política y actualidad? [Seleccione todas las opciones que correspondan]». Los encuestados podían seleccionar todas las respuestas correctas. «OCDE» presenta el promedio no ponderado de 30 países de la OCDE, incluidos los cuatro países de ALC, en 2023. «ALC» representa el promedio no ponderado de los diez países de ALC, obtenido en 2023 en el caso de los países de ALC de la OCDE, y en 2025 en los países de ALC que no son miembros de la OCDE.
Fuente: Encuesta sobre Confianza de la OCDE 2023, Encuesta sobre Confianza de la OCDE en ALC 2025.

StatLink https://stat.link/6jgdn3

Gráfico 5.3 Los encuestados de los países de ALC estiman que obtienen más de la mitad de la información sobre política y actualidad de las redes sociales

Proporción de información obtenida a través de las redes sociales entre los encuestados que utilizan las redes sociales para obtener información sobre política y asuntos de actualidad, 2023 o 2025

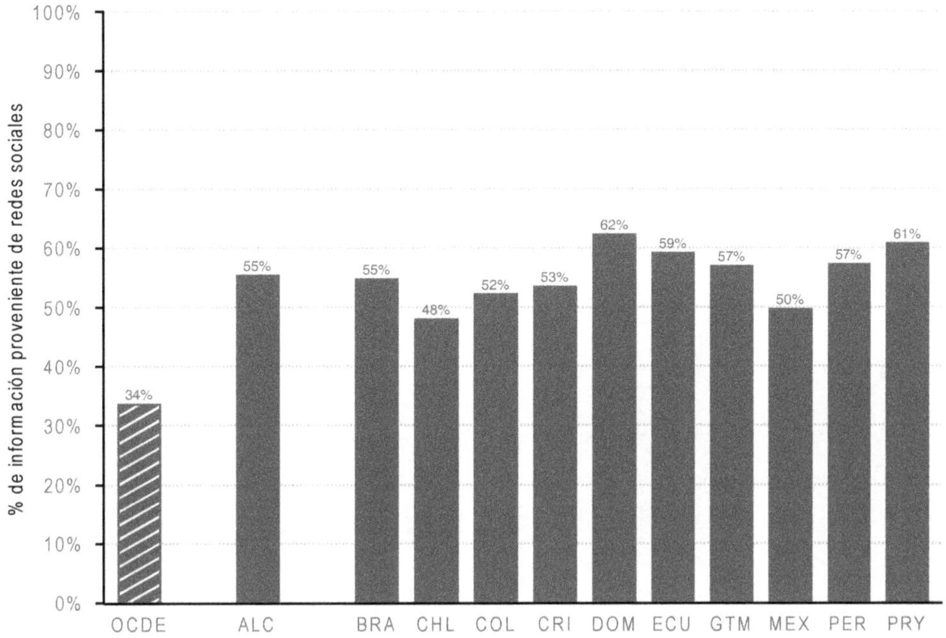

Nota: El gráfico muestra las distribuciones en cada país de las respuestas a la pregunta «¿¿Qué porcentaje de información sobre política y actualidad obtiene en las redes sociales (Facebook, Twitter/X, YouTube, Instagram, TikTok, Reddit, etc.)?». «OCDE» presenta el promedio no ponderado de 30 países de la OCDE, incluidos los cuatro países de ALC, en 2023. «ALC» representa el promedio no ponderado de los diez países de ALC, obtenido en 2023 en el caso de los países de ALC de la OCDE, y en 2025 en los países de ALC que no son miembros de la OCDE.
Fuente: Encuesta sobre Confianza de la OCDE 2023, Encuesta sobre Confianza de la OCDE en ALC 2025.

StatLink https://stat.link/3ld7oe

Asimismo, la Encuesta sobre Confianza revela distintos patrones en el consumo de medios en ALC con respecto a la edad, que en ocasiones difieren de las tendencias de la OCDE (Gráfico 5.4). Las generaciones mayores (aquellos de más de 50 años) en ALC consumen considerablemente más noticias por televisión y radio que los jóvenes, un patrón en línea con las tendencias a nivel mundial. Del mismo modo, el uso de periódicos y sitios web de noticias aumenta con la edad, tanto en los países de ALC como en los de la OCDE. Sin embargo, los países de ALC exhiben brechas generacionales mucho más reducidas en cuanto al uso de las redes sociales para obtener información sobre política en comparación con los países de la OCDE, donde el consumo de redes sociales disminuye drásticamente con la edad. Esto sugiere una adopción más uniforme de las plataformas digitales en todos los grupos de edad en América Latina y el Caribe.

Gráfico 5.4 En los países de ALC, las diferencias generacionales son significativamente menores en el uso de las redes sociales para informarse sobre política y actualidad

Porcentaje de la población en respectivos grupos de edad que indica que obtiene información sobre política y asuntos de actualidad de sus respectivas fuentes, 2023 o 2025

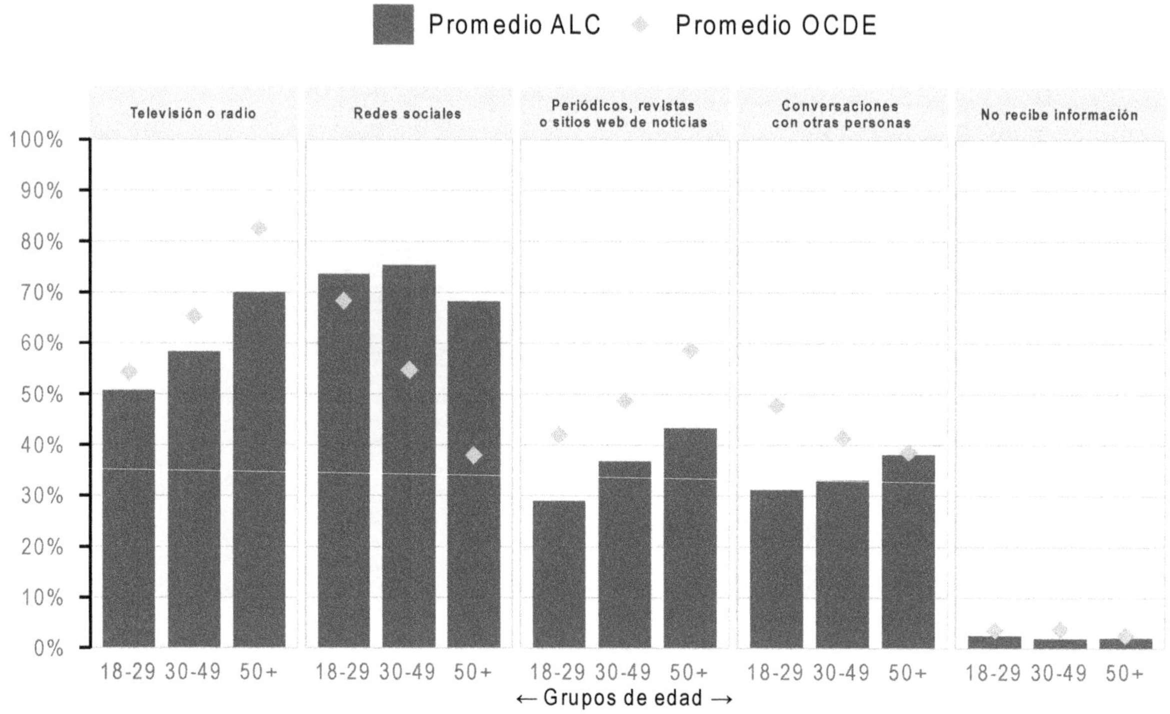

Nota: El gráfico muestra los promedios no ponderados de la proporción de la población que respondió «En un día normal, ¿de cuáles de las siguientes fuentes obtiene información sobre política y actualidad? [Seleccione todas las opciones que correspondan]». Los encuestados podían seleccionar todas las respuestas correctas. «OCDE» presenta el promedio no ponderado de 30 países de la OCDE, incluidos los cuatro países de ALC, en 2023. «ALC» representa el promedio no ponderado de los diez países de ALC, obtenido en 2023 en el caso de los países de ALC de la OCDE, y en 2025 en los países de ALC que no son miembros de la OCDE.
Fuente: Encuesta sobre Confianza de la OCDE 2023, Encuesta sobre Confianza de la OCDE en ALC 2025.

StatLink https://stat.link/9iayzt

En los países de ALC, un mayor nivel de consumo de información suele estar relacionado con una mayor confianza en los gobiernos, independientemente de la fuente de información que se utilice. Esto contrasta con los países de la OCDE, donde los consumidores de medios de comunicación tradicionales (especialmente periódicos) muestran una confianza significativamente mayor en el gobierno (Gráfico 5.5). A la vez, los niveles de confianza en el gobierno muestran una diferencia mínima entre los usuarios y no usuarios de redes sociales en ALC. Del mismo modo, existen pocas diferencias en los niveles de confianza entre quienes hablan de noticias con amigos o familiares y quienes no. Los consumidores de medios tradicionales (televisión, radio y prensa escrita) muestran una confianza algo mayor en el gobierno, aunque esta diferencia es menor en el contexto de ALC que el promedio de la OCDE. La brecha de confianza más importante existe entre quienes están informados y quienes no, aunque esta disparidad es menor que los patrones típicos de la OCDE.

Gráfico 5.5 Las brechas de confianza según fuentes de información utilizadas son menores en los países de ALC que en la OCDE

Proporción de la población con una confianza alta o moderadamente alta en el gobierno nacional según si obtiene información sobre política o asuntos de actualidad de la fuente nombrada, 2023 o 2025

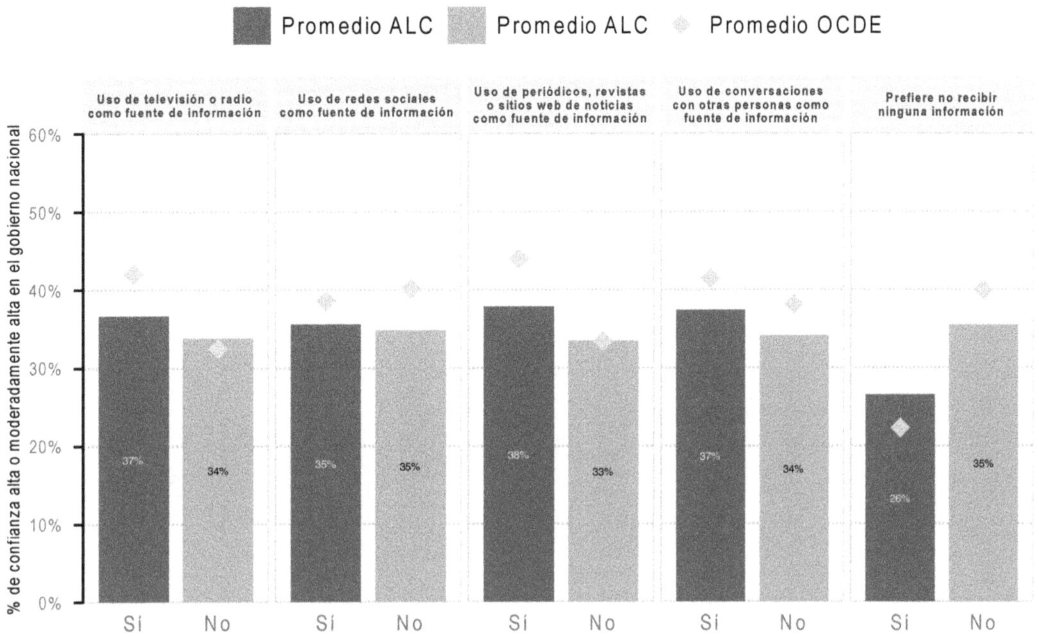

Nota: El gráfico presenta los promedios de respuesta no ponderados a la pregunta «En una escala de 0 a 10, donde 0 es en absoluto y 10 es completamente, ¿en qué medida confía en el gobierno nacional?», según el uso de los medios y fuentes de información sobre política y asuntos de actualidad. La proporción de encuestados que tienen confianza «alta o moderadamente alta» está basada en la agregación de respuestas de 6-10 en la escala de respuesta 0-10 y el uso de los medios y fuentes se calcula según la respuesta positiva a la pregunta «En un día normal, ¿de cuáles de las siguientes fuentes obtiene información sobre política y actualidad? [Seleccione todas las opciones que correspondan]». «OCDE» presenta el promedio no ponderado de 30 países de la OCDE, incluidos los cuatro países de ALC, en 2023. «ALC» representa el promedio no ponderado de los diez países de ALC, obtenido en 2023 en el caso de los países de ALC de la OCDE, y en 2025 en países de ALC que no son miembros de la OCDE.
Fuente: Encuesta sobre Confianza de la OCDE 2023 y Encuesta sobre Confianza de la OCDE en ALC 2025.

StatLink https://stat.link/96gcea

Por otra parte, también se analizaron los datos para comparar las preferencias en cuanto a fuentes de información y las percepciones en seis áreas de gobernanza en los países de ALC y la OCDE (Gráfico 5.6). De este análisis se desprenden tres conclusiones. En primer lugar, las personas que no se informan sobre política suelen tener opiniones más negativas en todos los determinantes en materia de gobernanza, tanto en ALC como en la OCDE. En segundo lugar, la brecha de las percepciones entre las personas informadas y las no informadas es significativamente menor en los países de ALC que en los países de la OCDE. Esto es especialmente evidente en las percepciones sobre la fiabilidad, apertura, equidad e integridad del gobierno. En tercer lugar, las percepciones sobre la integridad muestran la mayor alineación entre las personas informadas y las no informadas, tanto en ALC como en la OCDE, presentando las menores diferencias en comparación con los otros determinantes en materia de gobernanza.

Gráfico 5.6. Las personas que no se informan sobre política suelen tener percepciones más negativas en materia de gobernanza, tanto en los países de la OCDE como en los de ALC

Proporción de la población que expresa confianza en diferentes dimensiones de la gobernanza pública (promedio entre las preguntas de la encuesta) por fuente utilizada para informarse sobre política y asuntos de actualidad, 2023 y 2025

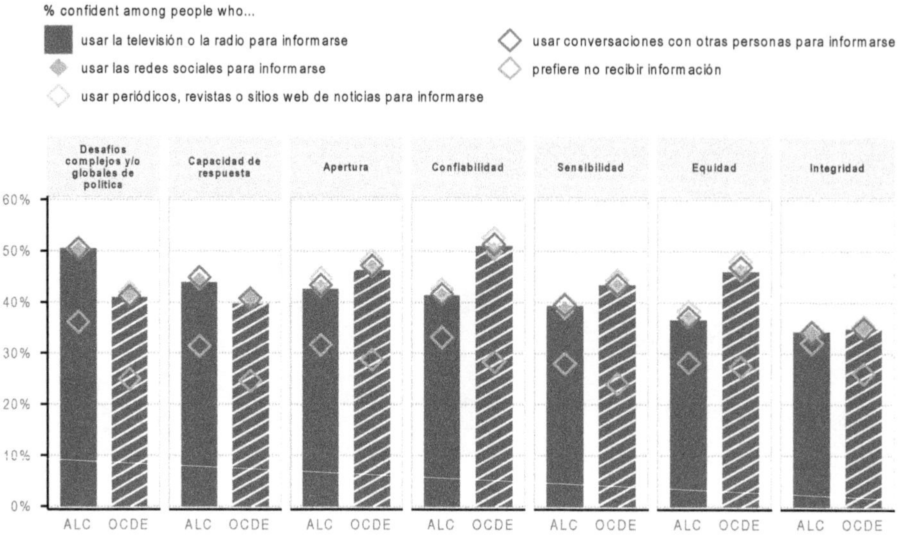

Nota: El gráfico presenta los promedios de respuestas "probables" no ponderados a todas las preguntas de la encuesta relacionadas con «fiabilidad» (3 preguntas), «capacidad de respuesta» (4 preguntas), «integridad» (4 preguntas), «apertura» (4 preguntas), «equidad» (3 preguntas) y «desafíos complejos y/o globales» (2 preguntas) (véase el anexo 1A); por fuente de información sobre política y asuntos de actualidad. La proporción de «probables» corresponde a quienes seleccionan una respuesta de 6 a 10 en la escala de respuesta de 0 a 10, agrupados por cinco fuentes de información sobre política y asuntos de actualidad: televisión o radio; redes sociales; periódicos, revistas o sitios web de noticias en línea; conversaciones con otros; y prefieren no obtener ninguna información. «OCDE» presenta el promedio no ponderado de 30 países de la OCDE, incluidos los cuatro países de ALC, en 2023. «ALC» representa el promedio no ponderado de los diez países de ALC, obtenido en 2023 en el caso de los países de ALC de la OCDE, y en 2025 en países de ALC que no son miembros de la OCDE.
Fuente: Encuesta sobre Confianza de la OCDE 2023 y Encuesta sobre Confianza de la OCDE en ALC 2025

StatLink https://stat.link/mfgdeh

5.2. Los desafíos a la integridad de la información tienen consecuencias para la confianza

La transformación digital de las sociedades ha reconfigurado la forma en que las personas interactúan y se relacionan con la información. Los esfuerzos por adaptarse a estos cambios y generar confianza exigen reforzar la integridad de la información y defender la libertad de opinión y de expresión (OECD, 2024[10]). Las campañas específicas de manipulación de la información e interferencia que pretenden socavar la confianza en la democracia y aumentar las divisiones sociales pueden reducir la capacidad de las sociedades para generar consensos sobre los desafíos políticos. Esto a su vez puede socavar la confianza en los procesos democráticos de forma más amplia (OECD, 2024[11]). A pesar de estas tendencias, la Encuesta sobre Confianza de la OCDE en ALC indica el 7% de los encuestados identifica la información errónea y la desinformación como uno de los tres principales problemas a los que se enfrenta su país. Brasil es el país de la región donde los encuestados muestran mayores niveles de preocupación, alcanzando un 10%.

Tradicionalmente, los medios de comunicación y el periodismo de alta calidad y orientados al interés público han desempeñado un papel fundamental en la promoción de la transparencia y la libertad de expresión. Según el Índice Mundial de Libertad de Prensa (WPF), el periodismo en ALC se enfrenta a graves retos estructurales y económicos, como ser la concentración de los medios de comunicación, la debilidad de los medios de comunicación públicos, el aumento de la vulnerabilidad de la independencia editorial y condiciones de trabajo precarias, e incluso en ocasiones hostiles para los periodistas (RSF, 2025[12]). Según este índice (WPF), Brasil ha subido 47 puestos en la clasificación desde 2022, aunque Costa Rica es el único país de la región con una situación «satisfactoria». Estos problemas se ven amplificados por la disminución de la confianza pública en los medios de comunicación tradicionales y la creciente dependencia de los ciudadanos en las redes sociales para informarse. Esta situación ha contribuido a la modificación de los hábitos de consumo de medios en ALC, provocando una reducción de salas de redacción y desafíos significativos para el modelo de negocios de los medios de comunicación. En este complejo panorama, la Encuesta sobre Confianza de la OCDE proporciona información sobre cómo las personas evalúan la credibilidad de las noticias.

En los países de ALC, las personas evalúan la fiabilidad de las noticias utilizando una amplia variedad de criterios. Las fuentes citadas en las noticias fueron el criterio más indicado como determinante de la fiabilidad, mencionado por el 48% de las personas encuestadas. A esto le sigue el quién informa la noticia (43%), el número de organizaciones que la comunican (41%) y quién comparte la noticia (40%). Los factores citados con menos frecuencia incluyen el número de veces que fue compartida y los "me gusta" recibidos en las plataformas digitales (20%), así como estar de acuerdo con el punto de vista presentado (15%) (Gráfico 5.7). Al comparar los resultados de ALC con los promedios de la OCDE, se aprecian diferencias notables: un porcentaje mayor, aunque todavía minoritario, de encuestados de la región da importancia a indicadores interpersonales y de redes sociales, como el número de veces que se comparte o la cantidad de me gusta (20% frente al 9% de la OCDE), y quién comparte la noticia (40% frente al 35% de la OCDE). Esto sugiere que la validación social desempeña un papel más prominente en la evaluación de noticias en toda ALC en comparación con los países de la OCDE. Sin embargo, estas conclusiones también pueden reflejar el hecho de que, como se ha descrito en la sección anterior, los ciudadanos de ALC recurren en mayor medida a las redes sociales para obtener noticias sobre política y actualidad.

Gráfico 5.7. Los factores sociales desempeñan un papel más prominente en la evaluación de noticias en ALC comparados a los promedios de la OCDE

Porcentaje que seleccionó el factor designado como el más importante para decidir si la noticia es fiable, 2023 o 2025

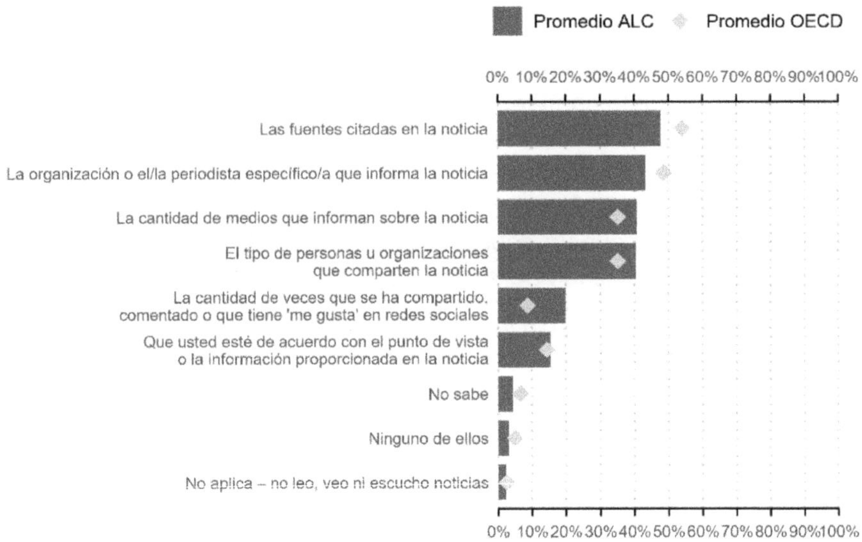

Nota: El gráfico muestra los promedios no ponderados de la proporción de respuestas a la pregunta «Cuando lee, ve o escucha noticias, ¿cuáles de los siguientes factores le importan más para decidir si las noticias son confiables? [Seleccione como máximo tres opciones]». «OCDE» presenta el promedio no ponderado de 30 países de la OCDE, incluidos los cuatro países de ALC, en 2023. «ALC» representa el promedio no ponderado de los diez países de ALC, obtenido en 2023 en el caso de los países de ALC de la OCDE, y en 2025 en los países de ALC que no son miembros de la OCDE.
Fuente: Encuesta sobre Confianza de la OCDE 2023, Encuesta sobre Confianza de la OCDE en ALC 2025

StatLink https://stat.link/731eal

Fortalecer la integridad de la información también requiere esfuerzos concertados para mejorar la comprensión de –y las habilidades de las personas para operar en– los entornos modernos de información. La alfabetización mediática e informacional (AMI) puede ser una herramienta útil para ayudar a construir estas capacidades. En concreto, AMI refiere a un conjunto de habilidades y competencias que permiten a los ciudadanos acceder, comprender, utilizar e interactuar de manera crítica, efectiva y responsable con la información y los medios de comunicación, ya sean los tradicionales o digitales (OECD, 2024[10]).

El mapeo de iniciativas AMI en Iberoamérica elaborado por la UNESCO en 2023, ofrece un listado y descripción de las iniciativas (UNESCO, 2023[13]): se han implementado regulaciones específicas de AMI en el 50% del territorio de América Latina y el Caribe, aunque la asignación de recursos sigue siendo limitada. Asimismo, en los últimos tres años, se ha producido un aumento exponencial de estas iniciativas. Estos programas se han dirigido principalmente a niños, maestros y familias, y hay un énfasis creciente en focalizarse en la educación de adultos. Dichos programas implican una colaboración directa entre los organismos reguladores y las instituciones educativas o los grupos comunitarios.

Las tecnologías emergentes, como los sistemas de inteligencia artificial (IA), presentan nuevas oportunidades y desafíos en constante evolución en todos los entornos (OECD, 2024[10]). La dependencia excesiva de la IA puede hacer que se propaguen (OECD, 2025[14]). Las herramientas de IA también son capaces de crear textos, imágenes, audios y grabaciones de vídeo cada vez más creíbles, socavando la realidad compartida y propiciando un entorno en el que las evidencias reales de conductas indebidas puedan desestimarse como falsificaciones generadas por la IA, lo que también podría debilitar la confianza de los ciudadanos.

Pese a que la IA generativa tiene potencial para generar contenidos convincentes y engañosos en múltiples formatos multimedia, estudios sobre su impacto en recientes elecciones en América Latina y el Caribe determinaron que este ha sido relativamente limitado (Becker Castellaro et al., 2025[15]). Esto puede atribuirse tanto a la novedad de las herramientas de IA generativa como al hecho de que la manipulación de la información requiere mucho más que contenidos convincentes: necesita redes de distribución, mecanismos de amplificación y audiencias receptivas.

5.3. Una comunicación pública fiable, accesible e inclusiva podría aumentar la confianza en las instituciones públicas

En un panorama de información marcado hoy en día por una creciente fragmentación, la comunicación pública desempeña un papel vital en construir y mantener la confianza en las instituciones públicas. Las instituciones públicas deben desarrollar estrategias de comunicación innovadoras que tengan alcance y comuniquen efectivamente a las personas información relevante, relacionable y confiable. La comunicación pública sirve para fortalecer la confianza institucional al aumentar la transparencia sobre las acciones gubernamentales, mejorar la prestación de servicios a través del intercambio de información y demostrar compromiso con los valores democráticos, incluida la apertura, la integridad y la equidad. Las instituciones públicas funcionan como fuentes directas de información a través de sitios web, campañas y eventos de prensa, a la vez que como fuentes indirectas, cuando los funcionarios se involucran con periodistas y otros intermediarios de información. Este multifacético «intercambio de información entre el gobierno y las personas, y el diálogo que de él se deriva» es fundamental para fortalecer la confianza (OECD, 2021[16]).

Una faceta clave de este intercambio de información en las democracias es garantizar la comprensión y la justificación de las decisiones sobre políticas y acciones gubernamentales. En los países de ALC, el 38% de las personas cree que sus gobiernos toman decisiones basadas en evidencia, un porcentaje ligeramente inferior al promedio de la OCDE, del 41%. México y Ecuador destacan positivamente con las puntuaciones más altas del 49% y el 48%, respectivamente (Gráfico 5.8). El análisis econométrico de los resultados de la Encuesta sobre Confianza sugiere que mejorar las percepciones de que el gobierno utiliza la mejor evidencia disponible en las políticas públicas podría ser una poderosa herramienta para aumentar los niveles de confianza en las instituciones. En los países de ALC, mejorar las percepciones de esta variable se asocia a un aumento de los niveles de confianza en el gobierno nacional (7.4 puntos porcentuales), así como a efectos positivos significativos, aunque menores, sobre la confianza en la administración pública (2.9 puntos porcentuales) y en las legislaturas nacionales (1.8 puntos porcentuales) (véase el anexo A). Sin embargo, lograr estas mejoras no está exento de desafíos.

Gráfico 5.8. Una minoría de personas en la región cree que el gobierno utiliza la mejor evidencia disponible para tomar decisiones

Porcentaje de la población que cree probable o improbable que el gobierno tome decisiones basadas en evidencia, 2023 o 2025

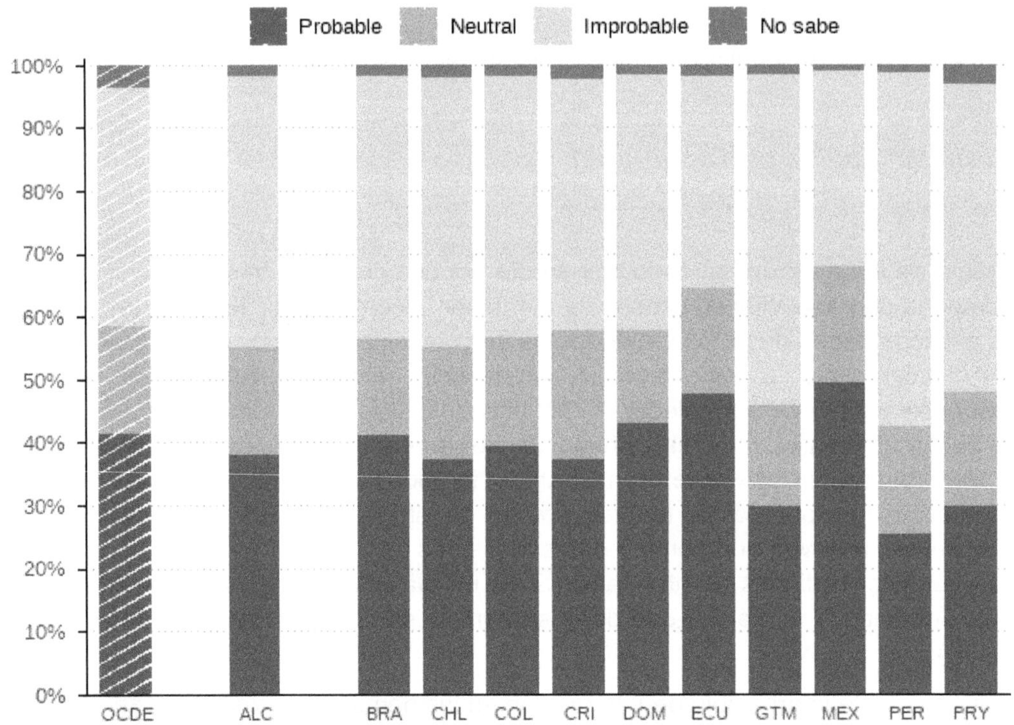

Nota: El gráfico muestra las distribuciones en cada país de las respuestas a la pregunta «Cuando el gobierno toma una decisión, en su opinión, ¿qué tan probable es que esté basada en las mejores evidencias, investigaciones y datos estadísticos disponibles?». La proporción «confiada» es la agregación de las respuestas de 6 a 10 en la escala; «neutral» es igual a una respuesta de 5; «no confiada» es la agregación de las respuestas de 0 a 4; y «No sé» es una opción de respuesta aparte. «OCDE» presenta el promedio no ponderado de 30 países de la OCDE, incluidos los cuatro países de ALC, en 2023. «ALC» representa el promedio no ponderado de los diez países de ALC, obtenido en 2023 en el caso de los países de ALC de la OCDE, y en 2025 en los países de ALC que no son miembros de la OCDE.
Fuente: Encuesta sobre Confianza de la OCDE 2023, Encuesta sobre Confianza de la OCDE en ALC 2025.

StatLink https://stat.link/a9bjqn

Sin embargo, estas percepciones están influenciadas por la afinidad partidaria: en todos los países, los encuestados que votaron (o hubiesen votado) por el partido o candidato en el gobierno muestran consistentemente una mayor confianza en la toma de decisiones basada en evidencia en comparación con aquellos que votaron por la oposición. Por ejemplo, en Ecuador, casi el doble (59% frente al 31%) de personas que votaron al gobierno creen que las decisiones se basan en evidencia comparado con los votantes de la oposición. En la República Dominicana (59% frente a 28%) y Paraguay (39% frente a 21%) se observan patrones similares. Esta brecha por afinidad partidaria en las percepciones sobre el uso de evidencia subraya la importancia de distinguir la comunicación política de la comunicación pública (OECD, 2021[16]). Al respecto, las instituciones gubernamentales obtendrían importantes beneficios al seguir guías claras para separar las comunicaciones públicas oficiales de los mensajes políticos y deberían facilitar mecanismos para que los funcionarios puedan reportar sus preocupaciones respecto a instancias en donde se pueda comprometer la neutralidad de los esfuerzos de comunicación.

Por otra parte, las estadísticas gubernamentales son una forma en que las instituciones públicas pueden proporcionar a los ciudadanos, las empresas y las organizaciones una base para comprender los desarrollos económicos, sociales y políticos. La Recomendación de la OCDE sobre Buenas Prácticas Estadísticas enfatiza la necesidad de independencia profesional de las autoridades estadísticas nacionales, el compromiso con los estándares de calidad en los productos y procesos estadísticos, y el acceso y difusión de datos "amigable a los usuarios" para garantizar que las estadísticas sean accesibles, comprensibles y estén disponibles en formatos legibles por máquinas con los metadatos y orientaciones adecuados [OECD/LEGAL/0417]. Sin embargo, los resultados de la Encuesta sobre Confianza en ALC revelan desafíos importantes de la confianza pública en estas estadísticas. Solo el 23% de los encuestados cree que las estadísticas gubernamentales son fáciles de encontrar, el 27% las encuentra comprensibles, el 21% considera que permiten a la gente verificar si el gobierno cumple sus promesas y el 24% las considera fiables (Gráfico 5.9). A su vez, el alto porcentaje de respuestas neutrales y «no se» sugiere una falta de conocimiento o interés generalizados en estadísticas oficiales.

Gráfico 5.9. En gran medida, las estadísticas gubernamentales se perciben como inaccesibles

Porcentaje de la población con diferentes evaluaciones de las características de las estadísticas proporcionadas por instituciones públicas, 2023 o 2025

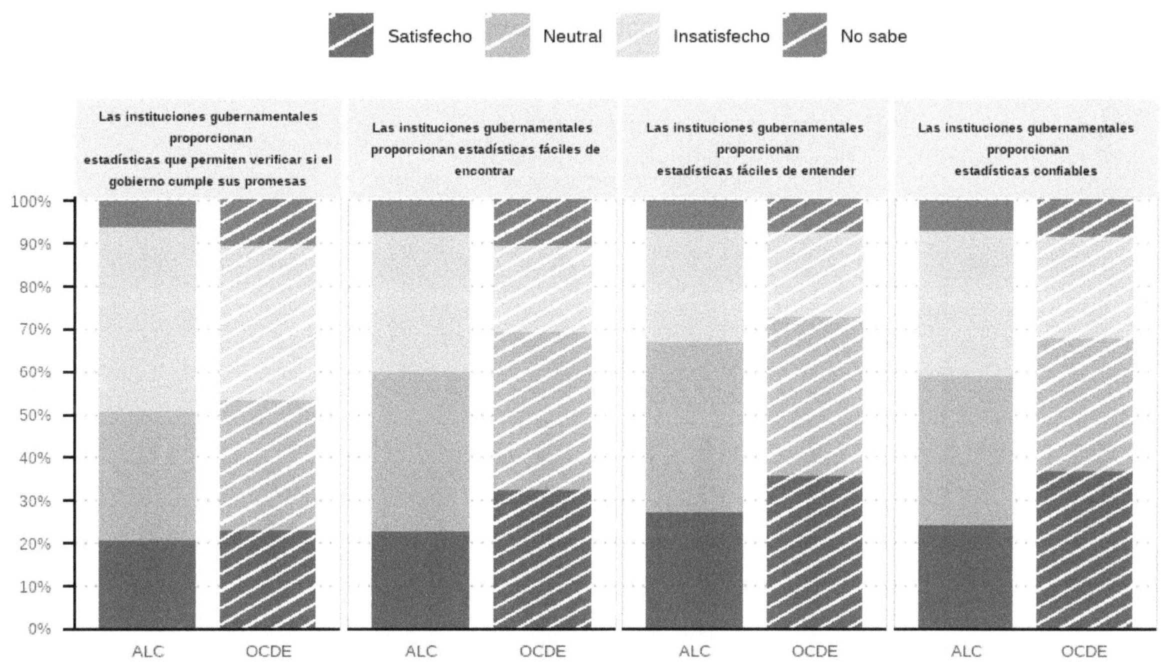

Nota: El gráfico muestra los promedios no ponderados de la proporción de respuestas a la pregunta «En general, ¿diría que las instituciones públicas (como los ministerios y el Instituto Nacional de Estadísticas) proporcionan estadísticas que...? 1. Son fáciles de encontrar; 2. Son fáciles de entender; 3. Permiten verificar si el gobierno cumple sus promesas; 4. Son confiables]». La categoría «satisfecho» agrega las respuestas "siempre" y "frecuentemente"; «neutral» se corresponde al porcentaje de respuestas "a veces"; y la categoría «insatisfecho» agrega las respuestas "rara vez" y "nunca". «OCDE» presenta el promedio no ponderado de 30 países de la OCDE, incluidos los cuatro países de ALC, en 2023. «ALC» representa el promedio no ponderado de los diez países de ALC, obtenido en 2023 en el caso de los países de ALC de la OCDE, y en 2025 en los países de ALC que no son miembros de la OCDE.
Fuente: Encuesta sobre Confianza de la OCDE 2023, Encuesta sobre Confianza de la OCDE en ALC 2025

StatLink https://stat.link/0jgo82

Más allá de comunicar sobre el uso de la evidencia, mejorar la comunicación en torno a los efectos esperados de las reformas también podría generar mejoras en la confianza en el gobierno nacional. Las personas que consideran probable que el gobierno explique claramente cómo se verán afectadas por una reforma son 1.6 puntos porcentuales más probables a expresar confianza alta o moderadamente alta en el gobierno[1] nacional.

Los encuestados de ALC suelen expresar mayores niveles de satisfacción con los aspectos administrativos o rutinarios de la comunicación pública. Los resultados de la Encuesta sobre Confianza indican que el 57% cree que existe información clara y fácilmente disponible sobre los servicios administrativos, por debajo del promedio de la OCDE (67%) (Gráfico 5.10). Este tipo de comunicación es a la vez un servicio público esencial y una parte integral de la experiencia del usuario. Sin embargo, al igual que ocurre en los países de la OCDE, los ciudadanos son más escépticos sobre la capacidad o disposición de los gobiernos para explicar cómo pueden verse afectados por una reforma política de relevancia. Solo el 36% de los encuestados en ALC (versus al 39% promedio de la OCDE) cree que el gobierno comunicaría claramente cómo les afectarían personalmente las reformas, mientras que el 44% cree que su gobierno no daría ese tipo de explicaciones (Gráfico 5.10).

Gráfico 5.10. Los latinoamericanos están relativamente satisfechos con la claridad de la información sobre los servicios administrativos, pero menos con la claridad de la comunicación relativa a las reformas

Porcentaje de la población que cree probable que el gobierno nacional explique claramente los impactos de reformas y que la información sobre los servicios administrativos sea fácilmente accesible, 2023 o 2025

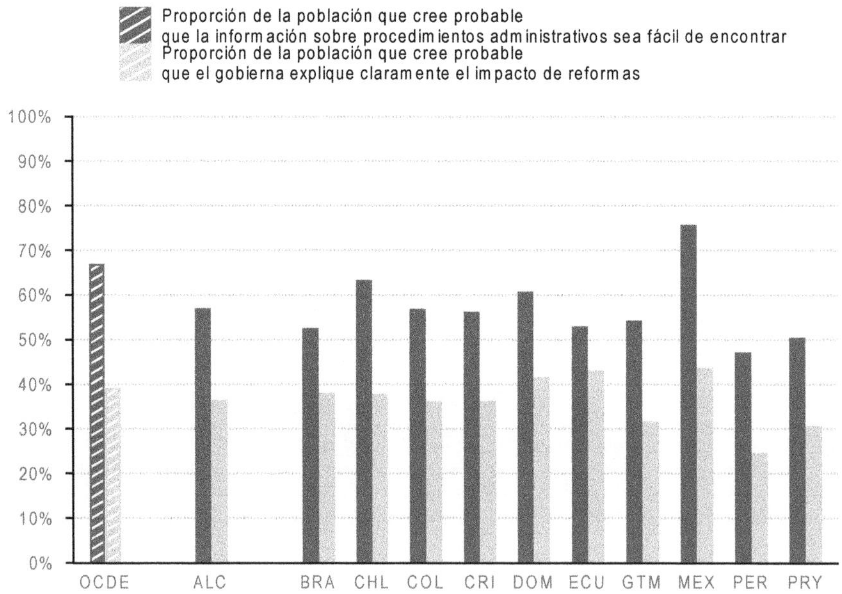

Nota: El gráfico muestra los promedios no ponderados de la proporción de respuesta «probable» (que agrega las respuestas de 6 a 10, en una escala de 0 a 10) a las preguntas: «Si el gobierno llevara a cabo una reforma, en su opinión, ¿qué tan probable es que se explique claramente cómo usted se vería afectada/o por la reforma?» y «Si usted necesitara información sobre un trámite en las instituciones públicas (por ejemplo, obtener un pasaporte, registrar un nacimiento, postular a beneficios, etc.), en su opinión, ¿qué tan probable es que esa información sea fácil de encontrar?». «OCDE» presenta el promedio no ponderado de 30 países de la OCDE, incluidos los cuatro países de ALC, en 2023. «ALC» representa el promedio no ponderado de los diez países de ALC, obtenido en 2023 en el caso de los países de ALC de la OCDE, y en 2025 en los países de ALC que no son miembros de la OCDE.
Fuente: Encuesta sobre Confianza de la OCDE 2023, Encuesta sobre Confianza de la OCDE en ALC 2025.

StatLink https://stat.link/4g7vma

Los datos de la Encuesta sobre Confianza de la OCDE en ALC revelan importantes disparidades en las percepciones de los diferentes grupos sociodemográficos sobre la comunicación clara de los impactos de reformas por parte del gobierno (Gráfico 5.11). Entre los diversos resultados, el que más destaca es que existe una brecha de casi 50 puntos porcentuales entre las percepciones de quienes creen que el sistema político permite a la gente influenciar las decisiones de gobierno (el 70% cree que el gobierno explicaría claramente las reformas) y quienes no (solo el 21 % cree lo mismo). Las personas que se autoidentifican como parte de un grupo discriminado también tienen menos probabilidades de creer que el gobierno explicaría los impactos de las reformas (32%) en comparación con aquellas que no se sienten discriminadas (39%), una brecha similar a la observada en los países de la OCDE. Por su parte, la brecha entre las personas que no reportan preocupaciones financieras (48%) comparada a las que si (34%) es más pronunciada en la región que en el conjunto de la OCDE. La edad, el género y la educación muestran brechas más pequeñas en las percepciones sobre la comunicación de las reformas. Aunque las diferencias están a la par o son menores que los promedios de la OCDE. Estos resultados sugieren que las estrategias de comunicación de los gobiernos deben mejorar de forma significativa el alcance a los grupos desfavorecidos y aquellos que se sienten desconectados de los procesos políticos, especialmente cuando se debe explicar cómo las reformas complejas afectarían a distintos segmentos poblacionales.

Gráfico 5.11 Las personas con preocupaciones financieras y que sienten que carecen de voz política tienen menos confianza en que el gobierno explique cómo les afectaría una nueva reforma

Porcentaje de cada grupo que considera probable que el Gobierno nacional explique claramente cómo se vería afectado el encuestado, 2023 o 2025

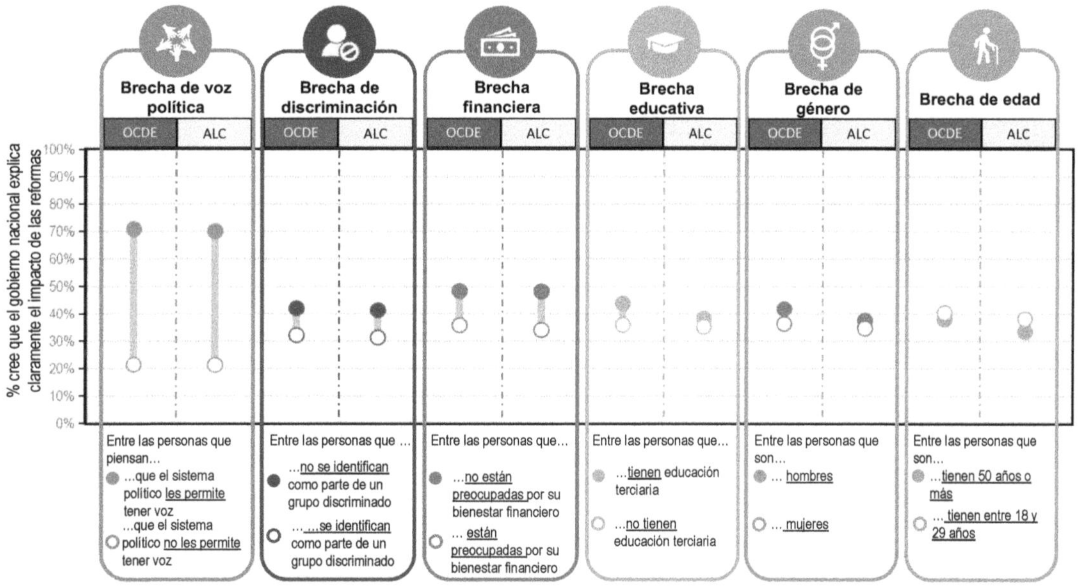

Nota: El gráfico muestra promedios no ponderados de respuestas "probables" en ALC y OCDE entre los distintos subgrupos de población a la pregunta «Si el gobierno llevara a cabo una reforma, en su opinión, ¿qué tan probable es que se explique claramente cómo usted se vería afectada/o por la reforma?». Destaca las diferencias entre las personas que creen tener voz en lo que hace el gobierno en comparación con las que no (brecha de agencia política); entre los que votaron por el partido o candidato en el gobierno y los que no (brecha de afinidad partidaria); y entre las personas que no están preocupadas por su bienestar financiero y los que sí lo están (brecha de preocupación financiera). También compara los niveles de confianza entre las personas con educación terciaria y las que no la tienen (brecha educativa), entre hombres y mujeres (brecha de género), y entre las personas mayores (50 años o más) y las más jóvenes encuestadas (18-29 años) (brecha etaria). La respuesta "probable" agrega las respuestas de 6 a 10 en una escala de 0 a 10. La preocupación por el bienestar financiero se mide en una escala de 0 a 4, donde de 3 a 4 corresponden a personas preocupadas por su bienestar financiero. «OCDE» presenta el promedio no ponderado de 30 países de la OCDE, incluidos los cuatro países de ALC, en 2023. «ALC» representa el promedio no ponderado de los diez países de ALC, obtenido en 2023 en el caso de los países de ALC de la OCDE, y en 2025 en países de ALC que no son miembros de la OCDE.
Fuente: Encuesta sobre Confianza de la OCDE 2023 y Encuesta sobre Confianza de la OCDE en ALC 2025.

StatLink https://stat.link/wy7cm1

Una comunicación pública eficaz es fundamental para garantizar la aceptación por parte de la ciudadanía de las reformas y políticas, lo que requiere un enfoque estratégico que equilibre varios factores clave.

Estrategias de comunicación exitosas deben basarse en un mandato electoral claro, promesas gubernamentales creíbles sobre la eficacia de las reformas y garantías respecto a la compensación de aquellos que se vean perjudicados (OECD, 2010[17]; Reynolds et al., 2020[18]). Para asegurar el alcance al público deseado, la comunicación pública debe ser fácil de entender (por ejemplo, utilizando herramientas como las calculadoras en línea para reformas con impactos variables), inclusiva (llegando a diversos grupos lingüísticos y sociales con un mensaje personalizado), receptiva (demostrando la comprensión de las preocupaciones de los ciudadanos y permitiendo un diálogo bidireccional) y lo suficientemente convincente para atravesar el complejo panorama informativo de hoy en día (OECD, 2024[19]; OECD, 2010[17]).

Bibliografía

Balutet, N. (2020), "Télévision et politique spectacle: l'exemple chilien", *Dígitos. Revista de Comunicación Digital* 6, pp. 239-252, https://doi.org/10.7203/RD.V1I6.164. [5]

Becker Castellaro, S. et al. (2025), "Artificial Intelligence and Information Integrity: Latin American experiences. Policy Paper No. 34, 2025", https://doi.org/10.31752/IDEA.2025.39. [15]

Hallin, D. and M. Echeverria (2025), "Media systems in Latin America", in *The Routledge Handbook of Political Communication in Ibero-America*, https://www.researchgate.net/profile/Martin-Echeverria/publication/384134295_Media_systems_in_Latin_America/links/674de0e8f309a268c01e4c4b/Media-systems-in-Latin-America.pdf?origin=publication_detail&_tp=eyJjb250ZXh0Ijp7ImZpcnN0UGFnZSI6InB1YmxpY2F0aW9uIiwicGFnZSI6InB1YmxpY2F0aW9uRG93bmxvYWQiLCJwcmV2aW91c1BhZ2UiOiJwdWJsaWNhdGlvbiJ9fQ&__cf_chl_tk=eaLxbsJ9q72eDYSdX6cc7nBe55R29T4mswFYvryUCkE-1753786898-1.0.1.1-H00g5xblUH_ylUWytVRzJQeJMxaA1D8clJt4.2wQFgE (accessed on 29 July 2025). [9]

Marcinkowski, F. and C. Starke (2018), "Trust in government: What's news media got to do with it?", *Studies in Communication Sciences*, Vol. 18/1, pp. 87-102, https://doi.org/10.24434/j.scoms.2018.01.006. [1]

Mastrini, G. (n.d.), "More Owners than Ever", *Global Media Journal*, Vol. 17/32, https://www.academia.edu/download/96575826/more-owners-than-ever-concentration-in-the-latin-americancommunication-landscape-of-the-21st-century.pdf (accessed on 29 July 2025). [8]

Mauersberger, C. (2015), "Advocacy coalitions and democratizing media reforms in Latin America: Whose voice gets on the air?", *Advocacy Coalitions and Democratizing Media Reforms in Latin America: Whose Voice Gets on the Air?*, pp. 1-275, https://doi.org/10.1007/978-3-319-21278-4/COVER. [6]

Mendel, T., Á. Castillejo and G. Gómez (2017), *Concentration of media ownership and freedom of expression: global standards and implications for the Americas*, UNESCO, https://unesdoc.unesco.org/in/documentViewer.xhtml?v=2.1.196&id=p::usmarcdef_0000248091&file=/in/rest/annotationSVC/DownloadWatermarkedAttachment/attach_import_f577db9e-bf64-4724-ba50-be797dc87057%3F_%3D248091eng.pdf&locale=en&multi=true&ark=/ark:/48223/pf0000248091/PDF/248091eng.pdf#%5B%7B%22num%22%3A73%2C%22gen%22%3A0%7D%2C%7B%22name%22%3A%22XYZ%22%7D%2C0%2C842%2Cnull%5D (accessed on 29 July 2025). [7]

Norris, P. (2022), *In Praise of Skepticism*, Oxford University Press. [2]

OECD (2025), *Governing with Artificial Intelligence: The State of Play and Way Forward in Core Government Functions*, OECD Publishing, https://doi.org/10.1787/795de142-en. [14]

OECD (2024), *Facts not Fakes: Tackling Disinformation, Strengthening Information Integrity*, OECD Publishing, Paris, https://doi.org/10.1787/d909ff7a-en. [3]

OECD (2024), *Lessons from the 2023 OECD Trust Survey in Slovenia*, Building Trust in Public Institutions, OECD Publishing, Paris, https://doi.org/10.1787/261ac7b2-en. [19]

OECD (2024), *OECD Survey on Drivers of Trust in Public Institutions – 2024 Results: Building Trust in a Complex Policy Environment*, OECD Publishing, Paris, https://doi.org/10.1787/9a20554b-en. [11]

OECD (2024), *Recommendation of the Council on Information Integrity*, https://legalinstruments.oecd.org/en/instruments/OECD-LEGAL-0505. [10]

OECD (2021), *OECD Report on Public Communication: The Global Context and the Way Forward*, OECD Publishing, Paris, https://doi.org/10.1787/22f8031c-en. [16]

OECD (2010), *Making Reform Happen: Lessons from OECD Countries*, OECD Publishing, Paris, https://doi.org/10.1787/9789264086296-en. [17]

Reynolds, J. et al. (2020), "Communicating the effectiveness and ineffectiveness of government policies and their impact on public support: a systematic review with meta-analysis", *Royal Society Open Science*, Vol. 7/1, https://doi.org/10.1098/RSOS.190522. [18]

RSF (2025), *2025 World Press Freedom Index - The Americas*, https://rsf.org/en/classement/2025/americas (accessed on 30 July 2025). [12]

Schäfer, S. and C. Schemer (2024), "Informed participation? An investigation of the relationship between exposure to different news channels and participation mediated through actual and perceived knowledge", *Frontiers in Psychology*, Vol. 14, p. 1251379, https://doi.org/10.3389/FPSYG.2023.1251379. [4]

UNESCO (2023), *Mapping of media and information literacy initiatives in Ibero-America*, https://unesdoc.unesco.org/ark:/48223/pf0000390030_eng (accessed on 29 July 2025). [13]

Nota

[1] También hay una asociación, aunque débil, entre las percepciones positivas sobre la disponibilidad de información sobre los servicios administrativos y la confianza en el gobierno local. Sin embargo, el efecto marginal es de tan solo 1.1 punto porcentual, y solo es estadísticamente significativo en el nivel del 10%.

Annex A. Los determinantes en materia de gobernanza pública y las características personales que influencian la confianza en las instituciones públicas

Dado que la confianza pública está influenciada por múltiples factores, es valioso explorar cómo estos elementos se relacionan con los niveles de confianza en simultáneo. Esto se realiza mediante un análisis econométrico, que examina los vínculos entre el resultado de interés —la confianza en una institución pública— y las percepciones ciudadanas sobre los determinantes de confianza en materia de gobernanza publica, así como de ciertas características individuales. Este análisis demuestra cómo las percepciones positivas de las variables explicativas específicas se correlacionan con la probabilidad de expresar confianza alta o moderadamente alta en una institución pública, mientras se controla por las percepciones sobre otras variables y las características individuales. Los resultados de este análisis econométrico ayudan a identificar áreas en las cuales ciertas mejoras podrían aumentar significativamente los niveles de confianza.

Comprender cómo los determinantes de gobernanza pública afectan la confianza

El análisis de regresión revela cómo una percepción positiva de un determinante de gobernanza pública aumenta la probabilidad de que alguien tenga una confianza alta o moderadamente alta en una institución pública, mientras se controla su evaluación sobre otros aspectos de gobernanza pública y su entorno socioeconómico y político. Este enfoque arroja luz sobre cómo el cambio en las percepciones sobre aspectos específicos de gobernanza pública (es decir, sobre un determinante) puede afectar a los niveles de confianza. En el Recuadro A A.1 se ofrece más información sobre el enfoque metodológico.

Sin embargo, el análisis econométrico tiene limitaciones y no puede determinar si los determinantes *causan un aumento de* la confianza. En primer lugar, no puede abordar la *causalidad inversa*. Por ejemplo, no puede determinar si las personas confían más en el gobierno porque creen que utiliza la mejor evidencia disponible para tomar decisiones, o si las personas creen que el gobierno utiliza la mejor evidencia disponible para tomar decisiones porque ya confían en el gobierno. En segundo lugar, la percepción de los diferentes aspectos de gobernanza pública (es decir, de los determinantes) puede estar *muy correlacionada*. Las personas que creen que los gobiernos utilizan la mejor evidencia disponible para tomar decisiones, por ejemplo, también tienden a percibir que el gobierno cambiaría el curso de una política impopular (0.56 de correlación no ponderada). Estas correlaciones dificultan la identificación de efectos estadísticamente significativos y pueden conducir a una subestimación de la importancia de ciertos «determinantes» de la confianza. En tercer lugar, otros factores que no se miden en la Encuesta sobre Confianza de la OCDE también pueden influir en la confianza, lo que da lugar a un *sesgo de variable omitida*.

A pesar de sus limitaciones, el análisis econométrico sigue siendo una herramienta valiosa para identificar qué aspectos de gobernanza pública están más estrechamente asociados con la confianza, una vez tenidas en cuenta otras variables que se sabe que afectan a la confianza. Los resultados ofrecen a los gobiernos orientación sobre qué aspectos aprovechar o mejorar para aumentar la confianza. La elección de las variables incluidas en el análisis está orientada por un marco teórico (Brezzi et al., 2021[1]) que identifica los determinantes de la confianza, arraigados y en base a investigaciones teóricas y empíricas anteriores (véase el anexo 1.A).

En las siguientes secciones se presentan los resultados de una regresión logística que analiza la probabilidad de confianza en los gobiernos nacionales y locales, la administración pública y las legislaturas, considerando una amplia gama de variables explicativas y de control. Las cifras muestran todas las variables determinantes con una relación estadísticamente significativa (al nivel de significancia del 5%) con la confianza en las instituciones antes mencionadas. No se presentan variables de control estadísticamente significativas, ni tampoco variables con un nivel de significancia inferior al 5%, o con un nivel de significancia del 5% pero efectos marginales estimados inferiores a 1.5 puntos porcentuales, ya que se considera que su significación práctica en términos de política pública es marginal (aunque las mismas sí son presentadas en A.1).

Equilibrar las necesidades intergeneracionales e incorporar evidencia en la toma de decisiones se asocian en gran medida a la confianza en el gobierno nacional

Dos aspectos de gobernanza pública (es decir, determinantes) tienen la mayor correlación con la confianza en el gobierno nacional: las percepciones positivas sobre la capacidad del gobierno de equilibrar adecuadamente los intereses de las generaciones actuales y futuras y del uso de la mejor evidencia disponible en la toma de decisiones. Las personas que confían más en estos dos aspectos tienen una probabilidad de 7.5 y 7.4 puntos porcentuales mayor, respectivamente, de tener confianza alta o moderadamente alta en el gobierno nacional.

Estos dos principales determinantes de la confianza muestran diferentes niveles de confianza pública: el 46% de los encuestados cree probable que el gobierno equilibre adecuadamente los intereses de las diferentes generaciones, mientras que un porcentaje menor (38%) cree probable que utilice la mejor evidencia disponible en la toma de decisiones (Gráfico A A.1).

En particular, incluso entre quienes no votaron por el partido o candidato en el gobierno, tomar decisiones basadas en evidencia (6.2 puntos porcentuales) y equilibrar los intereses de las generaciones actuales y futuras (5.6 puntos porcentuales) también son los principales determinantes de la confianza en el gobierno nacional.

Otros aspectos de gobernanza pública también tienen una relación significativa con la confianza en el gobierno nacional. En lo que respecta al principio democrático de frenos y contrapesos, la confianza en que el poder legislativo haga rendir cuentas al ejecutivo de manera efectivase asocia con un aumento de la confianza de 3.4 puntos porcentuales. Las percepciones sobre la preparación de los gobiernos ante emergencias y su capacidad de regular las nuevas tecnologías para apoyar al público a utilizarlas de manera responsable se asocian a aumentos de 2.1 y 1.6 puntos porcentuales, respectivamente. Del mismo modo, sentir que uno tiene voz en las decisiones de gobierno (1.7 puntos porcentuales), que el gobierno responde a los insumos ciudadanos en las consultas públicas (2.3 puntos porcentuales), así como que brinda explicaciones claras sobre los impactos de las reformas (1.6 puntos porcentuales) también se asocian a una probabilidad moderadamente mayor de confiar en el propio gobierno nacional.

Solo dos aspectos vinculados a la interacción cotidiana entre las personas y las instituciones están correlacionados con la confianza en el gobierno nacional. Se trata de la satisfacción con los servicios públicos administrativos (2.3 puntos porcentuales) y la percepción de que las solicitudes de prestaciones públicas serán tratadas de manera justa (1.5 puntos porcentuales).

Gráfico A A.1. Las personas que perciben que los gobiernos utilizan la mejor evidencia disponible y equilibran adecuadamente los intereses intergeneracionales tienen más probabilidades de expresar confianza alta o moderadamente alta en el gobierno nacional

Variación en puntos porcentuales de la confianza alta o moderadamente alta en el gobierno nacional en respuesta a una percepción más positiva de las variables de gobernanza pública (eje X) y la proporción promedio no ponderada de la población de ALC con una percepción positiva de las variables señaladas (eje Y)

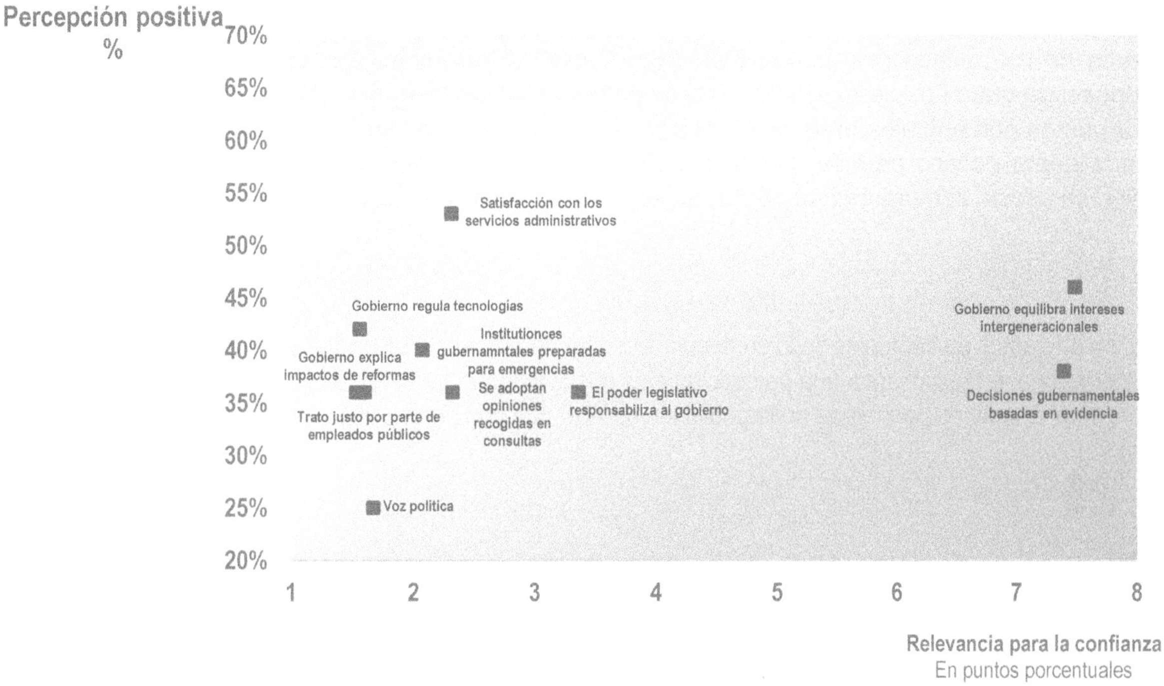

Nota: El gráfico muestra los determinantes estadísticamente significativos de la confianza en el gobierno nacional en una regresión logística que controla por características individuales (edad, género y nivel educativo), incluyendo el voto o la intención de voto por el partido en el gobierno, los niveles autorreportados de confianza interpersonal y los efectos fijos del país. Todas las variables representadas son estadísticamente significativas en el nivel $p<0,05$ y tienen un efecto marginal medio igual o superior a 1.5 puntos porcentuales.
Fuente: Encuesta sobre Confianza de la OCDE 2023 y Encuesta sobre Confianza de la OCDE en ALC 2025.

La satisfacción con los servicios públicos administrativos, las percepciones de imparcialidad y la capacidad de respuesta se asocian a una mayor confianza en la administración pública nacional

Varios aspectos de gobernanza pública se asocian a una confianza alta o moderadamente alta en la administración pública nacional. La satisfacción con los servicios públicos administrativos es la variable más fuertemente asociada a esta confianza. Estar más satisfecho con los servicios públicos administrativos -como lo está el 55% de los usuarios recientes- aumenta la probabilidad de tener una confianza alta o moderadamente alta en la administración pública en 4.1 puntos porcentuales. La probabilidad de confiar en la administración pública nacional también aumenta en 2.9 puntos porcentuales cuando las personas creen que el gobierno basa sus decisiones en la mejor evidencia disponible, aunque en promedio solo el 38% de los encuestados en los países de ALC cree que es probable que el gobierno lo haga. Del mismo modo, la confianza en la capacidad de los gobiernos para equilibrar los intereses intergeneracionales y en el poder legislativo para balancear los intereses de los diferentes grupos (que el 34% de los encuestados percibe positivamente) aumenta la probabilidad de una confianza alta o moderadamente alta en la administración pública nacional en 2.9 y 2.7 puntos porcentuales, respectivamente.

Hay varios determinantes de la confianza, directamente relacionados con las interacciones cotidianas de las personas con las instituciones públicas, que no se perciben de manera especialmente positiva. Entre ellos se incluye la confianza en que los organismos públicos utilizan los datos personales solo para fines legítimos (1.9 puntos porcentuales), en que las solicitudes de prestaciones se tratan de manera justa (1.7 puntos porcentuales) y en que los reclamos se utilizan para mejorar los servicios (1.8 puntos porcentuales).[1]

Aspectos de gobernanza pública relacionados con la fiabilidad sobre la toma de decisiones de cuestiones políticas complejas, en concreto la preparación de los gobiernos ante emergencias, se asocia a un aumento de 2.4 puntos porcentuales en la probabilidad de confianza. La integridad, en particular la percepción de que el poder legislativo hace rendir cuentas al poder ejecutivo corresponde a un aumento de 1.9 puntos porcentuales en la probabilidad de confianza en la administración pública. Además, creer que el sistema político permite a “gente como uno” tener voz en la toma de decisiones del gobierno también se asocia con una mayor confianza en la administración pública (2.1 puntos porcentuales).[2]

Gráfico A A.2. La satisfacción con los servicios administrativos es el principal determinante de la confianza en la administración pública nacional.

Variación en puntos porcentuales de la confianza alta o moderadamente alta en la administración pública nacional en respuesta a una percepción más positiva de las variables de gobernanza pública (eje X) y la proporción promedio no ponderada de la población de ALC con una percepción positiva de las variables señaladas (eje Y)

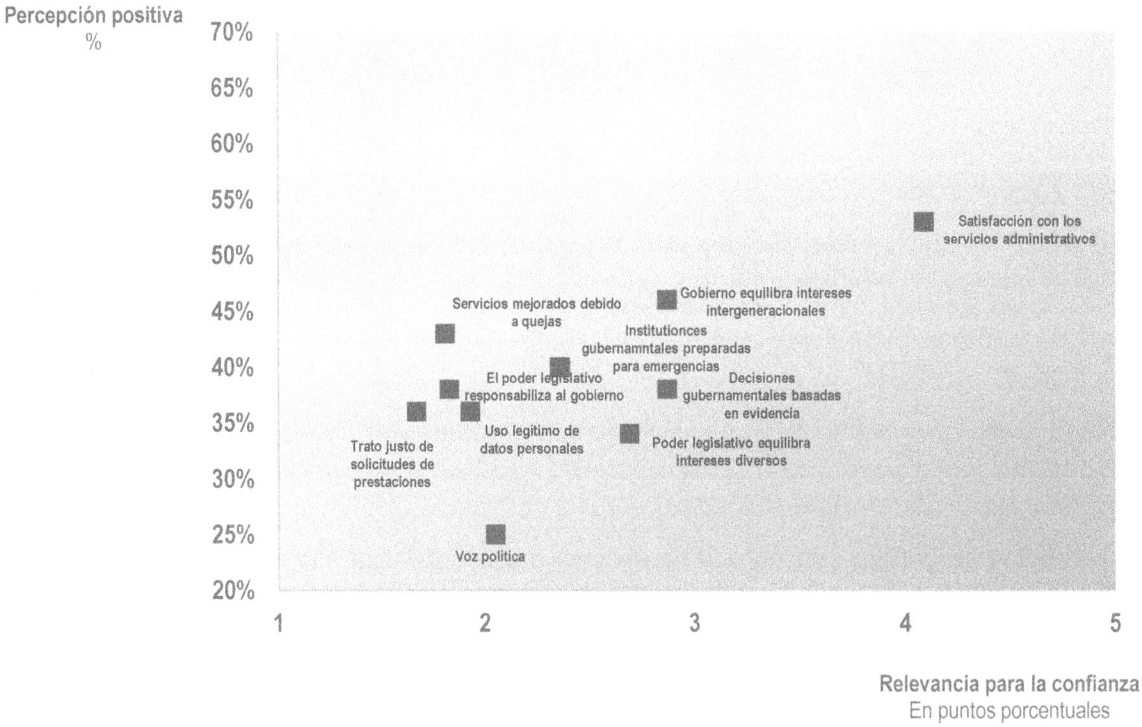

Nota: El gráfico muestra los determinantes estadísticamente significativos de la confianza en la administración pública nacional en una regresión logística que controla por características individuales (edad, género y nivel educativo), incluyendo el voto o la intención de voto por el partido en el gobierno, los niveles autorreportados de confianza interpersonal y los efectos fijos del país. Todas las variables representadas son estadísticamente significativas en el nivel p<0,05 y tienen un efecto marginal medio igual o superior a 1.5 puntos porcentuales.
Fuente: Encuesta sobre Confianza de la OCDE 2023 y Encuesta sobre Confianza de la OCDE en ALC 2025.

La confianza en las legislaturas es mayor si se percibe que equilibran los intereses de diferentes grupos

Las legislaturas de América Latina enfrentan una desconfianza generalizada, con menos del 30% de los ciudadanos que expresan una confianza alta o moderadamente alta en las mismas. El análisis de los resultados de la Encuesta de Confianza de la OCDE sugiere que una mayor confianza en la capacidad de las legislaturas para equilibrar las necesidades de diferentes regiones y grupos de la sociedad muestra la mayor correlación con la confianza en el poder legislativo (Gráfico A A.3). Las personas que creen que las legislaturas logran equilibrar necesidades son7.7 puntos porcentuales más probables a confiar en ellas, manteniendo constantes el resto de los factores.

Los segundo y tercer determinantes más significativos de la confianza en el poder legislativo son la satisfacción con los servicios públicos administrativos y el sentimiento voz política, asociados a un aumento de la confianza en 3.4 y 2.9 puntos porcentuales, respectivamente.

Otros factores que influyen positivamente en la confianza en el legislativo son las percepciones de que el gobierno equilibra adecuadamente los intereses de las diferentes generaciones (2.6 puntos porcentuales), de que el poder legislativo hace rendir cuentas al poder ejecutivo (2.5 puntos porcentuales), que el gobierno está preparado para afrontar emergencias (2.1 puntos porcentuales), utiliza los datos personales solo para fines legítimos (1.9 puntos porcentuales), así como evidencia de calidad en la toma de decisiones (1.8 puntos porcentuales).

Gráfico A A.3. La confianza en la capacidad del poder legislativo para equilibrar los diferentes intereses de la sociedad es el determinante de confianza en el legislativo

Variación en puntos porcentuales de la confianza alta o moderadamente alta en la legislatura nacional en respuesta a una percepción más positiva de las variables de gobernanza pública (eje X) y la proporción promedio no ponderada de la población de ALC con una percepción positiva de las variables señaladas (eje Y)

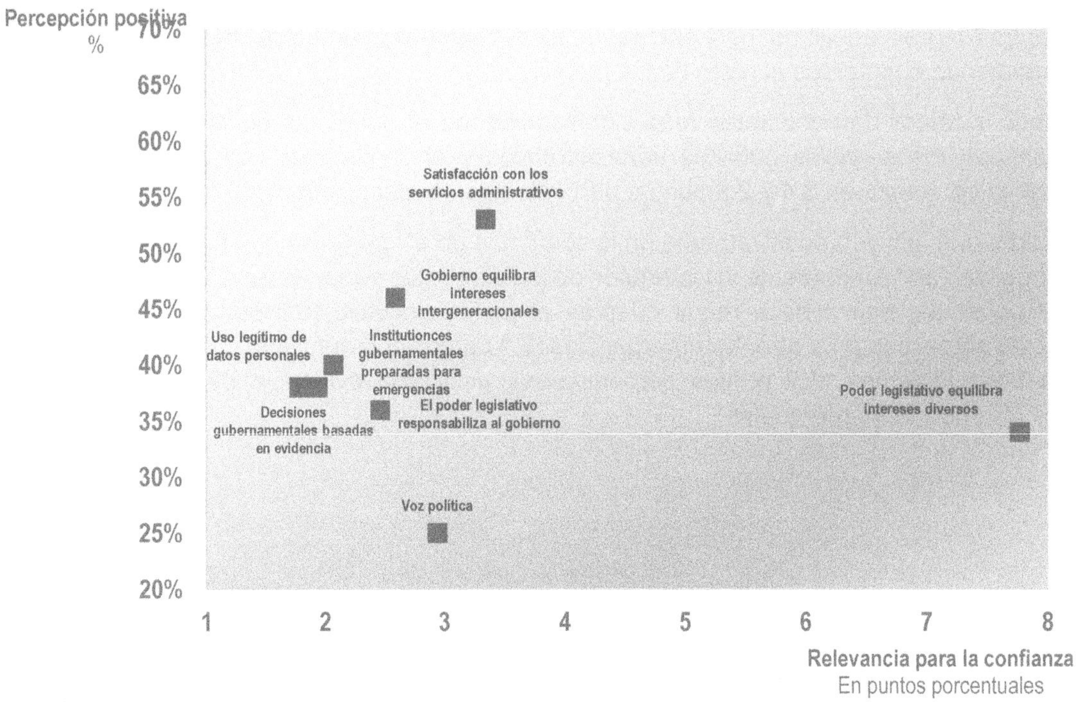

Nota: El gráfico muestra los determinantes más robustos de la confianza en las legislaturas nacionales en una regresión logística que controla por características individuales (edad, género y nivel educativo), incluyendo el voto o la intención de voto por el partido en el gobierno, los niveles autorreportados de confianza interpersonal y los efectos fijos del país. Todas las variables representadas son estadísticamente significativas a nivel $p<0,05$ y tienen un efecto marginal medio igual o superior a 1.5 puntos porcentuales.
Fuente: Encuesta sobre Confianza de la OCDE 2023 y Encuesta sobre Confianza de la OCDE en ALC 2025.

Tener oportunidades para opinar sobre decisiones que afectan a las comunidades, junto con la satisfacción en los servicios públicos administrativos, son los determinantes más importantes de la confianza en el gobierno local

Los dos aspectos de gobernanza pública más importantes que afectan a la confianza en los gobiernos locales están relacionados con las percepciones sobre las oportunidades opinar en cuestiones locales y con la satisfacción con los servicios públicos administrativos: las personas que creen que tienen oportunidades de expresar su opinión en decisiones que afectan a su comunidad son 4.7 puntos porcentuales más probables de tener una confianza alta o moderadamente alta en lo gobiernos locales (Grafico A.4). Sin embargo, solo el 38% de los latinoamericanos cree que su gobierno local les da la oportunidad de expresar sus opiniones sobre asuntos locales. Asimismo, la satisfacción con los servicios públicos administrativos se asocia con una probabilidad 4.3 puntos porcentuales mayor de expresar confianza alta o moderadamente alta en el gobierno local, mientras que el 55% de los usuarios declararon estar satisfechos con estos servicios.

Como se esperaba, muchos aspectos relacionados con las interacciones cotidianas de las personas con las instituciones públicas también pueden fortalecer la confianza en el gobierno local. Entre ellos se incluyen percepciones positivas respecto a que los servicios serán mejorados tras reclamos (2.4 puntos porcentuales), el tratamiento justo de las solicitudes de prestaciones o beneficios públicos (2.3 puntos porcentuales), el trato justo a todas las personas por parte de los empleados públicos (1.9 puntos porcentuales) o el uso de los datos personales por parte de los organismos públicos solo para fines legítimos (1.7 puntos porcentuales).[3]

Además, aspectos relacionados con la toma de decisiones sobre cuestiones de política complejas también son importantes para generar confianza en el gobierno local. La preparación para afrontar emergencias está vinculada a un aumento de la confianza de 3.6 puntos porcentuales, y el percibir que las legislaturas equilibran los intereses de los diferentes grupos de la sociedad se asocia a una probabilidad 3 puntos porcentuales mayor de reportar confianza alta o moderadamente alta en el gobierno local. En ambos aspectos, los latinoamericanos no tienen percepciones muy positivas (40% y 34%, respectivamente), destacando que hay espacio para mejorar y que los gobiernos locales desempeñan un papel clave a la hora de garantizar la equidad en la formulación de políticas públicas entre los distintos grupos de población y, en particular, durante las emergencias.[4]

Gráfico A A.4. Garantizar que las personas puedan expresar sus opiniones en decisiones que afectan a su comunidad tiene el mayor potencial para aumentar la confianza en el gobierno local

Variación en puntos porcentuales de la confianza alta o moderadamente alta en el gobierno local en respuesta a una percepción más positiva de las variables de gobernanza pública (eje X) y la proporción promedio no ponderada de ALC de la población con una percepción positiva de las variables señaladas (eje Y)

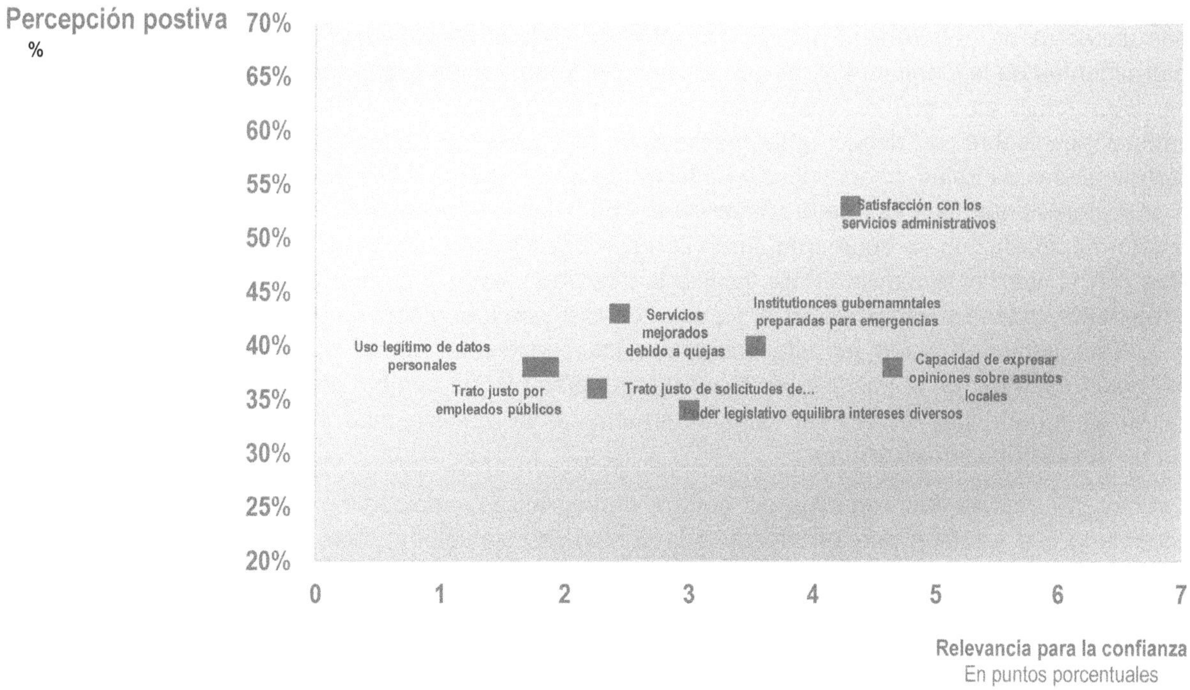

Nota: El gráfico muestra los determinantes más robustos de la confianza en el gobierno local en una regresión logística que controla por características individuales (edad, género y nivel educativo), incluyendo el voto o la intención de voto por el partido en el gobierno, los niveles autorreportados de confianza interpersonal y los efectos fijos del país. Todas las variables representadas son estadísticamente significativas en el nivel p<0,05 y tienen un efecto marginal medio igual o superior a 1.5 puntos porcentuales.
Fuente: Encuesta sobre Confianza de la OCDE 2023 y Encuesta sobre Confianza de la OCDE en ALC 2025.

Recuadro A A.1. Regresión logística que evalúa la importancia de diferentes factores relacionados con la confianza

Los resultados econométricos que se presentan a continuación se basan en cuatro modelos de regresión logística diseñados para identificar los principales determinantes de confianza en los gobiernos nacionales, las legislaturas nacionales, los gobiernos locales y la administración pública en diez países de América Latina y el Caribe (ALC). En el anexo B se puede encontrar más información sobre la metodología de la encuesta y la cobertura por países.

La regresión logística estima la probabilidad de que el individuo *i* encuestado en el país *c* exprese confianza en una institución pública (gobierno nacional, gobierno local, legislatura nacional o administración pública nacional). La confianza se trata como una variable binaria, igual a 1 si el encuestado dio una puntuación de 6 o superior en una escala de 0 a 10 (donde 0 indica nula confianza y 10 alta confianza), y 0 si la puntuación otorgada fue entre 0 y 4. Se excluyen del análisis las respuestas neutrales (puntuación de 5) y las respuestas «no sé». Se aplica el siguiente modelo logit:

$$\log\left(\frac{Pr(Trust_{ic}=1)}{1-Pr(Trust_{ic}=1)}\right)=\beta_0+\beta_1 Drivers_{ic}+\ \beta_2 X_{ic}+\omega_{c,}$$

Las variables independientes utilizadas para predecir la confianza de un individuo en una institución pública son capturadas por dos conjuntos de variables: *$Drivers_{ic}$* y *X_{ic}*. Las variables *$Drivers_{ic}$* se refieren a los aspectos de gobernanza pública considerados por el Marco Analítico de la OCDE sobre los Determinantes de la Confianza y reflejan las percepciones de los encuestados sobre la capacidad de respuesta, fiabilidad, apertura, integridad y equidad de los gobiernos. El vector *Drivers* también incluye percepciones sobre la acción gubernamental ante desafíos intergeneracionales y globales y determinantes culturales, económicos y políticos de la confianza. Se espera que estas variables sean los principales determinantes de la confianza en todas las instituciones públicas. En total, se incluyen 23 *determinantes*, que se enumeran, junto con sus coeficientes estimados del modelo logístico en la Tabla A A.1. y en el Anexo 1A. Para facilitar la interpretación y la comparabilidad de los coeficientes de regresión, todas las variables *Driver* se estandarizan con una media de 0 y una desviación estándar de 1. Esta estandarización permite interpretar los coeficientes como el efecto de un cambio de desviación estándar en la variable, en lugar de, por ejemplo, un cambio de una unidad. Esto ayuda a evaluar la importancia relativa de cada determinante de manera más significativa, especialmente cuando sus distribuciones difieren.

El vector *X_{ic} captura* las variables de control demográficas, socioeconómicas y políticas de cada encuestado que también pueden afectar a la confianza institucional. Más concretamente, incluye la edad, el cuadrado de la edad, el género, si los encuestados reportan haber obtenido una educación terciaria o superior, y el nivel de confianza interpersonal (estandarizado en una escala de 0 a 10) de los encuestados. También se incluyen controles que indican si una persona ha declarado tener preocupaciones financieras o su alineación política con el gobierno. Estos controles se incluyen porque las características demográficas y socioeconómicas de las personas, así como su alineación política, pueden influir en su percepción de las instituciones públicas (véase el Capítulo 2). Además, se utilizó el mismo conjunto de controles en el análisis de regresión realizado en el informe de la Encuesta de Confianza de la OCDE 2024 (OECD, 2024[2]).

Asimismo, todas las regresiones incluyen efectos fijos por país ω_cy ponderaciones de las encuestas. Los datos que faltan se manejan mediante la eliminación de la observación, lo que significa que cualquier observación con valores faltantes en las variables relevantes se excluye del análisis.

En términos de interpretación, todos los coeficientes se muestran como efectos marginales. Por ejemplo, la percepción de que el gobierno toma decisiones basadas en evidencia puede interpretarse de la siguiente manera: un aumento en una desviación estándar en esta percepción se asocia con un aumento de siete puntos porcentuales en la probabilidad de confiar en el gobierno nacional, manteniendo constantes todas las demás variables (0.07 × 100 = 7).

Los resultados de la regresión son robustos en gran medida a la elección de la especificación del modelo. Se obtienen resultados similares cuando se utiliza un modelo de mínimos cuadrados ordinarios (MCO) en lugar de una regresión logística, y cuando se aplican errores estándar robustos o errores estándar de agrupación a nivel de país. Además, la magnitud y la importancia estadística de los coeficientes siguen siendo coherentes en términos generales cuando se utilizan los efectos de región (TL1) en lugar de los efectos fijos por país y también mediante la agrupación a este nivel. Además, la inclusión de respuestas neutrales (una puntuación de 5 en la escala 0-10) entre quienes indican poca confianza (0-4 en la escala 0-10) o entre quienes indican gran confianza (6-10 en la escala 0-10) no cambia sustancialmente los resultados, tanto en términos de magnitud como de importancia estadística.

El mismo análisis de regresión se repitió únicamente en relación con los seis países de ALC encuestados en 2025 (véase el apéndice B), lo que arrojó resultados bastante similares en términos de la magnitud y la importancia de los factores que determinan la confianza. La Encuesta sobre Confianza de la OCDE en ALC de 2025 también incluyó preguntas sobre si los encuestados habían experimentado recientemente eventos adversos, si temían convertirse en víctimas de un delito, su confianza en la capacidad del gobierno nacional para cooperar con las partes interesadas y su creencia de que las decisiones tomadas por los tribunales están libres de influencia política. Los resultados de la regresión indican que ni los acontecimientos adversos recientes ni la percepción de la cooperación gubernamental con otros actores nacionales tienen un efecto estadísticamente significativo sobre la confianza institucional. Sin embargo, no preocuparse por ser víctima de un delito se asocia con un aumento de tres puntos porcentuales en la confianza en la administración pública nacional, significativo al nivel del 1%. Del mismo modo, creer que los tribunales están libres de influencia política está vinculado a un aumento de dos puntos porcentuales de la confianza en el poder legislativo, también significativo al nivel del 1%.

Tabla A A.1. Los efectos de los diferentes determinantes de gobernanza en la confianza en las instituciones

Promedio de efectos marginales de una variable seleccionada en relación con la confianza en el gobierno nacional, la legislatura nacional, el gobierno local y la administración pública, basado en 10 países de ALC

	Confianza en el gobierno nacional	(2) Confianza en la legislatura nacional	(3) Confianza en el gobierno local	(4) Confianza en la administración publica
Los políticos rechazarían un empleo en el sector privado a cambio de favores políticos(P4)	0.00 (0.00)	0,01* (0.00)	0.00 (0.00)	-0.00 (0.00)
Los empleados públicos rechazarían un soborno para acelerar el acceso a servicios(P5)	-0.01** (0.00)	-0.00 (0.00)	-0.01** (0.01)	0.01 (0.00)
El poder legislativo exige al gobierno rendir cuentas (Q6e)	0.03*** (0.00)	0.02*** (0.00)	0.01 (0.01)	0.02*** (0.01)
El gobierno rechaza demandas de empresas que puedan ser nocivas para el interés público(P7)	0.00 (0.00)	-0.00 (0.00)	-0.02** (0.00)	-0.00 (0.00)
Los servicios públicos mejoran tras reclamos (P8)	-0.00 (0.01)	0,01* (0.01)	0.02** (0.01)	0.02*** (0.01)
El sector público innova para mejorar los servicios (P9)	0.01 (0.01)	0.00 (0.01)	0.01 (0.01)	0,01* (0.01)
El gobierno cambia políticas nacionales impopulares (P10)	-0.00 (0.00)	-0.00 (0.01)	-0,01* (0.01)	0.00 (0.01)
El gobierno toma decisiones en base a evidencia(P11)	0.07*** (0.01)	0.02** (0.01)	0,02* (0.01)	0.03*** (0.01)
El gobierno está preparado para proteger las vidas de las personas(P12)	0.02*** (0.01)	0.02*** (0.01)	0.04*** (0.01)	0.02*** (0.01)
El gobierno utiliza información personal solo para fines legítimos(P13)	0,01* (0.01)	0.02*** (0.01)	0.02** (0.01)	0.02*** (0.01)
El gobierno regula las nuevas tecnologías de manera apropiada (P15)	0.02*** (0.01)	-0.01 (0.01)	0.00 (0.01)	0.00 (0.01)
Existen oportunidades para expresar opiniones sobre asuntos locales (P16)	-0.03*** (0.01)	0.00 (0.01)	0.05*** (0.01)	-0.01 (0.01)
La información sobre procedimientos administrativos es fácil de encontrar(P17)	0.00 (0.01)	0.01 (0.01)	0,01* (0.01)	0.01 (0.01)
El gobierno explica el impacto de reformas(P18)	0.02** (0.01)	0.00 (0.01)	0.00 (0.01)	0.01 (0.01)
El gobierno utiliza insumos de la ciudadanía en consultas públicas(P19)	0.02*** (0.01)	0.00 (0.01)	-0.00 (0.01)	0,01* (0.01)
Los empleados públicos tratan a toda la gente por igual(P20)	-0.00 (0.01)	0.00 (0.01)	0.02** (0.01)	0,01* (0.01)

Las solicitudes a beneficios sociales serían tratadas de manera justa(P21)	0.02** (0.01)	0.01 (0.01)	0.02*** (0.01)	0.02** (0.01)
El poder legislativo equilibra las diferentes necesidades (P22)	0.00 (0.01)	0.08*** (0.01)	0.03*** (0.01)	0.03*** (0.01)
Satisfacción con los servicios públicos administrativos (P26)	0.02*** (0.00)	0.03*** (0.00)	0.04*** (0.01)	0.04*** (0.01)
Voz política/ El sistema político permite que las personas puedan influenciar (P31)	0.02** (0.01)	0.03*** (0.01)	0.01 (0.01)	0.02*** (0.01)
Confianza en la capacidad de participar en política (P32)	0.01 (0.00)	0,01* (0.00)	0,01* (0.00)	0.01** (0.00)
El país logrará reducir las emisiones de gases de efecto invernadero(P38)	-0,01* (0.00)	0.00 (0.01)	0.00 (0.01)	-0.01 (0.01)
El gobierno equilibra adecuadamente los intereses de las generaciones actuales y futuras(P40)	0.07*** (0.01)	0.03*** (0.01)	0,01* (0.01)	0.03*** (0.01)
Controles socioeconómicos	Sí	Sí	Sí	Sí
Efectos fijos por país	Sí	Sí	Sí	Sí

Nota: Tenga en cuenta que los controles socioeconómicos se refieren al género, la edad, la edad al cuadrado, la confianza interpersonal (estandarizada en una escala de 0 a 10) de los encuestados. También incluyen variables binarias que indican si los encuestados han obtenido educación terciaria, tienen preocupaciones financieras y si han (o hubiesen) votado al gobierno actual. Los niveles de significancia se refieren a *<0,05, **<0,01 y
***< 0,001. Se aplican errores estándar robustos.
Fuente: Encuesta sobre Confianza de la OCDE 2023 y Encuesta sobre Confianza de la OCDE en ALC 2025.

Bibliografía

Brezzi, M. et al. (2021), "An updated OECD framework on drivers of trust in public institutions to meet current and future challenges", *OECD Working Papers on Public Governance*, No. 48, OECD Publishing, Paris, https://doi.org/10.1787/b6c5478c-en. [1]

OECD (2024), *OECD Survey on Drivers of Trust in Public Institutions – 2024 Results: Building Trust in a Complex Policy Environment*, OECD Publishing, Paris, https://doi.org/10.1787/9a20554b-en. [2]

Notas

[1] Existen otras dos percepciones de gobernanza pública estadísticamente significativas para la confianza en el gobierno nacional que no se mencionan en esta enumeración. En primer lugar, no figura la percepción positiva de que las entidades utilizan los datos personales solo para fines legítimos, ya que su efecto marginal medio es igual a 1.2 puntos porcentuales, por debajo del umbral de 1.5 puntos porcentuales elegido como representativo de una significación práctica mínima. En segundo lugar, percepciones positivas sobre la oportunidad de expresar opiniones a nivel local se asocia negativamente con la confianza en el gobierno nacional (-2.5 puntos porcentuales).

[2] Existe otra percepción estadísticamente significativa de la gobernanza pública que favorece la confianza en la administración pública nacional. Estar confiado en la propia capacidad para participar en política se asocia a una probabilidad 1.4 puntos porcentuales mayor de expresar confianza alta o moderadamente alta en la administración pública nacional, que se sitúa por debajo del umbral de 1.5 puntos porcentuales elegido para evaluar la pertinencia práctica de las políticas en este informe.

[3] El efecto marginal medio de la percepción de que los funcionarios probablemente rechacen sobornos se asocia negativamente con la confianza en la administración local, pero el efecto marginal medio es pequeño (-1.4 puntos porcentuales).

[4] El efecto marginal medio de la percepción de que el gobierno explique claramente cómo las personas se verán afectadas por una reforma importante es negativo y pequeño (-1.5 puntos porcentuales).

Annex B. Notas metodológicas sobre la Encuesta sobre Confianza de la OCDE en ALC

La Encuesta de la OCDE sobre los Determinantes de la Confianza en las Instituciones Públicas en América Latina y el Caribe es el primer ejercicio regional del Proyecto de Encuesta Global sobre Confianza. En este anexo se ofrece una breve visión general sobre la recolección de datos. Se puede encontrar más detalles al respecto en el anexo en línea del informe.

La recolección de datos para nueve de los diez países participantes fue llevada a cabo en línea por dos empresas encuestadoras coordinadas por el Secretariado de la OCDE. En México, los datos se recolectaron a través de entrevistas en persona realizadas por el Instituto Nacional de Estadística (INEGI).

Siguiendo la metodología de las ediciones anteriores de la Encuesta de Confianza de la OCDE, el ejercicio en todos los países excepto México se basó en un enfoque de muestreo no probabilístico. El mismo consiste en el establecimiento de cuotas ex ante para cada país respecto a la distribución de la población nacional por edad, género, niveles educativos y regiones de residencia (cuotas duras) y los niveles de ingresos (cuotas flexibles). Sin embargo, a diferencia de la metodología de la Encuesta sobre Confianza de la OCDE empleada en la mayoría de los países que participaron en la encuesta en 2021 y 2023, las cuotas por nivel de educación solo distinguen entre encuestados con y sin educación terciaria o superior.

La población objetivo cubierta por la encuesta es la población adulta a nivel nacional. Las cuotas específicas para cada país en base a la distribución de la población por edad, género y región, junto con la ponderación ex post, garantizan la representatividad nacional de los datos de la encuesta en relación con estas características. Las cuotas se establecieron en base a diferentes fuentes nacionales y de la OCDE (Tabla A B.1). En seis países, las encuestas en línea fueron realizadas por la encuestadora TGM, y en los tres países de ALC miembros de la OCDE por IPSOS, como parte de la Encuesta sobre Confianza de la OCDE 2023. Las muestras se basaron en paneles en línea de TGM, Ipsos y sus socios/colaboradores, que están compuestos por personas de cada país que se inscribieron para participar en encuestas de investigación de mercado de manera voluntaria. En México, donde el INEGI se encargó de la recolección de datos, el muestreo difiere del enfoque seguido en los otros nueve países: solo se seleccionaron hogares urbanos para realizar entrevistas presenciales, utilizando un procedimiento de muestreo probabilístico de tres etapas.

Las preguntas formuladas en la Encuesta sobre Confianza de la OCDE 2023 y la Encuesta sobre Confianza de la OCDE en ALC 2025 fueron idénticas, salvo por algunas preguntas adicionales. La lista de estas preguntas adicionales puede observarse en la Table A B.3.

Tabla A B.1. Panorama general de las cuotas de muestreo (duras y flexibles)

	Categorías	Fuente
Edad	**Seis grupos:** 18-24, 25-34, 35-44, 45-54, 55+	Últimos censos de población disponibles, encuestas nacionales de hogares.
Género	**Dos grupos:** mujeres y varones (y se incluyó como posible respuesta la opción no binaria "otro")	Últimos censos de población disponibles, encuestas nacionales de hogares.
Educación	**Dos grupos:** bajo (<educación terciaria), alto (educación terciaria o superior)	Últimos censos de población disponibles, encuestas nacionales de hogares., y la clasificación por grupos basada en la clasificación internacional normalizada de la educación (CINE 2011)
Gran región de residencia	**Variación según país:** entre 3 y32 regiones	Últimos censos de población disponibles, encuestas nacionales de hogares.
Ingresos	**Tres grupos:** 20% inferior, 60% medio, 20% superior.	Últimos censos de población disponibles, encuestas nacionales de hogares.

Nota: La tabla muestra los grupos utilizados en las cuatro cuotas duras (edad, género, educación y gran región) y la cuota flexible (ingresos) para garantizar datos representativos a nivel nacional en base a estas características.

La Encuesta sobre Confianza de la OCDE 2023 se realizó entre el 20 de septiembre y el 12 de diciembre de 2023, resultando en 8 059 respuestas válidas para los cuatro países de ALC. La Encuesta sobre Confianza de la OCDE en ALC 2025 se llevó a cabo entre el 21 de mayo y el 24 de junio de 2025, resultando en 10 500 respuestas válidas que se mantuvieron para el análisis[1] entre la población adulta de seis países de ALC (Table A B.2.).

Table A B.2. Resumen de la recolección de datos

País	Tamaño de la muestra	Idioma	Fechas de trabajo de campo	Empresa encuestadora	Modo encuesta
Brasil	2 000	Portugués	21.5-9.6.2025	TGM	En línea
Chile	2 008	Español	25.10-27.11.2023	IPSOS	En línea
Colombia	2 067	Español	16.10 – 25.11.2023	IPSOS	En línea
Costa Rica	2 019	Español	25.10 – 28.11.2023	IPSOS	En línea
República Dominicana	1 500	Español	21.5-19.6.2025	TGM	En línea
Ecuador	2 000	Español	21.5-17.6.2025	TGM	En línea
Guatemala	1 500	Español	23.5-24.6.2025	TGM	En línea
Paraguay	1 500	Español	21.5-19.6.2025	TGM	En línea
Perú	2 000	Español	22.5-24.6.2025	TGM	En línea
México	1 965	Español	25:09 – 4.10.2023	INEGI	Presencial

Table A B.3. Preguntas adicionales incluidas en la Encuesta sobre Confianza de la OCDE en ALC 2025

Esta tabla enumera las preguntas adicionales implementadas como parte de la Encuesta sobre Confianza de la OCDE en ALC 2025, comparado al cuestionario de la Encuesta sobre Confianza de la OCDE 2023.

Categoría	Pregunta
Niveles de confianza	En una escala de 0 a 10, donde 0 no es en absoluto y 10 es completamente, ¿en qué medida confía en cada una de las siguientes instituciones? *A la pregunta se añadieron las opciones siguientes:* • El sistema electoral • Organizaciones de la sociedad civil • Fuerzas Armadas *Nota: Las preguntas sobre la confianza en el sistema electoral y las organizaciones de la sociedad civil fueron preguntadas en Chile durante la Encuesta sobre Confianza de la OCDE 2023.*
Determinantes de la confianza en las instituciones (Integridad)	Si un tribunal estuviese a punto de tomar una decisión que pudiera afectar negativamente a la imagen de un gobierno o de un/a importante empresario/a, ¿qué tan probable cree que el tribunal tome la decisión libre de influencia política?» • [Muy improbable – Muy probable – 97. No sé] [0 1 2 3 4 5 6 7 8 9 10] *Nota: Esta pregunta se formuló en la Encuesta sobre Confianza de la OCDE 2021.*
Evaluación de la acción gubernamental sobre políticas a largo plazo y desafíos globales	En una escala de 0 a 10, ¿qué tan importante es que en [PAIS] se prioricen los siguientes temas? *A la pregunta se añadieron las opciones siguientes:* • Combatir el crimen e inseguridad • Mejorar los servicios de salud • Mejorar los servicios de educación
	En una escala de 0 a 10 ¿cuánto confía usted en la capacidad del gobierno para colaborar con otros actores del país (tales como empresas y sindicatos) con el fin de enfrentar los desafíos de largo plazo? • [Muy poco probable – Muy probable – 97. No sé] [0 1 2 3 4 5 6 7 8 9 10]. *Nota: Esta pregunta se formuló en Chile durante la la Encuesta sobre Confianza de la OCDE 2023.*
Antecedentes	Piense en su situación económica actual y en sus expectativas a futuro, ¿cree que le irá mejor, peor, o más o menos igual que a sus padres? • Creo que me irá mucho mejor que a mis padres • Creo que me irá algo mejor que a mis padres • Creo que me irá algo peor que a mis padres • Creo que me irá mucho peor que a mis padres • Creo que me irá más o menos igual que a mis padres • No sé *Nota: Esta pregunta se formuló en Chile durante la Encuesta sobre Confianza de la OCDE 2023.*
	¿Qué tan a menudo le preocupa ser víctima de un crimen violento en [PAIS]? • Siempre • Frecuentemente • Ocasionalmente • Nunca • No sé • Prefiero no responder *Nota: Esta pregunta se formuló en Chile durante la Encuesta sobre Confianza de la OCDE 2023.*
	¿Cuáles cree que son los problemas más importantes a los que se enfrenta [PAIS]? *A la pregunta se añadieron las opciones siguientes:* • La disponibilidad, calidad o la asequibilidad de los servicios esenciales (salud, educación, etc.) • La disponibilidad, calidad o asequibilidad de la vivienda
	• En los últimos 12 meses ¿su hogar se vio afectado por alguno de los siguientes problemas? Pérdida de empleo de algún miembro del hogar • Quiebra del negocio familiar • Enfermedad, accidente grave o muerte de algún miembro del hogar • Abandono del jefe(a) de hogar • Hecho delictivo (robo, asalto, etc.) • Desastres naturales (sequía, tormenta, plaga, inundación, etc.) • Víctima de actos de corrupción. • Ninguna de las anteriores

Nota

[1] En varios países, la encuestadora TGM recolecto una mayor cantidad de respuestas de las previstas inicialmente para poder ajustarse mejor a las cuotas demográficas acordadas. Para seleccionar la muestra final, TGM priorizó las respuestas en función de criterios clave, comenzando por la edad, siguiendo por la región y, a continuación, por el nivel educativo, para alinearse estrechamente con la composición objetivo. Toda respuesta adicional que hubiese causado desviaciones de las cuotas previstas se excluyó entonces del conjunto de datos final utilizado para el análisis. Debido a la metodología específica utilizada por TGM, el número total de respuestas coincide exactamente con las cuotas acordadas.

www.ingramcontent.com/pod-product-compliance
Ingram Content Group UK Ltd.
Pitfield, Milton Keynes, MK11 3LW, UK
UKHW051644031026
15588UKWH00007B/1325

9 789264 401518